JN020952

世界の
郷土料理
事典

全世界各国・300地域
料理の作り方を通して知る
歴史、文化、宗教の食規定

青木ゆり子
（e-food.jp代表）

300

Recipes

誠文堂新光社

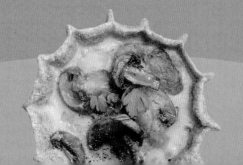

はじめに

世界の料理 総合情報サイトe-food.jpを創設して20年目を迎え、その節目に主要コンテンツ「世界の料理レシピ集」を本にすることを思い立ちました。サイトには国連加盟193ヵ国や、国際オリンピック委員会（IOC）加盟国など208ヵ国・地域（20年5月現在）以上の料理レシピを掲載していますが、世界には独立主張や領土問題などの事情をかかえた地域が少なからず存在し、政治的な国家区分では食文化を語れないもどかしさを感じていました。

たとえばイギリスは、イングランド、スコットランド、ウェールズ、北アイルランドからなる連合王国。スポーツでは別々にナショナルチームを結成することもあるし、言葉や文化にも違いがあります。

歴史・地理条件も無視できません。たとえば何百年間もヨーロッパの植民地だったアフリカ諸国の多くが独立からまだ70年程度なのに対して、19世紀に統一国家として独立したイタリアは、それまでの何世紀にも渡って、小国に分かれていました。イタリアの州は今もその名残りで独自性が強く、また同国を縦貫する山脈に隔たれた環境などから豊かな地方色を育んできました。スペインやフランス、インド、そしてわが国日本などにも同じようなことがいえます。

そこで本著では、サイトに掲載した全世界各国を代表する「国民食」に加えて、重要な食文化を持つ地域で人々に愛されてきた郷土料理のレシピを、紙面の許す限り紹介したいと思った次第です。

郷土料理は、その土地ならではの食材や調理法を工夫して、家族が健やかに暮らせるよう伝承されてきた真心こもった食べ物です。食卓を彩る美しい民族テキスタイルとともに、私は20年たってもその奥深さにずっと魅了されっぱなしで、折を見ては世界各地にプロの料理人や専門家、伝統宗教の指導者の方々を訪ねて話を聞いたり、料理を習ったり、実際に食べて取材するのが楽しくて仕方ありませんでした。

またそんな経験から「食は人と人をつなぐ最良のコミュニケーション手段のひとつ」だと確信するようになりました。

本著では料理の作り方だけでなく、歴史・文化や、民間外交・ビジネスの基本である食の国際儀礼（プロトコール）と宗教の食規定にも紙面を割いています。たとえ言葉が通じなくても、おいしい故郷の料理は万国共通の自慢の種であり、相手の立場に歩み寄って理解を示せば信頼関係もさらに深まるはずです。

もちろん食文化を学びたい方々にとっても、未知の料理へのワクワク感とともに本著が一家に一冊の常備事典のように役立てば、これほどうれしいことはありません。

青木ゆり子

CHAPTER 2 ｜ 中東 ｜

64 Middle East

CHAPTER 3

88 Europe
｜ ヨーロッパ ｜

CONTENTS

CHAPTER 4

168 Africa

| アフリカ |

CONTENTS

CHAPTER 5 **216**
North and Central America & Caribbean
| 北・中央アメリカ、カリブ |

CHAPTER 6 **252**
South America
| 南アメリカ |

CHAPTER 7　┃ オセアニア ┃

268 Oceania

- レシピはそれぞれの食文化に敬意を表してオリジナルを尊重していますが、なるべく基本的かつシンプルであることを優先し、あとから好みで追加できる塩や油、辛さは控えめにしてある場合があります。
- スパイスや特殊な食材は、なるべく日本で手に入り、代用できるものを挙げています。
- 1カップは200㎖、大さじ1は15㎖、小さじ1は5㎖です。カップ表記でわかりにくいものは㎖表記にしています。
- 電子レンジの加熱時間は500Wを基準にしています。機種によっても異なりますので、調整をしてください。
- フードプロセッサーやミキサー、ブレンダーがないとき、固い食材を細かくしたいときは包丁でみじん切りし、刃でたたきます。ペーストのようにしたいときは、すりこぎでするか、ビニール製のストックバッグに食材を入れて麺棒かすりこぎでロールしてつぶしてください。

CHAPTER **1**

Asia

| アジア |

　ユーラシア大陸の東側を占めるアジアは湿潤な気候風土に恵まれ、広い地域で米をはじめさまざまな農耕が行われてきました。その結果、中国文明の影響からお箸を使う文化が誕生。また、アジアで生まれた仏教やヒンドゥー教、ジャイナ教といった伝統宗教は殺生を戒め、肉食を控える教義を広めてきました。

　長江流域が起源の稲作・米食に加えて、黄河流域が発祥とされる小麦粉の麺や、小麦粉の生地で包んだ餃子や饅頭、包子は、アジアらしい食べ物です。

　一方、古来よりスパイスの宝庫だったアジアは、陸と海のシルクロードを通じた東西交流が活発で、15世紀半ばからはスペインやポルトガル人がスパイスを求めてアジアに上陸しました。

　インドや中国などではスパイスやハーブの効用を食事に生かし、「医食同源」の思想に基づく伝承医学が体系化されています。日々を健やかに過ごすため栄養に気遣う習慣が民間に広く行き渡っているのも、アジアの食文化の特徴のひとつといえそうです。

アジアでよく使われる食材、調味料など

カレーリーフ
スパイシーな独特な味わいが出るハーブで、オオバゲッキツ（カレーノキ）という観葉植物として園芸店などで販売されていることも。乾燥葉は香りがほとんどないので、ないときは省いてOK。

ヒング（アサフェティダ）
インド料理に使われる匂いの強いスパイス。にんにくで代用可。根菜が食べられないジャイナ教徒の人々が重宝している食材。

ギー
ピュアバターオイル。無塩バターで代用。

エシャロット
玉ねぎの一種。赤玉ねぎで代用可。らっきょうの仲間エシャレットと名前が似ているが、別物なので注意。

タマリンドペースト
酸味のあるマメ科の植物の実。梅干しのはちみつ漬けの種を取り、水でのばして代用可。

レモングラス
レモンの香りに似たハーブ。ワックスの付いていないレモンの皮で代用。

シュリンプペースト
小エビに塩を加えて発酵させて作る調味料。アミエビの塩辛、イカの塩辛、もしくは干しエビで代用。

コブミカンの葉
香りのいい柑橘系の葉、またはカフェライムリーフの名で売られている乾燥葉を。なければ省いてOK。

ケチャップ・マニス
インドネシアの甘いしょうゆのような調味料。作り方は41ページ参照。

マスタードシード
黒粒のからし菜の種。クミンシードで代用。

India

インド

キチュリ

紀元前300年頃から存在が記録され、多民族・多言語・多宗教のインドで広く食べられているおかゆのような料理。しばしばインドの赤ちゃんが最初に口にする固形食としても知られ、インドのメディアが国民食に指定したこともありました。全国にさまざまな種類があり、特に北インドで好まれています。サンスクリット語の米と豆料理に由来します。

材料（4人分）

米……100g
ムング豆……100g
玉ねぎ……1個
トマト……1個
青唐辛子……1本
しょうが……1かけ

クミンシード……小さじ1
ターメリック……小さじ¼
バター（あればギー）……大さじ1
塩……少々（小さじ1と½〜2程度）
コリアンダーの葉（飾り用）……少々

作り方

1. 米、ムング豆はそれぞれ洗って30分浸水する。
2. 玉ねぎ、トマトはみじん切りに、青唐辛子は種を取ってみじん切りにする。しょうがはすりおろす。　**3.** 鍋にバターを熱し、クミンシードを香り立つまで中火で炒め、玉ねぎを加えて透き通るまで炒める。　**4.** トマト、しょうが、青唐辛子を加えて炒める。ターメリックを加えて炒める。　**5.** 1の水を切り、4に加えて混ぜ、水700㎖、塩を加えて、ふたをして弱火で45分煮る。　**6.** 皿に盛り、コリアンダーを飾る。

ムング豆は、別名緑豆。皮なしのレンズ豆で代用できます。

memo

南インドのケララ州マラバール海岸沿岸が発祥とされる魚カレー。現地語でミーンは魚、モリーはシチューまたはカレーの一種を意味します。大航海時代にポルトガル人が上陸したこの地域は今もキリスト教徒が多く、肉断食の間の精進料理としても重宝されています。ごはんと一緒に食べます。

インド（ケララ州）
ミーン・モリー

材料(4人分)

ブリ、タイ、タラなど（切り身）……400g
A ┌ ライム果汁……小さじ1
  │ ターメリック……小さじ1と½
  └ 塩……少々
玉ねぎ、トマト……各1個
しょうが（みじん切り）……1cm分
にんにく（みじん切り）……2かけ分
マスタードシード……小さじ½
こしょう……小さじ1
青唐辛子（縦切り）……2本分
カレーリーフ（生葉）……2枚分
ココナッツミルク……200ml
ココナッツオイル（なければ植物油）……大さじ2
ライム果汁……大さじ1
ライム（輪切り・飾り用）……少々
　※ライムの代わりにレモンでも。

作り方

1. ボウルに魚を入れ、Aでマリネして20分置く。 **2.** 玉ねぎは薄切り、トマトは8等分に切る。 **3.** フライパンに油大さじ1を温め、1をマリネ液ごと入れ、魚の表面を焼く。 **4.** 別の鍋に油大さじ1を入れて熱し、マスタードシードを炒めて香りが出たら、しょうが、にんにくを加えてさらに炒める。 **5.** 4に玉ねぎ、カレーリーフ、青唐辛子を加え、玉ねぎが透き通るまで炒める。さらにトマトを加えてやさしく炒める。 **6.** 5にココナッツミルクの薄い汁の部分を加えて混ぜ、3を入れる。続けてココナッツミルクのクリーム状の部分を加えて、魚が崩れないように混ぜながら2〜3分熱する。塩、こしょうで味を調える。 **7.** 器に盛り、ライムを添える。

ココナッツミルクは缶詰の薄い汁とクリーム状の部分を別にして使います。

memo

13

India

インド（カルナータカ州）

マサラ・ドーサ

南インドのカルナータカ州の純菜食の街ウドゥピ発祥のドーサをもとに、近隣のマンガロールで生まれたとされる料理。米と豆をペースト状にして発酵させた生地を焼き、スパイスやハーブとともに炒めた野菜の具を巻いたベジ料理です。ココナッツチャツネ、スープのようなサンバルと一緒に食べます。

マスタードシードは炒めて香りを立たせます。ヒングはにんにくに似た香りのスパイスです。

memo

材料(4人分)

＜生地＞ 4枚分
米粉……120g
ベサン（ひよこ豆粉）…60g
フェヌグリーク（あれば）…小さじ½
塩……小さじ½
水……180㎖
＜ポテトマサラ＞
じゃがいも……3個
マスタードシード……小さじ1

A
┌ 玉ねぎ（みじん切り）……½個分
│ しょうが（すりおろし）……1cm
│ ヒング……ひとつまみ
│ ※または、にんにく（すりおろし）……小さじ1
└ カレーリーフ（生）……1枝分

B
┌ ターメリック……小さじ½
│ 青唐辛子（輪切り）……2本分
└ 塩……少々

コリアンダーの葉（みじん切り）……大さじ2
植物油……大さじ1
溶かしバター（またはココナッツオイル）……大さじ2

作り方

1. ボウルに生地の材料を全て入れてよく混ぜ、ラップをかけて3時間以上（できれば一晩）発酵させる。 **2.** ポテトマサラを作る。じゃがいもは皮をむいてゆで、粗いマッシュポテトを作る。 **3.** フライパンに油をひき、マスタードシードを炒める。Aを入れて玉ねぎが透き通るまで炒める。 **4.** Bを加えてさらに炒め、2とコリアンダーの葉を加えて混ぜ、さらに3分炒めて火を止め

る。 **5.** 別のフライパンに油を薄くひき、1を薄焼きする。生地を一度よく混ぜて必要なら水を足し、おたまですくって広げる。 **6.** 生地のふちや全体に溶かしバターをたらし片面が焼けたら溶かしバターをたらし、4をのせて丸め、器に盛る。

＊生地は、生米とひよこ豆またはウラド豆を水でふやかして、ミキサーでペースト状にする方法もある。ひよこ豆粉は大豆粉で代用可。

パンジャーブ州など北インドで好まれる、ほうれん草と白チーズのカレー。パラクはほうれん草、パニールはチーズの意味で、サグ・パニールともいいます。おいしいベジタリアン料理であることから今では北部を中心にインド全土に広がり、さまざまなバリエーションがあります。ナンやロティと一緒に食べます。

インド（北部）

パラク・パニール

材料(4人分)

＜パニール＞
牛乳……1ℓ
酢……½カップ

＜ほうれん草カレー＞
ほうれん草……2束
重曹……小さじ1
バター……適量
クミンシード……大さじ1

A ┌ 玉ねぎ（みじん切り）……1個分
　├ にんにく（みじん切り）……2かけ
　└ しょうが（すりおろす）……小さじ2

B ┌ 青唐辛子（輪切り）……1本
　└ クミン粉……小さじ1 ½
塩、唐辛子粉……各適量
生クリーム……大さじ3
コリアンダーの葉、しょうが（千切り）
……各少々

インド北部の料理のため、ごはんよりもナンやチャパティが合います。

memo

作り方

＜パニール＞
1. 鍋に牛乳を入れて中火にかけ、木べらでかき混ぜながら熱する（木べらの先が鍋底につかないようにする）。沸騰したら酢を加え、ゆっくりかき混ぜる。**2.** 牛乳が分離して凝乳が浮かんできたら、ガーゼをのせたざるにあけるか、揚げ物のかす揚げなどですくいキッチンペーパーにとる。水気をしっかりと切る（ペーパーの場合は何度か替える）。**3.** 凝乳を包んだまま平面にし、ボウルにざるを重ねた中に入れ、重石などをのせ30分水切りする。**4.** 固まったら食べやすい大きさに切る。バターで軽く焼いてもよい。

＜ほうれん草カレー＞
1. ほうれん草は重曹を入れた湯でゆでて、冷水に取って水気を絞る。水少々とフードプロセッサーにかけ、ペースト状にする。**2.** 鍋にバターをひき、クミンシードを入れて香りを出す。Aを加え、きつね色になるまで中〜弱火で10分炒める。Bを加えて混ぜる。**3.** 1を加えて混ぜ、水1 ½カップを加える。塩、唐辛子粉で調味する。**4.** 生クリームを加え、2〜3分煮る。**5.** パニールを加えてさっと火を通し、器に盛ってコリアンダーの葉、しょうがを飾る。

India

インド（ビハール州）

アルー・チョーカ

釈迦が菩提樹の下で悟りを開いたとされる仏教の聖地ブッダガヤがある、東部ビハール州スタイルのシンプルなじゃがいも料理。古代のインド仏教ではすべての肉食が禁じられていたわけではありませんが、ヒンドゥー教の影響などがあるためかビハール版のアルー・チョーカも完全菜食です。

材料（4人分）

じゃがいも（中）……4個
A
┌ 玉ねぎ（みじん切り）……½個分
│ 唐辛子（半切り）……1～2本分
│ ヒング（あれば）……ひとつまみ
└ 塩……少々
マスタードオイル（または植物油）……大さじ1
コリアンダーの葉（みじん切り）……大さじ2

作り方

1. じゃがいもは皮をむいてゆで、つぶしてマッシュポテトを作る。**2.** フライパンに油をひき、Aを入れて炒める。玉ねぎが透き通ったら火を止めて1とコリアンダーの葉を混ぜる。

材料（4人分）

A
┌ ヨーグルト……200㎖
│ 大豆粉……大さじ4
│ 青唐辛子（みじん切り）……1本分
│ きび砂糖……大さじ1
└ 塩……少々
B
┌ クミンシード、マスタードシード
└ ……各小さじ½
C
┌ シナモンスティック……2㎝
│ クローブ……2本
│ カレーリーフ……1枝分
│ ヒング……ひとつまみ
│ フェヌグリーク……少々
└ 鷹の爪（みじん切り）……1本分
バター（あればギー）……大さじ1

作り方

1. ボウルにAを入れて混ぜる。**2.** フライパンにバターを入れ、Bを炒めて香りを立ったら、Cと1を加えて弱火で温める（強火だとヨーグルトが熱で分離する）。

インド（グジャラート州）

グジャラティ・カディ

豆粉とヨーグルトで作るスープのような料理。各地で異なり、グジャラート州のカディは砂糖を少し使い甘みがあるのが特徴です。ごはんやロティと一緒に食べます。

かつて英領インドの拠点のひとつだった西部ムンバイ（旧名ボンベイ）の名物ストリートフード。植民地の食文化にあまり影響を残さなかったといわれるイギリスですが、インドにある数少ない英印折衷料理で、ランチの定番です。

インド（マハーラーシュトラ州ムンバイ）

ボンベイ・マサラ・トースト・サンドイッチ

बॉम्बे मसाला टोस्ट सँडवचि

材料(4人分)

じゃがいも……2個
A［マスタードシード、クミンシード……各小さじ½
B［にんにく、しょうが（すりおろし）……各1かけ分
　［ターメリック……小さじ½
C　唐辛子粉、塩……各少々
　［コリアンダーの葉、カレーリーフ（あれば）……各大さじ1
植物油……大さじ2
グリーンチャツネ……適量
食パン（8枚切）……4枚
トマト、きゅうり、赤玉ねぎなど薄切り……適量
スライスチーズ……2枚
バター……適量

ハーブや青唐辛子を使ったさわやかなグリーンチャツネが味のキーポイントです。

memo

作り方

1. じゃがいもをゆでて、マッシュポテトにする。**2.** 油にAを入れて熱し、Bを加えて香り立たせ、Cを入れて混ぜ、1分熱して火を止め、1を加えて混ぜる。**3.** 食パンにグリーンチャツネを塗り、2をのせ、きゅうり、トマト、赤玉ねぎ、スライスチーズなどをのせてはさむ。表面にバターを塗ってフライパンで押し付けながらこんがりと焼く。

＜グリーンチャツネの作り方＞
青唐辛子…½本、コリアンダーの葉…1束、ミントの葉…大さじ2、にんにく…2かけ、レモン汁…½個分、ココナッツフレーク…½カップ、水・塩…各少々
［作り方］材料をすべてフードプロセッサーまたはブレンダーにかけてペースト状にする。

Nepal

ネパール

ダルバート

ヒマラヤ山脈の標高5000mを越える高山から亜熱帯の平野まで変化のある地形を持つ国。インド・ヨーロッパ語系、チベット・ビルマ語系に大別できる、30以上もの民族が暮らしています。レンズ豆のカレー風スープにごはんを添えたダルバート（ダル＝豆、バート＝ごはん）は、ネパールの定食のような料理。おかず（タルカリ）を添えます。

標高が高く稲が育たない地域では、米の代わりにとうもろこしやそば、大麦、キビなどの穀物に置き換えることがあります。

memo

材料(4人分)

<レンズ豆スープ>

レンズ豆……1カップ
(皮つきの茶色いもの。洗って一晩水に漬ける)
A ┌ ターメリック……小さじ½
　└ 塩……少々
クミンシード……小さじ½
玉ねぎ(みじん切り)……½個分
にんにく(みじん切り)……1かけ分
唐辛子……1本
しょうが(みじん切り)……2cm分
バター(あればギー)……大さじ1

作り方

1. 鍋に水4カップ、レンズ豆を入れて強火にかけ、煮立ったら、A を加え、弱火で豆が柔らかくなるまで30分以上煮る。 **2.** 別の鍋にバターを入れて溶かし、クミンシードを香り立つまで炒める。玉ねぎ、にんにく、唐辛子を加えて炒める。 **3.**1に2を加えて混ぜる。塩(分量外)で調味し、しょうがを加える。

おかず(タルカリ)

<野菜カレー>

いんげん……8本1本を4等分にカット。
にんじん……小1本一口大
玉ねぎ(みじん切り)……¼個分
にんにく(みじん切り)……½かけ分
しょうが(みじん切り)……少々
A ┌ 唐辛子(粉)、クミン(粉)、
　└ コリアンダー(粉)、塩各少々
植物油……適量

1. いんげん、にんじんは食べやすい大きさに切る。 **2.** 鍋に油をひいて玉ねぎをきつね色になるまで炒め、にんにく、しょうがを加えて香りを出す。A を入れ、1と水少々を加え、にんじんが柔らかくするまで炒め煮する。

<アルー・タレコ(じゃがいもフライ)>

じゃがいも……1個
A ┌ フェヌグリーク、唐辛子粉、
　└ 塩……各ひとつまみ
植物油……適量

1. じゃがいもは皮をむいて縦に8等分する。 **2.** フライパンに多めの油を入れて、1と A を入れ、じゃがいもが柔らかくなるまで炒める。

<ラヨ・コ・サーグ(からし菜の炒め物)>

からし菜(ざく切り)……20g
(小松菜、ほうれん草でもよい)
クミンシード、塩……各ひとつまみ
植物油……適量

1. フライパンに油をひき、クミンシードを炒めて香りを出す。からし菜を加えてさらに炒め、塩で味付けする。

<トマトのアチャール>

トマトピューレ……大さじ4
ガラムマサラ、塩……各ひとつまみ

1. 小鍋に材料すべてを入れて温める。

<その他のおかず>

パパド(豆せんべい・市販)フライパンであぶってやわらかいうちに巻く。
野菜(きゅうり、にんじん、トマトなど)生でも塩もみしても。
※他に「ダヒ」と呼ばれるヨーグルトソースや、「ムラコ・アチャール」という大根の漬物などを添えることもあります。

Sri Lanka

スリランカ

カトレッツ

インド洋に浮かぶ島国の旧英領だった名残りを伝える西洋風な料理。日本のカツレツと語源は一緒ですが、海に囲まれたスリランカでは、魚とマッシュポテトで作る、ボール型をしたカレー味のコロッケのような揚げ物に。都市部のお祭りや結婚式などのお祝いの席でよく食べられます。肉を使うこともあります。

材料(4人分)

じゃがいも（中）……1個
ツナ缶……2缶（150g）
玉ねぎ（みじん切り）……¼個分
カレーリーフ（あれば）……小さじ½

A
- カレー粉……小さじ1½
- 唐辛子粉……小さじ½
- シナモンパウダー……ひとつまみ
- 塩……小さじ1

B
- トマト（みじん切り）……1個分
- にんにく（みじん切り）……1かけ分
- しょうが（すりおろす）……小さじ½

こしょう……小さじ¼
小麦粉……10g
溶き卵……1個分
パン粉……100g
植物油……適量
レモン（飾り用）……½個

作り方

1. じゃがいもはゆでてつぶす。ツナ缶は汁気を切ってほぐす。**2.** 鍋に油をひき、玉ねぎ、カレーリーフを炒める。玉ねぎがきつね色になったらAを加え軽く炒め、続けてツナとBを加えてさらに炒める。**3.** 2をボウルに移し

てじゃがいも、こしょうを加えて混ぜ、大きめのピンポン玉大に丸める。**4.** 3に小麦粉、溶き卵、パン粉を順につけて、170℃の油で揚げる。**5.** 皿に盛り、レモンを添える。

ツナの代わりに生魚をゆでてほぐしても。パン粉はきめ細かいものが現地流。

memo

20

Pakistan

パキスタン

ビリヤニ

بریانی

材料(4人分)

鶏肉※……400g
A[ヨーグルト……大さじ3、塩……少々
米(長粒米・バスマティ米)……2カップ
玉ねぎ、じゃがいも、トマト……各1個
にんにく(すりおろす)……1かけ分
B[ヨーグルト……40g
しょうが(みじん切り)……大さじ2
青唐辛子……4～5本
ビリヤニ用ミックススパイス※※30g
C[コリアンダーの葉、ミントの葉(みじん切り)
……各1カップ

バター(または植物油)……60g
塩……適量
サフラン(あれば)……ひとつまみ
＊少量の水につけてサフラン液を作る
＜トッピング＞
レモン、フライドオニオン、コリアンダーの葉、
ミントの葉、ヨーグルトなど……各適量

※骨付きがよい。羊肉、牛肉でもよい
※※市販のものを使用

作り方

1. 鶏肉はAに漬けて、冷蔵庫で一晩寝かせる。**2.** 玉ねぎは薄切り、じゃがいもは皮をむいて食べやすく切り、トマトは輪切りにする。米は洗っておく。**3.** 厚手の鍋にバターを熱し、玉ねぎをきつね色になるまで炒める。にんにく、じゃがいもを加えて炒め、1を入れて焼き色をつける。**4.** Bを加えて混ぜながら5分熱し、水½カッ プを加え、ふたをして煮る。肉が柔らかくなったら、トマトとCを入れてさらに10分煮る。**5.** 別の鍋に湯をわかして米と塩少々を入れ、ふたをして7～8分ゆで、水気を切る。**6.** 4の鍋の具の上に5を入れ、サフラン液を振り、ふたをして弱火で10分炊く。**7.** 炊き上がったらざっくりかき混ぜ、皿に盛り、トッピングを添える。

文明発祥の地のひとつでもあるインダス川が流れ、イスラム教を国教とするパキスタン。この国の祝いの席などに欠かせないのが、スパイシーな炊き込みごはんのビリヤニ。特に大都市カラチのあるシンド州のシンディー・ビリヤニは、パキスタン国際航空の機内食でよく提供されているほどおいしいと人気があります。

シンディーを始めビリヤニの素は日本国内のイスラム食品店などで入手できます。

memo

Bangladesh

バングラデシュ

ショルシェ・マーチ

ベンガル湾に面し、インドと国境を接するバングラデシュ。海に面して大河の河口がたくさんある土地柄、日本と同様に魚と米をよく食べます。ショルシェ・マーチはマスタードを使った魚カレー。イリシュ（ヒルサ）という、国魚であるニシンの仲間の魚が好まれます。インドの西ベンガル州でも食べられています。

সরষা মাছ

材料（4人分）

大型のニシン（切り身）……450g
A［ ターメリック……小さじ¼
　　塩……小さじ½
マスタードシード……小さじ½
青唐辛子（みじん切り）……1～2本
玉ねぎ（すりおろす）……小1個
にんにく（すりおろす）……1かけ
牛乳……¼カップ

B［ マスタード……大さじ1
　　ターメリック、塩……各小さじ¼
塩……適量
マスタードオイル（または植物油）……適量
コリアンダーの葉（飾り用）……少々
ごはん……適量

作り方

1. 魚にAをまぶして少し置く。
2. フライパンに油をひき、1の両面をこんがりと焼き、いったん取り出す。　**3.** 同じフライパンに油を足し、マスタードシードを炒め、香りが立ったら玉ねぎ、にんにくを

加えてきつね色になるまで炒める。
4. 青唐辛子を加えて炒め、B、水½カップ、牛乳を加えて塩で調味し、5分煮る。2を戻し、さらに5分煮る。**5.** 器に盛り、コリアンダーの葉を飾る。ごはんを添える。

ニシンの代わりにサーモンなどでも代用できます。

memo

Bhutan

ブータン

エマ・ダツィ

ヒマラヤ山脈南麓にあるブータン王国は高地では気温が低く、体を温めるため唐辛子を多用した辛い料理がたくさんあります。唐辛子とチーズを使ったエマ・ダツィは、ブータン人に最も人気のある料理のひとつ。クレというそば粉のパンケーキや、赤米のごはんと一緒にいただきます。

材料(4人分)

青唐辛子※……4〜5本
玉ねぎ、トマト……各1個
チーズ……40g
フェタチーズ(なければクリームチーズ)※※……40g
塩……適量
植物油……小さじ2
※なければ、ししとうと鷹の爪を一緒に使ってもよい
※※塩気のある白チーズ

作り方

1. 青唐辛子は縦半分に切り、種を取る。玉ねぎ、トマトは薄切りにする。 **2.** 鍋に植物油を熱し、1、水70mlを入れて混ぜながら沸騰させ、弱火にして10分煮る。 **3.** 2種のチーズを入れ、塩で調味し(チーズの塩分により加減)、ふたをして弱火のまま3分煮込む。 **4.** 木べらでまんべんなく混ぜ、器に盛る。

チーズはピザ用のナチュラルチーズ、もしくはとろけるスライスチーズを使って。

memo

Maldives

モルディブ

ガルディヤ

インド洋に浮かぶ美しいサンゴ礁に囲まれた島嶼国。日本のかつお節に似た乾燥魚のだしの素モルディブ・フィッシュの産地であり、日本の高知と同様にカツオやマグロの一本釣りも行われています。ガルディヤはそんなモルディブを代表する、シンプルなカツオスープです。

材料(4人分)

カツオ（ぶつ切り）……400g
カレーリーフ……10枚
塩、こしょう……各少々
赤玉ねぎ（薄切り）……½個分
唐辛子……2本
レモン（薄切り）……½個分
ごはん……適量

作り方

1. 鍋に水5カップを入れて沸かし、カツオ、カレーリーフを入れて、アクを取りながら中火で10分煮る。カツオに火が通ったら塩、こしょうで調味する。
2. 器に盛り、赤玉ねぎ、唐辛子、レモンを添える。ごはんにかけて食べる。

マグロのぶつ切りを使っても作れます。

memo

Vietnam

ベトナム

フォーはベトナムを代表する米麺料理。もともと北部は鶏肉（ガー）、南部は牛肉（ボー）が主流で、薬味にも違いが。北部では中国の影響を受けて青ねぎを、南部ではホーリーバジルやミントなどを乗せて食べます。コリアンダーの葉はどちらも使います。肉のだしと八角やシナモンの風味が食欲をそそります。

Phở Gà

材料(2人分)

米麺（またはきしめん）……2束（水で戻す）
鶏もも肉……200g
玉ねぎ……1個

A ┌ しょうが……1cm
  │ 八角（アニス）……1個
  │ シナモンスティック……3cm
  │ コリアンダーの根……適量
  └ 鶏ガラスープの素……大さじ1

B ┌ ヌクマム（ナンプラー）……大さじ1
  └ 塩、こしょう……各少々

＜トッピング＞
青ねぎ（輪切り）…3〜4本、コリアンダーの葉（ちぎる）…1房分、鷹の爪（輪切り）…1本分

チリソース（シラチャーソース）……適量
ライム果汁……1個分

作り方

1. 鍋に水5カップを入れ、皮をむいて半切りにした玉ねぎ、A を入れて火にかけ、沸騰したら鶏肉を入れてアクを取りながら30分煮る。B で調味し、鶏肉は取り出して薄切りにする。　**2.** 別の鍋に湯をわかして米麺をゆでる。　**3.** 器に2を分け入れ、鶏肉、トッピングをのせ、1のスープをかける。好みでチリソースやライムをかける。

米麺がないときはきしめんなどで。鶏は骨付きを使うとおいしいだしが取れます。

memo

Vietnam

ベトナム（中部）

バイン・ベオ

歴史的建造物がユネスコの世界遺産にも登録されている、文化的な古都フエの名物。水面に浮かぶ水草（ベオ）を表現したという典雅な料理です。現地ではたくさんの小皿に生地をのせて供するのが主流ですが、小皿を使わずマフィン型で生地を一度に作ると便利です。

材料（4人分）

＜生地＞

A ┌ 米粉（または上新粉）……150g
　├ 片栗粉……50g
　└ 塩……小さじ½

＜具材＞
干しエビ……30g
にんじん……1本
酢、砂糖……各少々
小エビ（ゆで）……100g
フライドオニオン（市販）……適量

＜ねぎ油＞
青ねぎ（ぶつ切り）……4～5本（25g）
植物油……大さじ2

＜ソース＞
干しエビの戻し汁……¼カップ
ヌクマム（ナンプラー）……大さじ2
砂糖……小さじ2
鷹の爪（みじん切り）……½本分
レモンまたはライム果汁……大さじ2

Bánh Bèo

作り方

1. 干しエビは水で戻して、戻し汁は取っておく。にんじんは皮をむいてみじん切りにし、酢、砂糖少々に漬ける。　**2.** 青ねぎを油で炒めて香りを移し、ねぎ油を作る。ソースの材料をよく混ぜる。　**3.** ボウルにAを入れ、水250mlを加えてよく混ぜ、60～70℃の湯500mlを加えてさらに混ぜる。　**4.** マフィン型、浅めのプリン型、小皿などの内側に植物油（分量外）を塗り、3を大さじ1ずつ流し込む。　**5.** オーブンの天板に水を張って200℃に熱し、4を入れて約6分蒸す。　**6.** 生地をゴムベラなどで型からそっとはがし、大皿に並べ、干しエビ、にんじん、小エビ、フライドオニオンをのせて、青ねぎとねぎ油、ソースをかける。

本場ではカリカリに揚げた
豚の皮をトッピングします。

memo

米粉にココナッツミルクとターメリックを加えた生地に野菜や肉などの具をはさんで焼いた、ベトナムのお好み焼きのような家庭料理。南部では折りたたんで食べますが、中部はバイン・ベオのように折らずピザ風に食べることも。カンボジアにも同様の料理バン・チャオがあります。

ベトナム（南部）

バイン・セオ

材料（4人分）

<生地>
米粉（または上新粉）……200g
ターメリック、砂糖……各小さじ1
青ねぎ（みじん切り）……3本分
塩……小さじ½
ココナッツミルク……1缶（400㎖）
炭酸水……250㎖
　＊なければ普通の水。ビールでも
<具材>
豚薄切り肉（または鶏むね肉）……250g
むきエビ……250g
にんにく（みじん切り）……1かけ分
もやし……1袋
植物油……適量
<付け合わせ>
サニーレタス……適量
きゅうり（薄切り）……1本分
ハーブ（好みのもの）……適量
<たれ（ヌクチャム）>
ヌクマム（ナンプラー）……大さじ2
ライム果汁（またはレモン）……大さじ2
水……大さじ1〜2
塩、こしょう、砂糖……各適量
鷹の爪（輪切り）……少々
にんにく（すりおろし）……少々

Bánh Xèo

作り方

1. ボウルに生地の材料を入れてよく混ぜ、ラップをして冷蔵庫で30分程寝かせる。　**2.** たれの材料を混ぜる。少量を豚肉とむきエビにまぶす。　**3.** フライパンに油をひき、にんにくの半量を炒めて香りを出し、エビを炒めて取り出す。残りのにんにくを入れて、豚肉を炒めて取り出す。　**4.** 別の鍋に油をひき、1を薄く流して片面を強火で焼く。生地のふちをカリっと焼く。　**5.** 4の上に豚肉、むきエビ、もやしをのせて生地を半分に折り、皿に移す。付け合わせの野菜やハーブ、たれを添える。

ハーブはコリアンダーやしそ、ミントやバジルの葉などを。

memo

27

Myanmar

ミャンマー

モヒンガー

多民族、多宗教国家ミャンマーで日本のラーメンのように庶民から愛されている、国民食ともいえる魚入りのスープ米麺。屋台で食べる朝食の定番でもあります。コンバウン王朝時代（1752～1886）の記録ですでに言及され、地域ごとにさまざまなバリエーションがあります。魚は現地ではナマズをよく使います。

材料（4人分）

米麺（またはそうめん）……4束
サバ水煮缶……2缶（380g）
A ┌ しょうが（みじん切り）……2かけ分
　├ にんにく（みじん切り）……2かけ分
　└ 鷹の爪（輪切り）……1本分
B ┌ ターメリック粉、パプリカ粉……各小さじ½
C ┌ 玉ねぎ（薄切り）……中1個分
　├ レモングラス（生・白い部分を薄切り）……1本分
　├ エシャロット（みじん切り）……1個分
　└ ピーナッツオイル（または植物油）……大さじ3
D ┌ 米粉……30g
　└ きな粉……10g
E ┌ ナンプラー……大さじ2
　├ シュリンプペースト（あれば）……大さじ½
　└ 塩、こしょう……各少々
植物油……適量
＜トッピング＞
ゆで卵（縦切り）…2個、コリアンダーの葉…適量、ページョー※またはフライドオニオン（市販）…適量、ライムまたはレモン汁…½個分、フレーク唐辛子（好みで）

作り方

1. 米麺は表示通りにゆで、水気を切る。サバ缶は粗くほぐし、缶汁は取っておく。**2.** 鍋に油をひき、Aを入れて炒め、B、Cを加えて軽く炒める。**3.** 水5カップとサバ缶の汁を加え、煮立ったら、Dを少量の水で溶いたものを加え、中火で15分煮る。サバを加え、Eで調味する。**4.** 米麺を器に入れ、3をかける。トッピングをのせる。

＊ページョー（豆の天ぷら）の作り方：イエロースプリットピー（またはひよこ豆）50gを一晩水で戻す。米粉60gを冷水½カップで溶いた生地に塩小さじ¼と戻した豆を入れ、油で揚げる。

မုန့်ဟင်းခါး

ページョーを入れるとぐっと現地っぽくなるので、ぜひ作ってみてください。

memo

ミャンマー（シャン州）

タミン・チン

もともとはシャン州のインレー湖周辺で暮らすインダー族の郷土料理。現地では発酵米で作ることもあります。

材料（3～4人分）

ごはん…400g、じゃがいも（中）…2個、サバ水煮缶（ツナ缶でも）…150g

A[にんにく（みじん切り）…1かけ分、しょうが（みじん切り）…1cm分、玉ねぎ（みじん切り）…小1個分

B[ターメリック…小さじ½、ナンプラー…大さじ1

C[トマトペースト…大さじ5、フライドオニオン（市販）…20g、ナンプラー…大さじ2、塩…少々

植物油……大さじ2

＜トッピング＞

鷹の爪（輪切り）…1本分、青ねぎ（輪切り）…2本分、フライドオニオン（市販）…適量、ライム…½個

作り方

1. じゃがいもはゆでてつぶす。 **2.** 鍋に油をひき、A を炒める。B で調味する。 **3.** ボウルに汁気を切ったサバを入れてほぐし、2を混ぜる。 **4.** 別のボウルに温かいごはんを入れ、1と3、C を加えてやさしく混ぜる。90g くらいずつ取って丸める。 **5.** 皿に盛り、軽く押さえて上を平らにし、トッピングをのせる。好みでライム果汁、ナンプラーをかける。

ミャンマー（カチン州）

カチン・チキン・カレー

キリスト教徒が多いミャンマー北部のカチン州の郷土料理。カレーというよりもスパイス入りスープのような素朴な料理です。

材料（3～4人分）

鶏もも肉……300g

A[青唐辛子（みじん切り）…1本、しょうが（すりおろし）…1cm分、にんにく（すりおろし）…1かけ分、ターメリック…小さじ1

玉ねぎ（みじん切り）…1個、植物油…大さじ2

B[たけのこ（水煮・細切り）…100g、コリアンダーの葉…大さじ2、バジルの葉…適量

鶏ガラスープの素…大さじ1

C[ナンプラー…大さじ2、塩…適量

コリアンダーの葉（飾り用）…適量、ライム…½個

作り方

1. 鶏肉は一口大に切り、A をまぶして冷蔵庫に入れて20分以上置く。 **2.** 鍋に油をひき、玉ねぎが透き通るまで炒め、1を薬味ごと加える。 **3.** 肉の色が変わったら、B を加えて混ぜ、水1ℓと鶏ガラスープの素を加えて約10分煮て、C で調味する。 **4.** 器に盛り、コリアンダーの葉、ライムを添える。

Laos

ラオス

ラープ

メコン川が流れ、山岳少数民族の宝庫でもある国、ラオスの代表的な料理。タイ東北地方でも食べられています。ビールによく合い、もち米のごはんカオニャオと一緒に食べると最高です。ラオスには鴨肉や魚肉などさまざまなラープがあり、お祝いの席に供されることもあります。

材料（4人分）

豚ひき肉……150g
もち米……大さじ1

A
コリアンダーの葉……5g
ミントの葉……5g
エシャロット……10g
青ねぎ……10g
レモングラス（あれば）……6g

B
ナンプラー……大さじ1
ライムジュース……大さじ1
きび砂糖……ひとつまみ
唐辛子粉……小さじ1

きゅうり……1本
さやいんげん……40g

作り方

1. A をみじん切りにする。 **2.** ボウルに B を入れて混ぜる。 **3.** もち米はフライパンで色づくまで炒り、包丁の柄などで軽く砕く。 **4.** フライパンに豚ひき肉と水少々を入れて炒りながら火を通す。水気を切ってボウルに移し粗熱を取り、1、2、3を入れて軽く混ぜる。 **5.** 皿に盛り、皮をむいて輪切りにしたきゅうり、ゆでたさやいんげんを添える。

ひき肉は鶏、豚、牛のいずれでも。みじん切り肉でも作れます。

memo

Thailand

タイは、19世紀に欧米列強により東南アジアの植民地化が進められた中で独立を守った王国。そのため料理や文化については1960年代頃まで謎に包まれていたといいます。米麺を炒めたパッタイは1930年代に誕生し、今では屋台料理の定番としてトムヤムクンなどとともに国民食のように愛されています。

タイ

パッタイ

薄めに味付けして、4つの調味料（ナンプラー、砂糖、粉唐辛子、唐辛子入り酢）で自分好みの味にするのがタイ式です。

memo

材料（2人分）

米麺（乾麺）……200g
エビ（ブラックタイガー）……4尾
厚揚げ……1丁（150g）
卵（割りほぐす）……2個
ニラ（4cm幅に切る）……60g
大根漬物（拍子切り）……20g
にんにく（みじん切り）……1かけ分
鷹の爪（みじん切り）……小さじ1
植物油……大さじ6

A［ ナンプラー……大さじ3
　　砂糖……大さじ3
　　タマリンドペースト※……30g
＜トッピング＞
もやし……½袋（100g）、ピーナツ（炒ったもの）……30g、コリアンダーの葉……少々、ライム（くし切り）……4切
※梅干しのはちみつ漬けの種を取ってつぶし、水少々を混ぜてペースト状にしたもので代用可。

作り方

1. 米麺はぬるま湯で戻して、水気を切る。エビは殻をむいて背ワタを取る。厚揚げは縦半分に切り、6mmの厚さに切る。　**2.** 中華鍋に油大さじ2をひき、強火でにんにくを炒める。米麺を入れて2、3分炒めて取り出し、油大さじ2を足して、厚揚げ、鷹の爪を炒めて取り出す。

3. 油大さじ2を足して、強火で卵を炒める。卵が固まったら2を戻して混ぜる。　**4.** ニラ、大根漬物を加えてさっと炒め、Aで調味する。エビを加え、ふたをして色が変わるまで中火で熱する。　**5.** 器に盛り、トッピングをのせる。

Thailand

タイ（北部）

カオ・ソーイ

タイ北部とミャンマー、ラオスの国境をまたいで食べられている麺料理。タイ北部ではココナッツミルクとたまご麺を使い、カリカリの揚げた麺をトッピングします。中国の回教徒の影響を受けているといわれ、鶏肉または牛肉を使います。ミャンマーでは類似の料理、オンノ・カウスェーがあります。

材料（4人分）

鶏もも肉……400g
中華麺……2袋
揚げ麺……適量
＊長崎皿うどんの細揚げ麺が便利
植物油……大さじ1
タイのレッドカレーペースト（市販）
……大さじ2
カレー粉……小さじ1
A ［ ココナッツミルク……400mℓ（1缶）
水……200mℓ
鶏ガラスープの素……大さじ1
ナンプラー……大さじ2
しょうゆ……大さじ1
ブラウンシュガー（きび砂糖でも）
……大さじ1 ］
＜トッピング＞
青ねぎ（輪切り）…2〜3本分、コリアンダーの葉…適量、ライム（くし切り）…適量、エシャロット（薄切り）…1個、大根または高菜の漬物…適量、チリインオイル※…適量
※鷹の爪、干しエビ、エシャロット、にんにくを刻み、シュリンプペースト、ナンプラー、砂糖少々とともに油で炒めて作る。辛さ控えめのラー油でもよい。

作り方

1. 鶏肉は食べやすく切る。中華麺は好みの硬さにゆでて水気を切る。　**2.** 鍋に油をひき、レッドカレーペーストを炒めて香りが立ったらカレー粉を入れて混ぜ、Aを加えて混ぜてひと煮立ちさせる。　**3.** 鶏肉を加え、肉が柔らかくなるまで15分煮る。**4.** 器に中華麺を入れ、3をかける。揚げ麺、青ねぎ、コリアンダーの葉をのせ、その他のトッピング素材を添える。

砂糖は現地ではパームシュガー（ココナッツシュガー）を使います。

memo

日本ではグリーンカレーの名で知られるさわやかな辛さのカレー。ゲーン・キョー・ワンはタイ語で汁物・緑・甘いの意味で、1873年出版のタイ語辞典に登場し、ラマ6世とラマ7世の治世の1908年から1926年にかけて進化したといわれています。地域により香り米や蒸し米、米麺と一緒に食べます。

タイ（中部）

ゲーン・キョー・ワン

材料（4人分）

鶏肉（好みの部位で、豚や牛でも）……300g
なす……3本
たけのこ（細切り）……120g
ココナッツクリーム……120㎖
ココナッツミルク…250㎖（クリームを水で薄める）
グリーンカレーペースト（市販）……大さじ1〜3
鶏がらスープの素……大さじ1
A ┌ ナンプラー……大さじ2
　└ きび砂糖……大さじ1
コブミカンの葉（あれば）……2〜3枚
バジルの葉……1〜2枝分
パプリカ（赤、黄・飾り用）……各¼〜半個
コリアンダーの葉（飾り用）……適量
ごはん（あればタイ米）……4人分

作り方

1. 鶏肉は薄切りにする。なすは一口大に切る。パプリカは細切りにする。 **2.** 鍋にココナッツクリーム100㎖（仕上げ用に20㎖残す）を入れて中火で煮立て、カレーペーストを混ぜて溶かす。 **3.** 鶏肉を加え、肉の色が変わったらココナッツミルクを加える。 **4.** 鶏がらスープの素、なす、たけのこを入れて、具が柔らかくなるまで4分煮る。Aで調味し、味をみてカレーペーストを足す。 **5.** コブミカンの葉をたて半分、バジルの葉（飾り用に少々残す）をちぎって加え、ひと煮たちさせる。 **6.** 器に盛り、パプリカ、コリアンダーの葉、バジルを飾り、ココナッツクリームを回しかけ、ごはんを添える。

แกงเขียวหวาน

辛くなりすぎないようにペーストは少なめに入れ、あとで調整するのが無難です。

memo

33

Cambodia

カンボジア

アモック・トレイ

ユネスコの世界遺産アンコール遺跡で名高いカンボジア。魚をココナッツミルクとともにバナナの葉で包み焼きしたアモック・トレイ（蒸し魚）は、タイ料理のホモックに由来し、ハーブなどをミックスしたクメール料理の基本となるペースト状の調味料クルーンを使って作ります。ここではタイカレーペーストを使います。

材料(4人分)

白身魚……400g
玉ねぎ……1個
キャベツ……2枚
赤ピーマン……1個
エシャロット……1本
卵（割りほぐす）……1個
ココナッツミルク……2カップ

A
┌ グリーンカレーペースト
│ ……大さじ½〜1
│ ターメリック……小さじ¼
│ パプリカ粉……小さじ½
│ ピーナッツ……5、6粒
│ ナンプラー……大さじ1
└ オイスターソース……小さじ1

きび砂糖……大さじ½
塩……小さじ1
ごはん……320g

作り方

1. 白身魚は一口大に切る。玉ねぎは薄切り、キャベツ、赤ピーマン、エシャロットは細切りにする。卵は割りほぐす。**2.** Aをミキサーかフードプロセッサーにかけ、ペースト状にする。**3.** フライパンにココナッツミルク少々と2を入れて、香りが立ったら残りのココナッツミルクを入れる。**4.** 1を加え、5分ほど熱し、塩、砂糖で味を調える。**5.** 卵を加えて混ぜ、かたまってきたら火を止める。**6.** 器に盛り、ごはんを添える。

クルーンはレモングラスを主体に、にんにく、エシャロット、しょうが（現地ではガランガル）、にんにく、こぶみかんの葉、ターメリック、塩で作ります。タイのグリーンカレーペーストで代用。辛さは控えめに。

memo

Malaysia

マレーシア

マレーシアの国民食的な料理。ナシはごはん、レマは「脂っこい=リッチでクリーミー」という意味があります。ココナッツミルクで炊いたごはんと、イカンビリスという小魚やピーナッツ、きゅうりなどのおかずをバナナの葉の上にのせていただきます。マレーシア人の朝食の定番でもあります。

材料(4人分)

米（あればタイ米）……2カップ

A
┌ 水……2カップ
│ ココナッツミルク……大さじ5
│ しょうが（スライス）……1かけ分
│ レモングラス（根のみじん切り）……少々
│ エシャロット（みじん切り）……1本分
└ 塩……小さじ1

タマリンドペースト……大さじ1
砂糖……小さじ1
玉ねぎ（薄切り）……¼個
植物油……適量

＜ソース＞
唐辛子ペースト……大さじ1
シュリンプペースト……小さじ1
にんにく……4かけ
玉ねぎ（みじん切り）……¾個分
エシャロット……1本
＜トッピング＞
きゅうり（皮をむいて一口大に切る）……1本分、皮付きピーナッツ（炒る）…½カップ、かたくちいわしの煮干し（素揚げする）…½カップ、ゆで卵（¼に切る）…2個分

Nasi Lemak

作り方

1. 米を洗って少し置いて鍋に入れ、Aを加えてかき混ぜて炊く。 **2.** ソースの材料をフードプロセッサーにかける。 **3.** 油をひいたフライパンで2を炒め、香りが立ったらタマリンドペースト、砂糖、玉ねぎ薄切りを加えて熱する。 **4.** 皿にごはんを盛り、3をかけ、トッピングを添える。

タマリンドペーストは梅干しのはちみつ漬で代用。

memo

Burunei

ブルネイ

アンブヤット

石油と天然ガス資源で潤う、ボルネオ島北西部の王国ブルネイの国民食アンブヤット。サゴヤシのデンプンから作ったぷるんとした半透明の糊のような主食です。甘酸っぱいドリアンソースや魚・野菜などのおかずとともに、チャンダという割り箸に似た竹のフォークを使って食べます。

材料(4人分)

さごやし粉……250g（サクサク粉等の名称で日本でも販売されている）
熱湯……カップ1
＜おかず＞
魚（サワラ、サバなど）……2切れ

A
- しょうが（みじん切り）……小さじ½
- エシャロット（みじん切り）……½本分
- タマリンド（はちみつ漬けの梅干しで代用）……1個
- レモングラス（生・みじん切り）……½本分
- ターメリック……小さじ½
- 唐辛子……1本
- 塩……小さじ1

ぜんまい（またはこごみなど）……150g

B
- シュリンプペースト（またはイカの塩辛）……小さじ1
- にんにく（みじん切り）……1かけ分
- エシャロット（みじん切り）……½本分

植物油……適量
＜付け合わせ＞
きゅうり（薄切り）…2本分、にんじん（薄切り）…1本分
スウィートチリソース（市販）……少々

作り方

1. ボウルにさごやし粉を入れ、水を少々注いで10分置いたら、上澄みの水を捨てて熱湯を注ぎ、半透明になるまでよくかき混ぜる。　**2.** フライパンに魚、A、ひたひたの水を入れて魚に火が通るまで5～10分煮込む。　**3.** 中華鍋に油を熱し、Bを加えて炒め、香り立ったら、ぜんまいと水少々を入れて強火でさっと炒める。　**4.** それぞれ器に盛り、付け合わせ、スウィートチリソースを添える。

味に癖があり日本で再現しにくいドリアンソースの代用は、スウィートチリソースで。

memo

Ambyat

中国の海南島から移住した華僑が、秦の時代から同島に伝わる文昌鶏（ウェンチャンジー）を発展させた料理。丸鶏からだしを取って、だし汁でごはんを炊き、肉と残りのだし汁をスープとして食べる無駄のなさで、屋台の定番でもあります。タイにもカオマンガイという似た料理があります。

Singapore

シンガポール

海南鶏飯（ハイナンジーファン）

Hainanese Chicken Rice

材料(4人分)

鶏むね肉……4枚
米（あればタイ米）……2カップ（洗う）
しょうが（すりおろす）……1かけ分
青ねぎ（みじん切り）……1本分
塩……適量
鶏がらスープの素……1個
植物油……小さじ¼
きゅうり（薄切り）……1本分
コリアンダーの葉……適量

＜ソース＞
しょうゆ（あれば中国しょうゆ）……大さじ2
チリソース（シラチャーソース）……適量
しょうが（すりおろし）……1かけ分

作り方

1. 大きめの鍋に水1ℓを沸かし、スープの素を溶かす。鶏肉を入れ、弱火で10〜15分ゆでる。 **2.** 鶏肉に火が通ったら取り出し、氷水で5分冷やす。ゆで汁はとっておく。 **3.** 別の鍋に油をひき、しょうが半量と塩小さじ1を入れて炒め、香りが立ったら米を入れ、軽く炒める。 **4.** 鶏のゆで汁カップ2と½を加え、軽く混ぜてふたをし、約12分炊く。 **5.** 残りの鶏のゆで汁を塩で調味し、青ねぎを加え、スープを作る。 **6.** 皿にごはん、食べやすく切った鶏肉、きゅうりを盛り、コリアンダーの葉を飾る。3種類のソース、スープを添える。

おいしいだしが取れる丸ごとの鶏肉が理想ですが、切り身の鶏肉でも作れます。

memo

Philippines

フィリピン

アドボ

東南アジアの熱帯地方の伝統的な酢と塩を使った食材の保存方法と、旧宗主国スペインの調理方法がミックスした料理。アドボはスペイン語の漬物を語源とし、スペイン、ポルトガル、南米にも同名料理があります。フィリピンでは特に酸味が好まれ、味付けにしょうゆ（魚醤）やはちみつを使います。

材料(4人分)

豚バラ肉（かたまり）……400g

A
- しょうゆ……¼カップ
- にんにく（みじん切り）……1かけ分
- はちみつ……大さじ1

B
- 月桂樹の葉……2枚
- こしょう……大さじ½

酢……大さじ1〜2（好みで加減）
塩……少々

作り方

1. 豚肉は食べやすい大きさに切り、ボウルに入れ、A をからませ、冷蔵庫に1時間置く。**2.** 1を鍋に移し、水½カップ、B を加えて熱し、沸騰したら弱火にして40分煮る。 **3.** 最後に酢を加え、塩で調味して火を止める。

豚肉のほかに、鶏肉や牛肉、魚介などさまざまなバリエーションがあります。

memo

Adobo

Indonesia

インドネシア

サテ

1万以上の島からなり、多様な文化を持つインドネシア。サテは日本の焼き鳥に似た串焼き。アラブやインドの商人が伝えたケバブをヒントに、ジャワ島の屋台商人が改良したといわれます。島や地域によってさまざまな種類のサテがあり、これはジャワ島に近いマドゥラ島のレシピ。現地では山羊肉を使います。

Sate

材料(4人分)

ラム肉（角切り）……300g

A
しょうゆ……大さじ3
砂糖……小さじ½
ライム果汁……小さじ1
コリアンダーシード……小さじ¼
こしょう……小さじ¼

＜付け合わせ＞
赤玉ねぎ（粗みじん切り）……¼個分
ライム（スライス）……適量

作り方

1. ボウルにAを混ぜ、⅓量は小皿に取り、残りに肉を入れてなじませて15分以上置く。 **2.** 竹串に1を焼き鳥のように刺す。 **3.** 2をグリルで11〜12分ほど焼く（魚焼きコンロを使う場合は竹串が焦げないようにアルミホイルをかぶせる）。 **4.** 皿に盛り、1の残りのたれ、付け合わせを添える。

しょうゆ味のさっぱりとした味で、日本人の口にも合います。

memo

39

Indonesia

インドネシア（スマトラ島）

ルンダン

西スマトラのパダン料理の代表格。レンダンとも言い、インドネシアのモルッカ諸島原産のクローブがふんだんに使われています。イスラム教徒にとっては、ラマダン月の断食明けのお祝いにも欠かせない一品です。

材料（3〜4人分）

牛もも肉（角切り）……400g
＜ルンダンペースト＞
タイのレッドカレーペースト（市販）……25g
クローブ粉……小さじ1½
シナモンスティック……1本
アニス……1個
カシューナッツ（細かく砕く）……12粒
＜薬味ペースト＞
しょうが（薄切り）……1cm程度
エシャロット（薄切り）……小1個分

タマリンドペースト（はちみつ漬けの梅干しで代用）……1個
A ┌ ココナッツミルク……1カップ
  │ 塩……小さじ1
  └ 砂糖……大さじ1
植物油……適量
塩……適量

作り方

1. ルンダンペーストの材料をすべて混ぜ合わせる。薬味ペーストの材料は、フードプロセッサーにかけてペースト状にする。　**2.** 鍋に油をひき、牛肉を入れ表面に焼き色をつける。塩少々を振り、取り出す。　**3.** 同じ鍋に油少々を足し、1のペースト類、タマリンドペーストを加えて中火で熱しながら混ぜ、香り立たせる。　**4.** 2を戻してペーストをからませ、Aを加えて混ぜ、肉が柔らかくなるまで30分以上煮る。

Rendang

牛肉のルンダン・サピが特に人気。タイのレッドカレーペーストにスパイスを加えると便利です。

memo

インドネシア（ジャワ島）

ペペス・イカン

ペペスはバナナの葉の包み焼き、イカンは魚のこと。葉に包むことでおいしさが凝縮し、食材にいい香りがつきます。

Pepes Ikan

材料（2人分）

アジ（ワタ抜き）……2尾
A ┌ ライム果汁……大さじ2
　├ 塩・こしょう……各少々
　└ 植物油……少々
エシャロット（薄切り）……40g
B ┌ ターメリック……小さじ½
　│ レモングラス（茎・薄切り）
　│ ……1本分
　│ マカダミアナッツ（砕く）
　│ ……20g
　│ しょうが（薄切り）……5g
　└ 鷹の爪……1本
コブミカンの葉（みじん切り）
……1〜2枚（あれば）
塩……少々
植物油……適量
バナナの葉（縦横30cm程度）2枚。
なければアルミホイルで包む。

作り方

1. アジは切れ目を入れ、Aをすりこみ、冷蔵庫に30分置く。　**2.** エシャロット半量、Bをフードプロセッサーにかけペースト状にする。　**3.** フライパンに油をひき、2を熱して香りが立ったら、水大さじ1、残りのエシャロット、コブミカンの葉を加えて熱し、塩で調味する。　**4.** バナナの葉の上に3の半量をのばして魚をのせ、上にも3を塗る。バナナの葉をかぶせ、たこ糸でしばる。　**5.** 蒸し器で15分蒸す。

インドネシア（バリ島）

バビ・ケチャップ

Babi Kecap

中国の影響を受けた甘い醤油味のシンプルな家庭料理。ヒンドゥーの島バリでは、イスラム教徒の多いインドネシアの中で例外的に豚肉を食べます。

材料（4人分）

豚肉（カレー用）……400g
A ┌ エシャロット（薄切り）……1個分
　├ にんにく（みじん切り）……1かけ分
　└ しょうが（みじん切り）　1cm分
鷹の爪（輪切り）……2本分
ケチャップ・マニス※……大さじ3
植物油……少々
青ねぎ（斜め切り、飾り用）……1〜2本分

作り方

1. 鍋に油をひき、Aと鷹の爪半量を炒める。　**2.** 香りが立ったら、豚肉を入れて表面を焼き、ひたひたの水、ケチャップマニスを加えて混ぜ、30分煮込む。　**3.** 器に盛り、青ねぎと残りの鷹の爪を飾る。

※ケチャップ・マニスは、インドネシアの調味料で日本でも手に入るが、黒砂糖としょうゆを同量、小麦粉少々をとろみがつくまで熱して作れる。時間がなければ黒砂糖としょうゆだけでも。

East Timor

東ティモール

バター・ダーン

ティモール島の東側にある東ティモールは、2002年の独立まで約500年ポルトガル領であり、今も住民のほとんどがカトリック信徒の国。バター・ダーンは、アメリカ大陸原産のとうもろこし、かぼちゃ、赤いんげん豆をオリーブオイルで調理した、カトリック教会間の交流がうかがえる料理です。

材料（4人分）

かぼちゃ……200g
コーン（缶詰）……100g
赤いんげん豆（缶詰）……100g
玉ねぎ（粗みじん切り）……1個分

にんにく（みじん切り）……2かけ分
塩小さじ……½〜1
オリーブオイル……大さじ2
ごはん……適量

Batar Da'an

作り方

1. かぼちゃは皮を取って食べやすい大きさに切り、電子レンジで3分加熱する。 **2.** 鍋にオリーブオイルを温め、にんにくを炒める。香りが立ったら玉ねぎを加え透き通るまで炒める。 **3.** コーン、赤いんげん豆、水150mℓを加えて弱火で15分煮る。 **4.** 1を加えて、塩で調味し、さらに2〜3分煮る。 **5.** 皿に盛り、ごはんを添える。

かぼちゃは冷凍食品なら解凍せずそのまま使えて便利です。

memo

Mongolia

モンゴル

ボーズ

東アジアの草原の国モンゴルは、遊牧民と羊の放牧の伝統を持つ国。モンゴルの食卓に欠かせないボーズ（語源はおそらく中国の包子＝バオズ）は、具に羊肉を使った蒸し餃子のような料理です。お祝いの料理にも登場します。ラム肉が手に入れば、餃子の要領で手軽に作れます。

材料(4人分)

餃子の皮（大判）……1袋（40枚）
A ┌ ラムひき肉……300g
 ├ 玉ねぎ（みじん切り）……1個
 ├ にんにく（みじん切り）……1かけ
 └ 塩、こしょう……各少々

作り方

1. ボウルに A を入れてよく練る。 **2.** 餃子の皮に、1を大さじ1程度のせ、中央にひだを作ってねじりながら包む。 **3.** 蒸し器で15分蒸す。

ラムのひき肉がなければ、細かく切るか、フードプロセッサーにかけてください。

memo

Kazakhstan

カザフスタン

ソルパ

草原の国カザフスタンの人気料理。羊肉のだしを効かせ、じゃがいも、玉ねぎなどを加えたシンプルなスープで、ウズベキスタンなどにも同様の料理があります。ハーブのディルをのせるのが中央アジアらしいスタイルです。

材料(4人分)

羊肉……250g（骨付き塊、なければ角切り）
じゃがいも（メークイン）……1個
にんじん……1本
玉ねぎ……1個
塩小さじ……½
ディルまたはコリアンダーの葉……大さじ2
（みじん切り）

作り方

1. じゃがいも、にんじんは皮をむいて食べやすい大きさに切る。玉ねぎは薄切りにする。 **2.** 鍋に水1ℓと塩を入れ羊肉と1を加えて45分ほど弱火で煮込む。**3.** 途中でアクをすくう。 **4.** 肉が塊の場合は取り出して骨を取り、肉を切って戻す。 **5.** 器に盛り、ディルまたはコリアンダーの葉を飾ってできあがり。

Copпa

じゃがいもは型くずれしにくいメークインがおすすめです。

memo

Uzbekistan

ウズベキスタン

プロフ

中央アジアにおけるシルクロードの中継地として、古くから栄えた都市が点在するウズベキスタンのプロフは国民食のような存在で、1冊の本になるくらい、たくさんの種類があります。現地では黄色いにんじんをよく使います。日本では、手に入れば沖縄の「島にんじん」などを使うと再現できます。

Plov

材料（4人分）

米（長粒米）……400g
羊肉（骨つき・または角切り）……400g
玉ねぎ（薄切り）……2個分
にんじん（細切り）……2本分
にんにく……1個
A ┌ クミン粉……小さじ1
　└ こしょう……小さじ½
植物油……大さじ4
塩……適量
＜トッピング＞
うずらの卵（ゆでる）…8個、フライドオニオン（市販）…適量、ざくろの実（あれば）

memo
フライドオニオンは玉ねぎの薄切りを揚げても手作りできます。

作り方

1. 米は洗って30分浸水し、水気を切る。
2. 厚手の鍋に油をひき、強火で羊肉の表面を焼き、取り出す。　**3.** 同じ鍋で玉ねぎを炒める。きつね色になったらにんじんを加えて炒め、しんなりしたら、Aで調味する。飾り用ににんじんを少し取り出す。　**4.**2を戻し、ひたひたの湯を入れ、肉が柔らかくなるまで弱火で30～40分煮込む。途中で適宜水を足す。　**5.**4に1と塩を入れ、にんにくを皮ごと米の中に埋めるように入れる。米の2cm上くらいまで水を足してふたをし、沸騰させてから火を弱めて10分炊き、ごく弱火にして20分蒸らす。　**6.** 肉とにんにくを取り出し、さっくりと混ぜる。味をみて塩を足す。　**7.** 器に盛り、肉、にんにく、にんじん、トッピングをのせる。

45

Kyrgyzstan

キルギス

ベシュバルマク

キルギスは、中国、カザフスタン、ウズベキスタン、タジキスタンと国境を接する山に囲まれた国。イシク＝クル湖という古代湖が有名です。ベシュは数字の5、バルマクは指の意味で、5本の指を使って食べます。遊牧民に由来する羊の肉うどんのような味わいで、近隣国にも同じ料理があります。

бешбармагы

羊肉の代わりに牛肉を使っても作れます。

memo

材料(4人分)

ラム肉……500g（牛肉でもよい）
きしめん……400g（うどんでもよい。パッケージの時間の通りにゆでる）
玉ねぎ（薄切り）……½個
塩……適量
こしょう……少々

作り方

1. 火を中火にして鍋に水2ℓを入れてわかし、塩、ラム肉を加えてふたをし、弱火で2時間ほどゆでる（圧力鍋使用可）。 **2.** 普通の鍋の場合は途中で1のアクを取る。 **3.** 2にゆでたきしめんを加え、10分ほど煮る。 **4.** 3からスープを別の鍋に少し移し、こしょうを加えて玉ねぎを煮る。ラム肉が大きい場合は小さく切る。 **5.** お皿にめん、ラム肉入りのスープと玉ねぎを入れる。

紀元前2000年頃から中央アジアに移り住んだといわれる
ペルシア系の遊牧民タジク人の国。住民の大半がスンニ派
のイスラム教徒です。肉を使わないクルトゥブは、貧しかっ
た時代をともにしたタジク人のソウルフードです。

Tajikistan
タジキスタン

クルトゥブ

Курутоб

材料（4人分）

パン……2枚（あればナンやピタパンのような平パンがよ
い。食べやすい多さに切っておく）
ヨーグルト……カップ1（軽く水切りしてソース状にしておく）
赤玉ねぎ……½個（うす切り）
トマト……1個（うす切り）
ディル……3g（みじん切り）
植物油……大さじ½（事前に鍋で熱しておく）
塩……小さじ¼

作り方

1. パンを食べやすい大きさに切り（またはちぎり）、電子レ
ンジで温めておく。 **2.** ボウルにパンを入れ、玉ねぎとト
マトを加えてざっくり混ぜる。 **3.** 2にヨーグルトをかける。
4. 3をお皿に盛り、熱い油をかける。塩を振り、ディルを
飾る。

Turkmenistan
トルクメニスタン

ピシュメ

Pişme

砂漠地帯に位置する、テュルク系民族の
国。ピシュメは伝統的な揚げパン風スナッ
クで、結婚式などおめでたい席にも欠か
せない一品。近隣国ではバウルサクやボー
ルソクなどとも呼ばれます。

材料（4人分）

小麦粉（ふるう）……250g
ドライイースト……小さじ½
砂糖……大さじ1
塩……小さじ½
温めた牛乳……150ml
揚げ油……適量

作り方

1. ボウルに小麦粉、塩、砂糖、
ドライイーストを入れて泡だて器
でよく混ぜ、温めた牛乳を加えて
よくこねる。 **2.** 1にぬれ布巾をか
け、室温（25度程度）で1時間ほ
ど発酵させる。 **3.** 2をまな板の上
に取り出しガスを抜いて5分ほどこ
ねる。 **4.** 3を綿棒で5mm程度の薄
さに円形にのばす（直径約25cm）。
5cm幅にナイフでストライプ状に
カットする。 **5.** 4の生地をひし形
にカットしていく。 **6.** 天ぷら鍋ま
たは電気フライヤーに植物油を熱
し、180度くらいでスプーンで油
の中に5を入れながらきつね色に
なるまで揚げる。

China

中国（山東省）

炸醤麺（ジャージャーメン）

世界三大料理に数えられる中華料理の中でも、麺や餃子などの小麦粉料理はその真骨頂のひとつ。中国では紀元前3000年頃から小麦の栽培が始まり、今でも世界最大の小麦粉の消費量を誇ります。北部の山東省が起源のジャージャン麺は麺料理の代表格で、日本にも伝わっています。

材料（4人分）

うどん……500g
豚ひき肉……250g
A ┌ 甜麺醤、紹興酒、しょうゆ
　　……各大さじ1
　└ こしょう……小さじ½
植物油……適量

＜トッピング＞
もやし（ゆでる）…1袋
きゅうり・セロリ（千切り）……各1本分
赤かぶ（千切り）※……1個分
ねぎ（細切り）……1本分
大豆（水煮）……50g
たけのこ（水煮・細切り）……100g
※またはビーツ。缶詰でもよい。

作り方

1. 中華鍋に油をひき、豚ひき肉を入れてパラパラになるようによくほぐしながら炒めて、取り出す。**2.** 同じ鍋にAを入れてひと煮立ちしたら、1を戻してざっくり混ぜる。**3.** 麺をゆでて器に盛り、2、トッピングを添える。よく混ぜながら食べる。

8をおめでたい数字とする中国では、8種類の具を好んで用います。

memo

中国　**糖醋肉塊**（タンツゥロウカイ）

中国では酢豚のことを糖醋肉または古老肉といいます。広東料理では日本のように野菜も使いますが、北京料理では黒酢と豚肉だけの具で作ります。黒酢は中国の鎮江香醋や山西老陳醋がおすすめです。

材料（3〜4人分）

豚肉（酢豚用）……300g
A □ 紹興酒、塩、こしょう…各少々
溶き卵…1個分、片栗粉…適量
B □ 黒酢…大さじ4、きび砂糖…大さじ5、しょうゆ…大さじ3
C □ にんにく・しょうが（みじん切り）…各小さじ¼
植物油……適量、水溶き片栗粉（片栗粉 大さじ1：水 大さじ4）
白髪ねぎ……適量

作り方

1. 豚肉にAをまぶして15分置く。　**2.** 1に片栗粉、溶き卵、片栗粉の順に衣をつけ、160℃の油でゆっくり揚げる。一度引き揚げ、180℃の油で二度揚げする。　**3.** ボウルにBを入れて混ぜる。　**4.** フライパンに油をひき、Cを炒めて3を加え、沸騰したら水溶き片栗粉を入れてとろみをつける。**5.** 2を入れてからめ、皿に盛り、ねぎを飾る。

中国（四川省）　**麻婆豆腐**

辛味が特徴の四川料理の代表格。清の時代に成都の食堂で誕生し、その名を冠して「陳麻婆豆腐」ともいいます。花椒があると本格的な味わいになります。

材料（2人分）

豚ひき肉…100g、豆腐（木綿）…1丁
A □ 甜麺醤、豆板醤…各大さじ1
B □ 鶏ガラスープ…60㎖、紹興酒・しょうゆ…各大さじ1
唐辛子粉…適量、水溶き片栗粉（片栗粉・水…各大さじ2）
植物油…60㎖
＜トッピング＞ラー油…少々、花椒（あれば）…小さじ½

作り方

1. 豆腐は1cm角に切る。**2.** 中華鍋に油をひいて豚ひき肉を炒める。**3.** Aを加えて炒め、続けてBを加えて炒める。辛さが足りなければ唐辛子粉を加える。　**4.** 豆腐を入れて10分煮る。　**5.** 水溶き片栗粉を少しずつ加え、とろみをつける。　**6.** 器に盛り、ラー油を回しかけ、花椒を散らす。

China

中国（浙江・江蘇・安徽省）

八宝菜

春節に欠かせない一品。海外では
チャプスイの名前でも知られます。

材料（2人分）

豚肉（こま切れ）、イカ（一口大）、むきエビ……各50g
にんじん（薄切り）…½本分、長ねぎ（斜め薄切り）…
1本分、しいたけ（細切り）…2枚分、白菜（ざく切り）
…¼個分、うずらの卵（ゆで）…4個
A［中華だしの素…大さじ1、水…100㎖、紹興酒…
　　大さじ1
塩、砂糖、こしょう、片栗粉……各適量
水溶き片栗粉（片栗粉大さじ1：水大さじ3）
植物油、ごま油……各適量

作り方

1. イカ、エビ、豚肉はそれぞれ塩、こしょうを振り、豚
肉に片栗粉をまぶす。　**2.** フライパンに植物油をひき、1
を中火でさっと炒め、色が変わったら取り出す。　**3.** 続
けてにんじん、ねぎ、しいたけを入れて強火で炒め、
白菜を加えて炒める。　**4.** イカ、エビ、豚肉を戻し、Aを
加えて混ぜる。　**5.** うずらの卵を入れて熱し、塩、砂糖、
こしょうで調味する。　**6.** 水溶き片栗粉を加えてとろみを
つける。最後にごま油を入れ、火を止める。

中国（山西省）

醋溜白菜（ツゥリゥバイサイ）

3000年の歴史を持ち、やせた土地に育つ栄養分豊富
な雑穀が原料の山西老陳醋を使った、山西省の郷土料
理。白菜は昔の人々の貴重な栄養源でした。

材料（4人分）

白菜（斜め薄切り）……500g
長ねぎ（1cm輪切り）……1本分
鷹の爪（斜め切り）……5本
A［黒酢…大さじ4、しょうゆ…大さじ1½、砂糖
　　…大さじ2、塩…小さじ1
植物油……大さじ2
ごま油……小さじ½
水溶き片栗粉（片栗粉・水……各大さじ2）

作り方

1. 器にAを入れて混ぜる。　**2.** 鍋に植物油を入れ
て熱し、鷹の爪と長ねぎを炒める。　**3.** 香りが立っ
たら白菜の茎を入れ、1を加え強火で2分炒め、白
菜の葉を加えて炒める。　**4.** 水溶き片栗粉を加えて
混ぜ、とろみがついたら、仕上げにごま油を振る。

中国の八大菜系のひとつ江蘇（こうそ）料理は、肥沃な土地の農作物や豊かな川や海の魚などに恵まれた江南地方で育まれてきました。その流れを汲みつつ都市生活の文化が加わったのが上海料理で、上海炒麺はその代表的な家庭料理。しょうゆを使った赤っぽい色が特徴的で、日本の焼きそばに似ています。

中国（上海）

上海炒麺

材料（4人分）

中華麺……4玉
豚薄切り肉（細切り）……200g
しょうが（すりおろし）……小さじ1
しいたけ（薄切り）……4枚
小松菜（ざく切り）……1束
A ┌ 片栗粉……小さじ2（倍量の水で溶く）
　└ 塩、紹興酒……各少々
B ┌ 鶏がらスープの素……大さじ2（同量の水で溶く）
　│ オイスターソース……大さじ3
　└ 濃口しょうゆ……大さじ2
ごま油……適量
植物油……適量

作り方

1. 中華麺をゆでて水気を切る。**2.** 中華鍋に油を熱し、豚肉としょうがを炒める。Aを加えてからめながら熱し、豚肉を取り出す。**3.** 同じ鍋でしいたけをしんなりするまで炒める。**4.** 1の麺を加え、Bを加えて調味する。**5.** 小松菜と2の豚肉を入れ、小松菜に火が通るまで炒める。**6.** 火を止めて仕上げにごま油をかける。

本場ではオイスターソースではなく、老抽王（中国たまり醤油）を使います。

memo

51

China

客家

醸豆腐（ヨントーフ）

客家は戦乱を逃れるため古代中国の中原から南へと移動、定住を繰り返していった漢民族の一支流。現在は中国の広東省や福建省、香港、台湾などに多く暮らし、流転する生活から漬物や乾物など保存食が発達した特徴があります。この料理は、中原の餃子を懐かしんで小麦粉の皮代わりに豆腐を使った客家料理の代表格。

材料（4人分）

木綿豆腐……2丁
＜肉あん＞
豚ひき肉……100g
干しエビ……大さじ1
青ねぎ（輪切り）……2本分
A ┌ しょうゆ……小さじ1
  │ こしょう……小さじ½
  └ ごま油……少々

チンゲン菜……1株
＜スープ＞
オイスターソース……大さじ1
紹興酒（または日本酒）……小さじ½
砂糖……小さじ½
水……½カップ
水溶き片栗粉（片栗粉小さじ¼：水大さじ1）
植物油……少々

作り方

1. 豆腐は4等分または6等分に切り、それぞれ中央をスプーンでくり抜き、くぼみを作る。干しエビは水で戻し、みじん切りにする。戻し汁は取っておく。 **2.** ボウルにひき肉、干しエビ、青ねぎ半量、Aを入れてよく練る。 **3.** 豆腐のくぼみに2を大さじ1ずつ詰める。 **4.** フライパンに油少々をひき、3の両面をこんがり焼いて取り出す。 **5.** ボウルにスープの材料、干しエビの戻し汁を入れて混ぜる **6.** 土鍋にチンゲン菜を敷き、4を並べ、5を加える。ふたをして火にかけ、沸騰したら弱火にして5分煮る。 **7.** 水溶き片栗粉を加えてとろみをつける。器に盛り、残りの青ねぎを散らす。

客家料理も地域ごと種類があり、醸豆腐は広東省の東江料理の一品。

memo

Hong Kong

香港（中国特別行政区）

皮蛋瘦肉粥
（ピータンショウロウジョウ）

広東料理の流れを汲みつつ、1997年までの約150年間のイギリス植民地時代を経て発展した香港料理。美食の街らしくシンプルな調味料で食材の味を生かす調理法が人々を魅了しています。皮蛋瘦肉粥は香港を代表する朝食。アヒルの卵を加工したピータンと赤身の豚肉を使う健康的な一品です。

材料(4人分)

米……2合
白ごま油……少々
豚肉（赤身）……200g
チンゲン菜……3～4枚
ピータン（半切り）……1個
A ┌ ホタテ貝柱スープの素（または鶏ガラスープの素）……大さじ1
  │ しょうが（千切り）……適量
  │ 青ねぎ（細切り）……2本分
  └ 塩……少々
塩、こしょう、片栗粉……各少々
ラー油……少々
＜付け合わせ＞
ザーサイ、香菜（パクチー）、油条（油で揚げたパン）…各適量

作り方

1. 米を洗って水を切り、白ごま油をまぶす。豚肉は食べやすい大きさに切り、塩、こしょうを振り、片栗粉をまぶす。チンゲン菜は食べやすく切る。　**2.** 圧力鍋に水2ℓを入れてふたをせずわかし、Aと米を加えてふたをし、強火に30分かける。　**3.** 火を止めてしばらく置き、圧力が抜けたらふたを開け、豚肉、チンゲン菜、ピータンを加えて15分煮る。　**4.** 3を器に盛り付け、ラー油をかけ、付け合わせを添える。

圧力鍋がない場合は、普通の鍋でゆっくりコトコト煮てもおいしく作れます。

memo

Macau

マカオ（中国特別行政区）

1999年までポルトガルの植民地だったマカオ。スパイスやココナッツミルクを用いた、中華調理法による折衷料理です。トマトライスを付けるのがマカオ式。

咖喱蟹（カリークラブ）

材料(4人分)

ワタリガニ…4杯
A［ 玉ねぎ（粗みじん切り）…1個、にんにく（みじん切り）…1かけ、しょうが（すりおろす）…1cm分
B［ カレー粉…大さじ2、ココナッツミルク…大さじ1、塩…少々
香菜（パクチー）…少々飾り用、植物油…適量

作り方

1. カニは丸ごとよく洗って甲羅だけはがし、脚、胴は食べやすい大きさにカットする。**2.** フライパンに油をひき、Aを強火で炒める。玉ねぎが透き通ったら、Bを加え混ぜる。**3.** カニを加え、火を弱めてよく混ぜ、ふたをして蒸し煮する。**4.** カニの形を皿の上でもとの形に整え、ソースをかけ、香菜を飾る。

Lagman

中国（新疆ウイグル自治区）

ラグマン

中央アジア全域で食べられる麺料理。本来は手延べ。地域によって汁麺もあり、ウイグルではきくらげのような中華食材を加えることも。拉麺の起源ともいわれます。

材料(4人分)

ゆでうどん…400g、ラム肉（角切り）…300g、トマト（角切り）…2個、玉ねぎ（1cm幅に切る）…1個、なす（角切り）…2本分、いんげん（半分に切る）…12本
A［ 鶏ガラスープの素…大さじ1、クミン粉…小さじ1、しょうが（すりおろす）、塩・こしょう…各少々
青ねぎ（飾り用）…2本、サラダ油…適量

作り方

1. 中華鍋にサラダ油をひき、肉、野菜をすべて入れて強火で炒め、Aで調味する。**2.** ゆでた麺を器に盛り、1をかけ、適当な長さに切った青ねぎを飾る。

Tibet

チベット

トゥクパ

チベットは、ヒマラヤ山脈をのぞむチベット仏教の発祥地。トゥクパはモモとともにその代表格で、うどんに似たハレの日の料理。信仰的には菜食が勧められるようですが、気候が厳しく、栄養が必要な高山という土地柄、トゥクパにも肉を入れることがあります。ネパールでも食べられています。

材料（4人分）

きしめん……300g
玉ねぎ（みじん切り）……½個
にんじん（短冊切り）……½本
トマト……½個
ほうれん草……1束
にんにく、しょうが
　（すりおろす）……各小さじ1
しょうゆ……大さじ1
植物油……適量
塩……少々
香菜（パクチー）……適量
水……1と½カップ

作り方

1. きしめんはゆでて水気を切る。玉ねぎはみじん切り、トマト、ほうれん草は食べやすく切る。**2.** フライパンに油をひき、玉ねぎを炒める。きつね色になったらにんにく、しょうがを加えて混ぜ、にんじん、トマトを入れて5分熱する。**3.** 水1½カップ、しょうゆ、塩を加え、野菜が柔らかくなるまで煮込む。**4.** きしめんを加えて3分熱し、ほうれん草を加えて2分熱する。**5.** 器に盛り、香菜を飾る。

きしめんやうどん、ほうとうのような平麺のほか、パスタで代用することもできます。

memo

Taiwan

台湾

滷肉飯 （ルーローファン）

大陸から移住した人々が先住民とともに暮らす台湾では、中国全土の郷土料理が食べられますが、豚バラ肉のしょうゆ煮をごはんに乗せたルーローファンは、台湾で生まれ、台湾人に広く愛されている生粋のご当地料理。魯肉飯とも書きます。日本統治時代以前に誕生したといわれます。

材料（4人分）

豚バラ肉（細切り）……600g
にんにく（つぶす）……2かけ

A
しょうゆ……大さじ6
紹興酒……大さじ3
こしょう……小さじ½
五香粉（あれば）……小さじ1

ゆで卵……2個

砂糖……大さじ1
油葱酥（ヨーツォンスー・揚げエシャロット）※
……大さじ4
植物油……適量
ごはん……適量
チンゲン菜（ゆでる）……適量
※市販のフライドオニオンでも。

作り方

1. 鍋に油を入れ、にんにくを炒める。香りがたったら豚肉を入れて色が変わるまで強火で炒め、Aを加えてよく混ぜて炒める。　**2.** 水2½カップを加えて煮立て、砂糖、ゆで卵、あれば油葱酥を加え、弱火で45分煮込む。ゆで卵は取り出して縦半分に切る。
3. 器にごはんを盛り、2を乗せる。ゆで卵、チンゲン菜を添える。

豚の角煮にも通じる日本人も大好きな味です。

memo

North Korea

北朝鮮には朝鮮王朝時代の三大名菜のうち二菜があり、平壌冷麺もそのひとつ。本来は寒い冬に暖かいオンドル部屋で食べる習慣がありましたが、食材そのものの味を生かす薄味が特徴的な北部の料理らしく、涼しげな味わいは暑い夏にもぴったりです。現地ではそば粉の麺を使います。

北朝鮮

平壌冷麺
ピョンヤン

평양냉면

材料(4人分)

冷麺用の麺……4玉
牛すね肉……180g
鶏むね肉……1枚

A
鶏ガラスープの素……大さじ2
にんにく……2片
しょうが……1片

B
塩……小さじ1
しょうゆ……大さじ1
こしょう……小さじ½
料理酒……大さじ1

きゅうり……2本
梨（またはりんご）……¼個
ゆで卵……2個
キムチ……200g
松の実……小さじ½
白ごま……少々
しょうゆ、塩、こしょう……各適宜

出汁を取るのに時間がかかりますが、たくさん作って冷凍も可能です。

memo

作り方

1. 鍋にたっぷりの水と牛すね肉を入れて煮立てる。煮立ったら火を弱め、途中アクをすくいながら1時間半煮る。 **2.** 別の鍋に水4カップを入れ、鶏肉、Aを加えて、アクをすくいながら20分煮る。 **3.** 1と2から肉を取り出し、スープを合わせ、Bで味を調え、冷蔵庫で冷やす。 **4.** 牛肉は食べやすく切り、しょうゆとこしょう少々を振る。鶏肉は割き、塩、こしょう少々を振る。きゅうりは斜め薄切りにして塩を振り水気を絞る。梨は薄切りにする。ゆで卵は縦半分に切る。 **5.** 麺をゆでて冷水で洗い、水気を切って器に入れる。4とキムチをのせて3を注ぎ、松の実、白ごまを飾る。

South Korea

韓国

全州（チョンジュ）ビビンパ

古都・全州に伝わる、朝鮮王朝時代の三大名菜のひとつ。具沢山で美しい全州ビビンパは、韓国の地方に多数あるビビンパの最高峰として国の無形文化財にも制定されています。おかずの配置や色、味覚に陰陽五行説の思想が用いられた奥深い料理であり、栄養バランスにも優れています。

材料（4人分）

牛肉（脂身の少ない部位）……100g
にんじん、ズッキーニ……各½本
山菜（わらび、ぜんまいなど）……適量
大根……5～6cm
きゅうり……1本
もやし（ゆでる）……1袋
ごま油……適量
＜ヤクコチュジャン＞
　ごま油……大さじ1
　牛肉……20g
　にんにく（みじん切り）……1かけ分
　コチュジャン……大さじ4
　砂糖……大さじ1
卵（卵黄のみ使用）……4個
ぎんなん（水煮）……12個
松の実……20個
なつめの実（乾燥）……8個
塩……適量
ごはん……適量

本場では青、赤、黄、白、黒、また甘・苦・辛・酸・塩の五行色・味を使います。

memo

作り方

1. 牛肉、にんじん、ズッキーニは、5～6cmの長さに細切りにし、それぞれごま油と塩で炒める。山菜はごま油としょうゆで炒める。　**2.** 大根、きゅうりは5～6cmの長さに細切りにし、塩で軽くもむ。もやしはゆでる。　**3.** ヤクコチュジャンを作る。鍋にごま油をひき、牛肉とにんにくを3分炒め、コチュジャン、砂糖、水大さじ4を加えてさらに3分炒める。　**4.** 器にごはんを盛り、1、2をのせ、卵黄、ぎんなん、半切りにしたなつめの実、松の実を飾る。ごはんと具をよく混ぜて食べる。

Japan

日本（京都）

京手まり寿司

数ある日本のお寿司の中でも手軽に作れ、形もコロンとしてかわいく、美しい仕上がりが外国の方々にも喜ばれそうなのが、京手まり寿司。豆寿司とも呼ばれ、おちょぼ口の舞妓さんたちが食べやすいようにひと口サイズに作られたといわれます。しそなどの葉を敷くときれいです。

材料（4人分）

ごはん……（茶碗約4杯）
A ┌ 米酢……大さじ2
　├ 砂糖……10g
　└ 塩……5g
スモークサーモン……4枚
ゆでエビ……4尾
きゅうり……½本
卵焼き……2個分
海苔……少々
大葉（あれば）……適宜
イクラ醤油漬け……少々
貝割れ菜……少々

作り方

1. 米は硬めに炊き、Aを混ぜたもので酢飯を作り、冷ます。 **2.** スモークサーモンは半分の長さに、エビは縦半分に切り、きゅうりは薄い輪切りにして塩もみする。卵は適当な厚さに焼き、円形に巻いて輪切りにする。 **3.** ラップを広げ、スモークサーモンを乗せ、酢飯を大さじ1程度のせて包んで絞り、丸く形を整える。エビ、きゅうりもそれぞれ同様にラップで丸める。 **4.** 卵焼きは酢飯だけをラップで包んで丸め、卵を上にのせて細く切った海苔で巻く。 **5.** 大葉をしいて寿司を盛り、スモークサーモンの上に貝割れ菜、きゅうりの上にイクラをのせる。

具材は他にれんこん、しいたけ、白菜、タイの刺身などでも。

memo

Japan

日本（長崎）

ぱすてい

西洋と中国、和食がミックスした長崎の卓袱料理の一品。卓袱料理は鎖国時代に諸外国との交流で生まれ、独自の発展を遂げ江戸初期のレシピ本「南蛮料理書」にも掲載されています。

材料（4人分）

鶏もも肉……150g
山いも（または長いも）……30g
にんじん（小）……½本
しいたけ……2～3枚
きくらげ（乾燥は水で戻す）……2g
もやし……½袋
ぎんなん（水煮）……8個
鶏ガラスープの素……小さじ½

A
┌ しょうゆ（あれば薄口）……小さじ1
│ 砂糖……小さじ½
│ 日本酒……小さじ½
└ 塩……少々
ゆで卵……3個
冷凍パイシート……1～2枚
卵黄……1個分

作り方

1. 鶏肉は角切り、山いも、にんじんは皮をむいて乱切りに、しいたけは石づきを取って食べやすい大きさに切る。きくらげはほぐし、もやしは洗う。　**2.** 鍋に水250㎖と鶏ガラスープの素を入れて火にかけ、1とぎんなんを加えて野菜が柔らかくなるまで煮る。**3.** Aを入れて味付けし、ひと煮立ちさせる。　**4.** 直径20㎝前後の耐熱の深皿に3を入れて、縦½に切ったゆで卵をのせる。　**5.** パイシートを1㎝幅に切り、4に格子状にのせ、余ったパイ生地を皿のふちに乗せて軽く押さえる。　**6.** パイ生地に溶いた卵黄を塗り、250℃に予熱したオーブンで7～8分焼く。

パイ生地は表面の格子だけ。具は野菜をたっぷりでヘルシーです。

memo

アイヌの人々にとって鮭はカムイチェプ（神の魚）。塩鮭の塩が調味料になり、昆布はだしを取ったあと捨てないで細切りするなど食材を無駄にしない知恵が生きています。

日本（北海道・アイヌ）

オハウ

材料（4人分）

塩鮭（ぶつ切り）……2切
大根……6cm（200g）、にんじん……1本
じゃがいも（中）……2個
玉ねぎ（小）……1個、昆布……6g
塩……少々

作り方

1. 塩鮭はぶつ切りに、大根、にんじんはいちょう切りに、じゃがいもは食べやすい大きさに、玉ねぎを薄切りにする。 **2.** 鍋に水3カップと昆布を入れて沸騰させ、5分煮てだしを取る。昆布は取り出して細切りにする。 **3.** 2に1を入れて15分煮る。塩で味を調え、昆布の細切りを戻す。

日本（沖縄）

ヒラヤーチー

沖縄方言で平焼きの意味。沖縄では台風の時に備蓄した小麦粉で作る思い出を持つ人も。よく似た韓国の済州島のチヂミも同様の理由で食べるのが興味深いところです。

材料（4人分）

ツナ缶……1缶（70g）
ニラ……1束
A ｜ 小麦粉…200g、かつおぶしの削り粉（または顆粒の和風だしの素）…小さじ1
　｜ 卵…1個、塩…小さじ½
植物油……適量
ソース、マヨネーズ、ポン酢など（好みで）

作り方

1. ツナ缶は油分（水分）を切って、ほぐす。ニラは2cmの長さに切る。 **2.** ボウルにAと水250mlを入れてよく混ぜ、1を加えてさらに混ぜる。 **3.** フライパンに薄く油をひき、2の¼量を流し入れて両面を焼き色がつくまで焼く。同様に4枚焼く。 **4.** 好みのたれを添える。

お好み焼きよりもシンプル。おやつ代わりに気軽に食べられます。

memo

食文化と歴史

食文化について学ぶとき、世界史をおおまかに把握しておくと理解度がぐっと高まります。歴史の流れは人の流れでもあります。どのように食文化が伝播し普及していったのか、重要なポイントを見ていきましょう。

古代文明と食文化

メソポタミア文明

イラクなど中東に位置するチグリス、ユーフラテス川流域は肥沃な土地で、約1万年前から小麦が栽培され、無発酵のパンが作られていました。紀元前3500年頃には高度なメソポタミア文明が誕生。豊かな土地ゆえに支配権をめぐる戦争が繰り返される中、シュメール、バビロニア、アッシリアなどの国家が興ります。メソポタミアには、氾濫する川を整備して農耕を行う灌漑農業やビールのほか、楔形文字で粘土板に掘られたレシピが世界で初めて登場。レシピの数々は近年、研究者によって解読され当日の食生活を知る手掛かりになっています。また他の文明地域と交易も行われました。

エジプト文明

ナイル川流域に栄え、メソポタミアとともに古代オリエントの「肥沃な三日月地帯」を形成した文明。農業が盛んで小麦を育ててパンを主食とし、細粒の小麦粉を挽く回転石臼が発明されました。エジプト人はパンを「エイシ（アイシ）＝アラビア語で"命"の意味」と呼びます。古代エジプトでは豆、特にそら豆も大切な食料でした。肥沃な土地で育ったおいしい食材に恵まれ、エジプト料理は今も素材の味を活かしたシンプルさが特徴です。

インダス文明（ハラッパー文明）

ヒマラヤを源流とするインダス川流域を中心に紀元前2600年頃から栄えた、インド亜大陸最古の文明。メソポタミアにならって灌漑農業を行い、スパイス文化の起源でもあります。主要都市ハラッパーの遺跡からはレンズ豆やひよこ豆、小麦、牛肉、鶏肉などのほか、ターメリックやクミン、シナモン、黒こしょう、コリアンダー、しょうが、にんにくなどを使った今のカレーの原型のようなものを食べていた痕跡が見つかっています。

黄河・長江流域の文明

黄河の中・下流域や長江（揚子江）下流などで興った東アジア最古の原始農耕文明。北方の黄河流域では主に小麦が栽培され、餃子（ジャオズ）や饅頭（マントウ）、包子（パオズ）などを含む麺食（粉食）文化が根付きました。一方、南部の長江流域では世界最古の稲作農業が行われ、米食（粒食）文化が発展。日本の稲作の源流にもなりました。

メソアメリカ文明・アンデス文明

メソアメリカ文明は、メキシコから中央アメリカ各地に紀元前2000年頃から興った高度文明。古代にはオルメカやマヤ文明が繁栄しました。一方アンデス文明は紀元前2000年頃に興った文明で、中世にケチュア族が築いたインカ帝国がよく知られています。どちらも原産のとうもろこしを主食とし、粉を練って作るタコスやププーサ、アレパといった古典料理が今も食べられています。

※p63 「大航海時代」の項も参照。

古代の帝国と食文化

ローマ帝国

紀元前27年から、東ローマ帝国が1453年に滅亡するまで形式的には約1500年間も続いた大帝国。最大支配地は地中海世界を中心に、西は現在のイギリスから東はコーカサスに至り、ペイストリーやパンケーキなどローマの料理が今も旧領土の国々に残っています。

アレクサンドロスの帝国 (マケドニア王国)

紀元前7世紀に古代ギリシャ人が建国した国家。アレクサンドロス大王がペルシアを征服して世界帝国となり、東西文化の交流や民族融合が盛んになりました。これをヘレニズムといい、米やぶどうの葉の詰め物 (ドルマ) などの食品をギリシャにもたらす一方で、食品を温冷で分類する古代ギリシャの医学理論などをイランに伝えます。

ペルシア帝国

紀元前330年にアレクサンドロス大王に滅ぼされるまで古代オリエント世界を統一したアケメネス朝、226年～651年まで君臨したササン朝などイランを中心に成立していた国家の総称。ゾロアスター教を信仰し、最大領土はヨーロッパ南東部に及んでいました。春分の日を新年に祝うノウルーズの習慣が今も旧領土だった地域に残っています。

中世以降に長期にわたって続いた帝国

イベリア半島にアラブ食文化を伝えたイスラム帝国、世界史上最大領土を誇りインドの富を支配していた大英帝国、ヨーロッパに侵攻しタルタルステーキなどを伝えたモンゴル帝国、1270年から1974年まで存続し独自の食文化育んだエチオピア帝国、ウイーンの洗練された食文化を生んだハプスブルク帝国、インドにイスラムの食文化をもたらしたムガル帝国などがあります。

※「世界三大料理」の項も参照。

世界三大料理

一般的に、中華料理、フランス料理、トルコ料理を指します。各々が個性豊かですが、共通するのは政治や財政、軍事が長期に安定した帝国で発展したこと。肥沃な農地と食材に恵まれ、王侯貴族が美食を求める余裕もありました。宮廷晩餐会に料理人たちが切磋琢磨し、食文化が洗練されたのです。

食文化を変えた歴史上のできごと

シルクロード、仏教伝来 (6世紀)

シルクロードは広義にはローマから、西安を越え、仏教伝来の流れを汲んで日本の奈良とつながっていました。陸と海のシルクロードがあり、ペルシアとも交流があったことは正倉院の宝物からも推測できます。ペルシア系商人のソグド人は中国に胡麻や胡椒、胡瓜、胡桃 (胡=ソグド人) などをもたらし、それが日本にも伝わりました。

大航海時代 (15～17世紀) と三角貿易 (17～18世紀)

コロンブスの"発見"を機に、アメリカ大陸原産のとうもろこしやじゃがいも、トマト、唐辛子などがヨーロッパに伝わり、さらに全世界に伝播しました。特にじゃがいもはやせた土地や寒冷地でも育ち、人々を飢えから救いました。

大航海時代以降、ヨーロッパ列強による新大陸、アフリカ、アジアの植民地化が始まります。ヨーロッパとアフリカ、新大陸間で三角貿易が行われ、この奴隷貿易を通して、熱帯で育ちやすい南米のキャッサバやとうもろこしがアフリカに、南太平洋のパンノキの実がカリブの島々にもたらされます。

産業革命 (18～19世紀)

三角貿易で莫大な利益を得たイギリスは、機械制工場と蒸気力の利用を中心に産業革命と社会構造の変革を推進。日本を含む欧米諸国も追従し、手作りの食品の多くが工場での大量生産になった反動で自然回帰や動物愛護、菜食主義が台頭します。

CHAPTER **2**

Middle East

| 中東 |

古代オリエントを表す肥沃な三日月地帯、またチグリス川・ユーフラテス川流域に興った世界最古の文明であるメソポタミア文明が栄えた場所。ファラフェルやフムス、ピタパンといった古代から受け継がれてきた料理を、今も人々が日常的に食べている地域でもあります。

ユーラシア大陸の中間に位置した文明の地は、古くからの東西貿易の中枢としての役割を果たしてきました。ひよこ豆やレンズ豆、くるみといった中東原産の農作物を西はヨーロッパ、東は中国へと伝えました。また聖書を経典とするユダヤ教、キリスト教、イスラム教が誕生し、砂漠がちの乾燥した土地で信徒が人生を健やかに過ごすための厳格な食規定が設けられました。

現在でも中東には、豚肉を食べないなど、それぞれの伝統宗教の食規定や宗教行事にちなんだ料理が多く見受けられます。食事にはスパイスを多用しますが、インドやパキスタンの料理よりもとうがらしはぐっと控えめで、全体的に食材の持ち味を生かした味が特徴的です。

中東でよく使われる 食材、調味料 など

ピタパン
中東などで食べられている平たく円形のパン。丸いフォカッチャや小麦粉のトルティーヤなどで代用可。

ブルグル
セモリナ粉の挽き割り小麦。クスクスがセモリナ粉を粉末にしてから粒状にしたものに対し、ブルグルは蒸して挽き割りにしたもの。クスクスで代用。

タヒニ
中東のゴマペースト。日本の練りゴマは炒ったゴマをペーストにしているが、タヒニは生のゴマをペーストにしている。練りゴマで代用可。

フェヌグリーク
マメ科植物で、種は苦味と甘みがある、カレーにも欠かせないスパイス。生葉（メティ）も料理に使う。

ローズウォーター
バラの花の蒸留水。中東では飲料、食用として古代から使ってきた。料理やお菓子の香り付けに使う。

ザクロ
中東ではポピュラーな食材で、彩りや風味づけに使われる。日本でも手に入る濃縮ソースは、バルサミコ酢のような味わい。

ピスタチオ
中央アジアから中東が原産とされる木の実。鮮やかな緑が特徴で、濃厚な味わい。古代から富の象徴として裕福な人々の間で取引をされてきた。

ザータル
中東のハーブ、スパイスをミックスしたもの。野生のタイム（シリアンオレガノ）、ごま、スマック、レモングラス、塩などを混ぜたもので、ひと振りで中東の香りになる。

Afghanistan

アフガニスタン

カブリ・パラウ

アフガニスタンはイスラム教を国教とし、6つの国々と国境を接する多民族国家として多彩な食文化を育んできました。国民食であるカブリ・パラウは、原産地であるにんじんと、鶏肉や羊肉を使った炊き込みごはん。カブリは首都カブールのことで、お祝いの席に欠かせない一品です。

鍋を使う場合は、ふたをして強火で沸騰させ、火を弱めて合計15分ほど米を炊きます。

memo

材料（3～4人分）

米（長粒米）……2カップ
鶏肉（骨付きもも肉）……2～3本
玉ねぎ（みじん切り）……½個分
A ┌ トマトピューレ（なければケチャップ）……大さじ2
  │ シナモンスティック……2～3cm
  └ クミン粉、塩……各小さじ1
にんじん（細切り）……½本分
レーズン……大さじ1
植物油……適量

作り方

1. 米は湯で10分ふやかす。鶏肉はぶつ切りにする。
2. フライパンに油をひき、玉ねぎを炒める。続けて鶏肉を入れて炒め、軽く火が通ったらAで調味する。　**3.** 別のフライパンに油をひき、にんじんを炒める。しんなりしたらレーズンを加え軽く炒める。
4. 炊飯器に1と水を分量通り入れ、2、3をのせて普通に炊く。　**5.** 炊き上がったら具を外して混ぜて皿に盛り、中央に具をのせる。

※アーモンドなどナッツをトッピングしてもおいしいです。

Iran

イラン（ギーラーン州）

フェセンジャン

ペルシア帝国の時代から7000年もの歴史を持つイラン。ざくろとくるみで鶏肉を煮込んだフェセンジャンは、同国の古典料理を現代的にした一品です。伝統的にはアヒルの肉を使っていました。イランの伝承医学ではざくろに血液浄化の効果があるとされ、ペルシア料理にはざくろがよく使われます。

材料（4人分）

鶏もも肉……400g
玉ねぎ（薄切り）……中1個分
くるみ（ロースト）……150g
A ┌ ざくろジュース（果汁100%）
　　……4カップ
　├ 塩・こしょう・シナモン粉・ターメリック粉……各小さじ½
植物油……大さじ2
塩、こしょう、砂糖……各適宜
＜トッピング＞
ざくろの実、くるみ、ピスタチオなど（あれば）……各少々

作り方

1. 鶏肉は大きめの角切りにし、塩、こしょうを振る。　**2.** 鍋に油をひき、玉ねぎを5分炒める。透き通ったら、1を加えて鶏肉に焼き色がつくまで10分炒める。**3.** 2に、フードプロセッサーで砕いたくるみとAを加えてよく混ぜ、弱火で1時間煮込む。味をみて塩、砂糖で調味する。　**4.** 器に盛り、トッピングを飾る。ごはんを添える。

濃縮ざくろソースがあると便利。チキンスープの素を加えても美味。

memo

فسنجان

Iran

イラン

クク

卵を使った野菜入りのオムレツのようなククは、16世紀の料理本にも掲載されている、イランで広く愛されている料理。さまざまなバリエーションがありますが、これは日本でも再現しやすいズッキーニ（カドゥ）を使ったレシピです。

材料（4人分）

ズッキーニ…2本、玉ねぎ（みじん切り）…1個、にんにく（すりおろす）…2かけ、ターメリック…小さじ¼
A［卵…3個、ベーキングソーダ…小さじ½
塩、こしょう…各少々、植物油…適量

作り方

1. ズッキーニは飾り用に10枚薄切りにし、残りはすりおろす。　**2.** フライパンにサラダ油をひいて玉ねぎとにんにくを炒める。玉ねぎが透き通ったらターメリックを加える。　**3.** おろしたズッキーニを加えて炒め、塩、こしょうで調味する。ズッキーニに火が通ったら、火を止めて冷ます。**4.** ボウルにAと塩、こしょうを入れて、よく混ぜ、3も加えて混ぜる。　**5.** 4を耐熱皿に流し、薄切りのズッキーニを飾り、190℃に熱したオーブンで30分焼く。

وكوك

他に青菜やじゃがいも、肉、魚などのククがあります。

memo

作り置きにも適しています。

イラン（カスピ海地方）

ミルザ・ガセミ

イラン北部およびカスピ海地方で、主に前菜として食べられている、にんにくを効かせた焼きなすとトマトのディップです。

材料（4人分）

なす…5本、トマト…中2個、にんにく（つぶす）…1かけ、バター…大さじ1、卵（割りほぐす）…2個、植物油…少々、塩、こしょう…各少々、パセリ…適量、薄焼きパン（またはクラッカー）…適量

作り方

1. 魚焼きグリルまたはオーブンで、なすを焼く。15〜20分返しながら皮がこげるまで焼き、ヘタと皮を取ってつぶす。　**2.** トマトは皮を湯むきし、飾り用に1枚輪切りにし、残りをみじん切りにする。　**3.** フライパンにバターを溶かし、にんにくをきつね色になるまで炒める。　**4.** 1と2を加え、水分が少なくなるまで炒め、塩、こしょうをする。　**5.** 具をフライパンの脇に寄せ、空いた部分に油と卵を入れ、卵が半熟になったら全体を混ぜる。トマトとパセリを飾り、薄焼きパンを添える。

＊卵を目玉焼きにしてトッピングする方法もあります。

میرزا قاسمی

かつてオスマントルコ帝国の首都だったトルコ北西部の街ブルサの名物。考案者イスケンデル・エフェンディ氏の名を冠して19世紀後半に誕生した料理です。ヨーグルト、トマトソースなどトルコらしい食材を使ったケバブで、下地に切ったパンを使うためこの一品だけでも食事になります。トッピングに熱々のバターをかけて。

Turkey

トルコ

イスケンデル・ケバブ

İskender kebap

材料(4人分)

ラム肉（薄切り）……400g（牛肉でもよい）
玉ねぎ……2個すりおろして、絞る（汁の方を使用）

A ┌ オリーブオイル……適量
  └ 塩、こしょう……各少々

B ┌ トマト缶……1カップ
  │ カイエンペッパー……小さじ½
  └ 塩、こしょう……各少々

ししとう……4個
ピタパン*……1枚
溶かしバター……大さじ2
水切りヨーグルト……1カップ分
トマト（⅛切り）……1個分
カイエンペッパー……ひとつまみ
*またはフランスパンを食べやすい大きさにカットして軽くトーストする

作り方

1. 玉ねぎはすりおろして汁をしぼる（汁を使う）。
2. ボウルに1とAを入れて混ぜ、肉を入れて一晩漬ける。
3. トマトソースを作る。鍋にBを入れて、木べらで混ぜながら15分煮詰める。
4. グリルで2としししとうを表面がこんがりするまで5～7分ほど焼く。
5. 耐熱皿にパンをしき、3の半量をかけ、4の肉を乗せ、残りのソースをかける。180℃に熱したオーブンで5分焼く。
6. 器に盛り、熱い溶かしバターをかける。水切りヨーグルトを添え、好みでカイエンペッパーを振り、4のししとうとトマトを飾る。

現地ではドネルケバブから削いだ肉を使います。家庭でも塊肉を焼いて削いでも。

memo

Turkey

トルコ（東部アナトリア）

ラフマジュン

トルコ東部やアルメニア、中東レバント地方で食べられているピリ辛の薄焼きピザ。エスフィーハと呼ばれることも。トッピングに牛肉を使うこともありますが、ラムひき肉の方が本場らしい味わいでおすすめです。フライパンでカリカリに。オーブンでは200度で10分程度焼きます。

材料(4人分)

\<生地\>
強力粉……200g
ドライイースト……3g
砂糖、塩……各小さじ½
オリーブオイル……小さじ1
ぬるま湯……120〜140㎖
\<トッピング\>
ラムひき肉（または牛）……150g
A ┌ トマト、ピーマン……各1個
　├ パセリ……½束
　└ にんにく……1かけ
B ┌ トマトペースト（濃縮）……大さじ1
　├ オリーブオイル……大さじ1
　├ クミン粉、唐辛子粉……各少々
　├ 塩、こしょう……少々
　└ レモン果汁……大さじ1
レモン、パセリ……各適宜

作り方

1. ボウルに生地の材料を全部入れて混ぜ、よくこねる。生地がふくらむまで約1時間発酵させる。　**2.** A をフードプロセッサーに粗めにかける。　**3.** ボウルに2とひき肉、B を加えてよく混ぜる。　**4.** 1を2等分して、それぞれ直径20㎝程度に麺棒で薄く丸くのばす。　**5.** 4をフライパンに入れ、3を½量広げてのせる。ふたをして7〜8分、生地がカリカリになるまで中〜強火で焼く。同様にもう1枚焼く。レモン、パセリを添える。

ラムのひき肉がないときは、塊肉を包丁かフードプロセッサーで細かくしてください。

memo

Lahmacun

港町イズミルを中心にしたトルコのエーゲ海地方や、
イスタンブールの屋台の定番料理。現地ではふっくら
としたオレンジ色の身をしたムール貝にハーブやスパ
イス、松の実を加えたピラフを詰めて蒸し、フレッシュ
なレモン汁をかけて食べます。

トルコ（イズミル／エーゲ海地方）

ミディエ・ドルマ

Midye Dolma

活ムール貝は
一度、貝が開
くまで蒸し、
冷凍のものは
解凍して使い
ます。

memo

材料（4人分）

ムール貝……16個
米……60g
玉ねぎ（みじん切り）……中1個分
松の実……15g
A ┌ トマト（みじん切り）……½個分
 ｜ 干しぶどう（水で戻す）……15g
 ｜ トマトペースト（濃縮）……大さじ½
 ｜ 唐辛子粉、シナモン粉……各少々
 └ 塩、こしょう……各少々
パセリ（みじん切り）……大さじ3
オリーブオイル……大さじ2
レモン果汁……1個分

作り方

1. ムール貝は汚れを落とし、水少々を入
れた鍋で、蓋をして貝が開くまで蒸す。
米は洗って30分浸水し、水気を切る。
2. 鍋に油をひき、玉ねぎを強火で4分
炒め、松の実を加えて中火で3分炒める。
さらに米、Aを加えて炒める。 **3.**2に熱
湯120㎖を注いでよく混ぜ、ふたをして
弱火で15分煮る。火からおろして冷まし、
パセリを混ぜ、味をみて塩（分量外）を
足す。 **4.** ムール貝の身を外して、3を詰
めて身をのせる。 **5.** 蒸し器に4を並べ
て15分蒸す。冷やしてレモンを絞る。

Turkey

トルコ（南東アナトリア）

花嫁のスープ

トルコ南東部にある美食の街ガジアンテップからやってきたエゾという名の花嫁に由来したスープ。赤レンズ豆や米、トマトなどの入った、トルコではおなじみの料理で、乾燥ミントやレモンなどをトッピングします。

Ezogelin Çorbası

材料（4人分）

赤レンズ豆（皮なし）……50g
米……50g
玉ねぎ（みじん切り）……1個
にんにく（つぶす）……1かけ
トマトペースト（濃縮）……大さじ1

A ┌ チキンコンソメの素……大さじ1
　│ こしょう……各少々
　└ 唐辛子粉……小さじ½

オリーブオイル……大さじ1
塩、こしょう……各少々
レモン果汁……½個分
＜トッピング＞
乾燥ミントまたはパセリ、パプリカ粉、レモン（櫛切り）

作り方

1. 鍋に油をひき、玉ねぎを炒める。透き通ったらにんにくを加えて、香りが立ったらトマトペーストを加え混ぜる。 **2.** 水1ℓを加え、赤レンズ豆、米、Aを加えてふたをし、20分煮込む。塩、こしょうで調味し、レモン果汁を加える。 **3.** 器に盛り、トッピングを飾る。

米の代わりに挽き割り小麦（ブルグル）を使っても作れます。

memo

Syria

シリア

タブーレ

「肥沃な三日月地帯」と呼ばれた古代オリエント時代にさかのぼる、世界でもっとも古い歴史を持つ土地に位置する国。シリアをはじめアラブ料理の前菜（メッツェ）として人気のあるタブーレは、健康によいパセリをおいしくたっぷり食べられる一品です。どんなパセリでも使えます。

材料(4人分)

ブルグル（挽き割り小麦）……20g

A
┌ パセリ（みじん切り）……50g
│ 赤玉ねぎ（粗みじん切り）……¼個
│ トマト（みじん切り）……1個分
│ ミント（みじん切り）……大さじ2
│ レモン果汁……1個分
└ オリーブオイル……大さじ2

塩 小さじ……1〜1と½

<飾り>
レタス、トマトなど…適量

作り方

1. ブルグルは水に浸し20分置く。**2.** ボウルに水気を切った1とAを入れ、よく混ぜる。**3.** 器に盛り、レタスやトマト、ピタパンなどを添える。

ブルグルがない時はクスクスで代用してください。

memo

تبولة

Iraq

イラク

クッバ

チグリス、ユーフラテス川を中心に古くから人が住み始め、メソポタミア文明の栄えた地でもあるイラク。クッバは、キッベ、キッピなどともいい、中東で広く食べれています。これはクッバ・ハラブ（シリアの街アレッポの古名）というお米の生地を使ったクッバ。シチリアのアランチーニの原型とも思われます。

材料(4人分)

米（バスマティ米）……240g
じゃがいも（角切り）……1個分
A ┌ ターメリック、塩……各小さじ1
  └ 鶏ガラスープの素……小さじ1
牛ひき肉……400g

玉ねぎ（粗みじん切り）……1個分
乾燥パセリ……大さじ3
塩、こしょう……小さじ½
オリーブオイル……大さじ2
揚げ油……適量

作り方

1. 米は洗って30分浸水して水気を切る。 **2.** 鍋に米、熱湯カップ3、じゃがいも、Aを入れて混ぜ、ふたをして30分炊く。 **3.** フライパンに油をひき、玉ねぎを炒める。透き通ったらひき肉を加えて、肉の色が変わるまで炒める。塩、こしょうで調味し、パセリを加える。 **4.** 2をフードプロセッサーにかけてペースト状にし、ボウルに移してラップをして冷蔵庫で30分以上休ませる。 **5.** 4の生地を70〜80gくらい取って丸め、くぼみを作って3を包み、レモン形に整える。 **6.** 揚げ油を熱し、5を表面がカリカリになるまで揚げる。

本場ではデーツ入りソースをかけることも。ブルグルで作る茶色っぽいクッバもあります。

memo

كبة

イラク北部にはクルド人自治区があり、クッバをスープに入れる、この地にしかない独特な料理も。生地にマッツォ（酵母の入らないパン）を砕いて加えるところから、もともとクルド系ユダヤ人の料理だったのかもしれません。今ではイスラム教徒のクルド人がラマダンの断食月の日没後に食べる食事としても好まれます。

イラク（クルド人自治区）

クッバ・カムスタ

マッツォは手に入りにくいのでクラッカーで代用します。

memo

شوربة الكبة الكردية

材料（2人分）

牛ひき肉……100g
A ┌ クラッカー（砕く）……1カップ
　│ 強力粉……1カップ
　│ 水……1カップ
　└ 塩……小さじ½
にんにく（みじん切り）……4かけ分
青ねぎ（輪切り）……6本分
スイスチャード※（3cm幅に切る）……4〜5枚
塩、植物油……各適量
レモン果汁……大さじ1
※ほうれん草で代用可

作り方

1. フライパンに油をひき、ひき肉を炒める。塩で調味する。　**2.** ボウルにAを入れてよく混ぜ、生地を作る。50gずつ取り、だんごを作る。手に小麦粉を薄くつけると丸めやすい。　**3.** だんごをくぼませて、1を大さじ1取って中に詰める。　**4.** 鍋に油をひき、にんにくを炒める。きつね色になったら青ねぎとスイスチャードを加え、4分炒める。　**5.** 4に水2カップを加えて沸騰させ、アクをすくい、塩少々とレモン汁で調味する。　**6.** 3を加え、弱火で12分煮込む。

Lebanon

レバノン

ファテット・フムス

古代からの歴史を持ち、フランスの植民地時代を経て、中東髄一の洗練された美食の国としても誉れの高いレバノン。ファテット・フムスは、朝食やブランチの定番です。同じ材料のひよこ豆、タヒニ、にんにく、レモン果汁、塩をペースト状にしたフムスを作ることもできます。

材料(4人分)

ひよこ豆（水煮缶）……1缶
ピタパン……2枚

A
水切りヨーグルト……カップ1
タヒニ（白ごまペースト）……大さじ2
にんにく（つぶす）……1かけ
レモン果汁……½個分
塩……小さじ½

松の実……大さじ1
オリーブオイル（またはバター）……小さじ1
パプリカ粉……ひとつまみ
パセリ（またはミント）……少々
ざくろの実（あれば）……少々

作り方

1. ひよこ豆を缶汁ごと鍋に入れて温め、汁気を切る。 **2.** ピタパンはポケットを破って1枚にして食べやすい大きさに切ってトーストする。皿に盛り、上に1をのせる。 **3.** ボウルにAを入れて混ぜ、2にかける。 **4.** フライパンに油を入れて熱し、松の実を香りよく炒め、トッピングする。 **5.** パプリカ粉を振り、パセリ、ざくろの実を散らす。

ピタパンはトルティーヤチップスのようにカリカリに揚げても美味。

memo

فتة حمص

Jordan

ヨルダン

マンサフ

シリアやレバノンとともに紀元前からの歴史を持つヨルダン。マンサフは、アラブ諸国によく見られる肉を乗せた炊き込みごはん。砂漠の民ベドウィンの料理の流れを汲み、ヨルダンの国民食にもなっています。乾燥させた羊・山羊の発酵乳のドライヨーグルト、ジャミードを使うのが特徴です。

منسف

> ジャミードは日本では入手困難なため普通のヨーグルトを使います。
>
> memo

材料(4人分)

米（長粒米）……2カップ
ラム肉（あれば骨つき）……500g
A[ヨーグルト……500g
  [タヒニ（白ごまペースト）……大さじ1
B[唐辛子、ナツメグ粉、オールスパイス、カルダモン粉、クローブ粉、コリアンダー粉、クミン粉、こしょう……各ひとつまみ
塩……大さじ1
無塩バター……大さじ3
アーモンド……大さじ2
松の実……大さじ2
パセリの葉（みじん切り）……小さじ1
平パン（あれば）……1枚
※ピタパン、小麦粉のトルティーヤなど

作り方

1. 鍋にバター大さじ1を入れ、ラム肉を中火で20分焼く。表面に焼き色がついたら肉を一度取り出し、鍋の油を捨てる。**2.** 鍋にラム肉を戻し、A を混ぜたソース、水½カップを加える。**3.** B を混ぜたものを2に入れ、ふたをしないで弱火で焦がさないように2時間煮る。**4.** 別の鍋にバター大さじ1を溶かし、米を入れて中火で2分炒め、塩と水3カップを加えてふたをする。沸騰したら弱火にして15分炊く。**5.** フライパンにバター大さじ1を熱し、アーモンドと松の実を入れて5分炒める。**6.** 皿に平パンをしき、4を盛って3をのせ、5を散らす。パセリを飾る。

Israel

イスラエル

ファラフェル

イスラエルはユダヤ教、キリスト教、イスラム教の聖地エルサレムのある中東の国。近年はハイテク国家として脚光を浴びています。その国民食のひとつで、中東全域でも愛されているファラフェルは、ひよこ豆と香草を揚げて作るスナック。古代エジプトで誕生したといわれています（ただしエジプトではターメイヤといい、そら豆を使用します）。

材料〈15個分〉

ひよこ豆（乾燥）……250g
玉ねぎ（中）……1個
にんにく……2かけ
こしょう……少々

A
- パセリ、コリアンダーの葉（みじん切り）……各20g
- カイエンペッパー……小さじ½
- クミン粉……小さじ1
- ベーキングパウダー……大さじ½
- 塩、こしょう……各小さじ1

ベーキングソーダ……大さじ½
揚げ油……適量
タヒニ（白ごまペースト）……適量
ピタパン……適量
トマト、玉ねぎ、きゅうりなどの野菜……適量

作り方

1. ひよこ豆を洗い、たっぷりの水で一晩戻す。**2.** 水気を切った1、適当な大きさに切った玉ねぎとにんにく、こしょうをフードプロセッサーにかけ、ペースト状にする。　**3.** 2をボウルに入れ、Aを加えてよく混ぜる。ぬらした布巾をかぶせ、30分寝かせる。**4.** 3にベーキングソーダを混ぜ、ピンポン玉程度の大きさに丸める。　**5.** 揚げ油を180℃に熱し、4をきつね色に揚げる。　**6.** 野菜と一緒にピタパンにはさんでサンドイッチにし、タヒニをかける。

ひよこ豆は水煮では崩れてしまうので、必ず水で戻した豆を使ってください。

memo

Saudi Arabia

サウジアラビア

カブサ

アラビア半島の大半を占め、石油など豊富な天然資源で潤うサウジアラビア王国。肉を乗せた炊き込みごはんのカブサは、サウジの国民食ともいうべき料理。婚礼などはもちろん、ちょっとした祝いの席には必ず登場します。唐辛子は不使用。人が集まったら、大皿で豪快に作ってみてください。

材料（4人分）

鶏肉（骨つき）……500g
バスマティ米……1½カップ
玉ねぎ（みじん切り）……½個
A
　シナモンスティック……1本
　カルダモン……2粒
　クミンシード……小さじ½
　ナツメグ粉……ひとつまみ
　オールスパイス粉……ひとつまみ
B
　トマト缶（カット）……200g
　にんにく（みじん切り）……1かけ
　ヨーグルト……大さじ5
塩……大さじ1
こしょう……小さじ½
植物油……適量
スライスアーモンド（炒る）……適量
レーズン……小さじ½

作り方

1. 米は洗って水気を切る。 **2.** 鍋に油を入れ、玉ねぎを炒める。透き通ったらAを加えて3分炒め、香り立たせる。鶏肉を加えて、肉の色が変わるまで中火で炒める。**3.** 2にBとぬるま湯2カップを加え、塩、こしょうで調味し、弱火で45分煮込む。鶏肉を取り出す。**4.** 3の鍋に1を加えてふたをし、15分炊く。蒸らしてよく混ぜ、皿に盛る。 **5.** 取り出した鶏肉を上にのせ、アーモンドとレーズンを飾る。

كبسة

肉は骨付き肉の方が見栄えがよくなり、羊肉でもおいしく作れます。

memo

Bahrain

バーレーン

マクブース・ルビヤン

バーレーンをはじめとするペルシア湾岸地域は、石油の埋蔵がわかる以前は、紀元前の太古からエビ漁や真珠の採取業などで生計を立てていた地域でした。エビ入りの炊き込みごはんのマクブースも、この土地らしい伝統料理。さまざまなスパイスを使いますが、唐辛子は入れません。

材料(4人分)

バスマティ米……2カップ
エビ（ブラックタイガー）……200g
玉ねぎ（みじん切り）……1個分
にんにく（みじん切り）……3かけ分
バター……大さじ2

A
┌ カレー粉……小さじ2
│ ターメリック粉……小さじ1
│ 月桂樹の葉……1枚
│ シナモンスティック……1本
└ カルダモン……3〜4粒

B
┌ トマト（みじん切り）……1個分
│ コリアンダーの葉（みじん切り）……大さじ2
│ 塩……小さじ1
└ こしょう……小さじ¼

＜トッピング＞
アーモンドスライス……大さじ2
コリアンダーの葉……少々

作り方

1. 米は洗っておく。**2.** 大きめの鍋にバターを入れ、玉ねぎとにんにくをきつね色になるまで炒める。**3.** エビ、Aを加え、エビに火が通るまで炒める。**4.** エビを取り出し、Bを加え、さらに炒める。**5.** 4に水2カップを加えて沸騰させ、1を加えてふたをして12〜15分炊く。**6.** 皿に盛り、トッピングを飾る。

大きめの有頭エビを使うと見栄えがよくなります。

memo

مجبوس جمبر

Kuwait

クウェート

マクブース

アラビア語で「小さな城（砦）」という意味を持つペルシア湾岸の国クウェート。炊き込みごはんの上にグリルした鶏肉や羊肉、魚を乗せたマクブースは、クウェートのほか湾岸諸国でよく食べられている郷土料理です。スパイスをたくさん使いますが、辛さ控えめなのがアラブ流。

玉ねぎは、あれば
赤玉ねぎを使って
ください。

memo

مجبوس

材料（4人分）

鶏もも肉（骨つき）……400g
バスマティ米……2カップ
玉ねぎ（みじん切り）……1個分
にんにく（すりおろす）……1かけ分
しょうが（すりおろす）……1cm分
トマト（みじん切り）……2個分
青唐辛子（縦切り）……1本
バター……大さじ2

A ┌ スパイスミックス※
  │ レモンの皮（刻む）……小さじ1
  │ サフラン（あれば）……ひとつまみ
  │ ＊水少々に浸して色を出しておく。
  └ 塩……小さじ1

チキンスープの素……1個
ローズウォーター（あれば）……大さじ1
＜トッピング＞
コリアンダー、きゅうりの薄切り、アーモンドスライス…各少々

※スパイスミックス
ガラムマサラ小さじ1、ターメリック粉小さじ½、シナモン粉ひとつまみ、こしょう小さじ½を混ぜる

作り方

1. 大きめの鍋にバターを熱し、玉ねぎを炒める。色づいたらしょうがとにんにくを加えて香りを出す。 **2.** 肉を加え、1をからめるように炒める。トマト、青唐辛子を加えて混ぜ、Aを加えてよく混ぜる。 **3.** 鶏肉だけ取り出し、水2カップとスープの素を加えて混ぜ、米を加えてふたをして強火で5分、沸騰したら火を弱め、15～20分炊く。 **4.** 鶏肉はフライパンか魚焼き器で両面に焼き目をつける。 **5.** 3を軽く混ぜ、器に盛り、4をのせる。ローズウォーターを振り、トッピングを飾る。

United Arab Emirates

アラブ首長国連邦
サリード

サリードは、ドバイやアブダビなど7つの首長国で構成されたアラブ首長国連邦でも人気のある、アラブの野菜と肉の煮込み料理。遊牧民の食事を起源とし、イスラム教の預言者ムハンマドは言行録ハディースで、最愛の妻アイーシャのように、すべての料理の中で最高だと述べたと伝えられています。

材料（4人分）

鶏肉（角切り）……500g
玉ねぎ（みじん切り）……1個分
じゃがいも……1個
なす、にんじん……各1本
トマト……1個

A
┌ にんにく（すりおろす）……1かけ分
│ しょうが（すりおろす）……1かけ分
│ 青唐辛子（みじん切り）……1本
│ トマトピューレ……大さじ1
└ ライム果汁……大さじ1

B
┌ 固形スープの素……1個
│ カレー粉……大さじ1
│ シナモン粉……小さじ½
│ カルダモン粒……小さじ⅓
└ 塩……大さじ1

植物油……大さじ1
ライム（飾り用）……適宜
ピタパン……適宜

鶏肉の代わりに羊肉を使ってもおいしく作れます。

作り方

1. じゃがいもは皮をむいて4つ切り、なすとにんじんは皮をむいて太めの輪切りに、トマトはみじん切りにする。 **2.** 鍋に水500㎖をわかし、ふたをして鶏肉を20分ゆでる。アクをすくって鶏を取り出し、ゆで汁は取っておく。 **3.** フライパンに油をひき、玉ねぎを色づくまで炒める。続けてAと1を加えて、中火で3分加熱する。 **4.** 3に鶏肉、鶏のゆで汁、Bを入れてふたをして野菜が柔らかくなるまで中〜弱火で15分煮る。 **5.** 器に盛り、ライムを飾り、ピタパンを添える。

memo

Yemen

イエメン

古くから栽培されてきたコーヒーの銘柄モカの集積地としても知られるイエメン。サルタは、首都サヌアなど北部で人気のあるランチの定番です。原型は数千年前からあったといわれ、熱々の野菜煮込みにほどよい苦みと粘り気のあるフルバ（フェヌグリーク）のペーストをかけ、パンと一緒に食べます。

材料(4人分)

じゃがいも……大2個
玉ねぎ（みじん切り）……1個
にんにく（みじん切り）……2かけ

A
- オクラ（輪切り）……100g
- トマト缶……200㎖
- クミンシード……ひとつまみ
- ターメリック……ひとつまみ
- とうがらし粉……ひとつまみ
- 鶏ガラスープの素……大さじ1
- 塩……少々
- こしょう……小さじ½

植物油……適量
＜フルバ（フェヌグリーク）のペースト＞
　フェヌグリーク粉……大さじ2
　コリアンダーの葉（みじん切り）……大さじ3
　ニラ（ざく切り）……½束
　レモン汁……少々
パン……適量

作り方

1. じゃがいもは皮をむき、食べやすい大きさに切る。 **2.** 鍋に油をひき、玉ねぎとにんにくをきつね色になるまで炒める。 **3.** 1、A、水1ℓを加えて混ぜ、ふたをして弱火で1時間煮込む。 **4.** フルバのペーストを作る。フェヌグリーク粉を少量の水につけてふやかし、フードプロセッサーにかけてペースト状にする。コリアンダーの葉、ニラ、レモン汁、水少々を加え、白っぽく粘り気が出るまでさらにかける。 **5.** 3を1人分の鍋か器（現地では石鍋）に移し、沸騰させ、4をかける。具を混ぜながらパンと一緒に食べる。

フェヌグリークの粘り気が特徴的。とろろのように煮込みにかけて。

memo

Oman
オマーン

アラビア半島東南部にあり、かつて元国王と日本人女性の婚姻関係もあった親日国。シュワは、欧州とインドを結ぶ香辛料の貿易ルート上にあったオマーンらしい肉料理。

シュワ

材料(4人分)

ラム肉（骨つき肩肉・塊）……500g

A［溶かしバター…25g、にんにく（すりおろす）…1かけ分、チキンスープの素（顆粒）…大さじ1、カレー粉…大さじ1と½、カイエンペッパー…ひとつまみ

バナナの葉（またはアルミホイル）……4枚
ごはん（バスマティ米）……4人分
＊ごはんはサフランがあれば加えて炊く。

作り方

1. ボウルにAを入れてなめらかになるまで練り、ラム肉の表面にまぶして、冷蔵庫に一晩置く。 **2.** オーブンを160℃に熱し、トレイに水1カップを注ぐ。 **3.** バナナの葉（またはアルミホイル）に1を包んでトレイにのせ、約90分蒸し焼きする。 **4.** 皿にごはんを盛り、肉を適当な大きさに切ってのせる。

Qatar
カタール

ペルシャ湾岸の、豊富な天然資源に恵まれた国。キリスト教国アルメニアに起源を持つハリースは、ラマダン月の夜などに食べるおかゆのような食事です。

羊肉はあれば骨付き肉を使ってください。鶏肉でもおいしいです。

memo

手に入れにくい小麦の粒の代わりに、手軽なオートミールで。

ハリース

材料(4人分)

オートミール……200g
鶏肉（角切り）……350g

A［塩……少々、こしょう……ひとつまみ クミン粉……ひとつまみ

バター……30g
コリアンダーの葉……適量
レモン（くし切り）……適量

作り方

1. 鍋にオートミールと鶏肉を入れ、ひたひたの水を加えてふたをし、弱火で10分煮る。必要に応じて途中で水を足す。 **2.** フードプロセッサーに1を入れてかけ、ペースト状にする。 **3.** 鍋に2を戻し、Aを入れて混ぜ、ひと煮立ちさせる。 **4.** 器に盛り、溶かしたバターをかけ、コリアンダーの葉とレモンを飾る。

Palestine

パレスチナ

アラビア語で "ひっくり返す" という意味があるマクルーバは、鍋で炊いた具入りごはんをひっくり返してお皿に盛ったアラブ料理。パレスチナだけでなく中東の一帯で食べられていますが、カルダモンをきかせるのがパレスチナの特徴です。

مقلوبة

肉はできれば骨付きを。羊肉でもおいしいです。

memo

材料（4人分）

鶏肉（骨つき）……300g
A　カルダモン粉、シナモン粉、クミン粉、クローブ粉、ターメリック…各小さじ½
パセリ……適量
なす……3本
トマト（輪切り）……2個
玉ねぎ（みじん切り）……1個分
にんにく（みじん切り）……2かけ分
米（バスマティ米）……1カップ
オリーブオイル（エクストラバージン）……適量
塩、こしょう……各少々
パセリ（飾り用）……適量
ナッツ……適量（アーモンドやカシューナッツなど。飾り用）

作り方

1. 鍋に水2ℓ、鶏肉とA、パセリを入れて30分煮る。 **2.** なすは輪切りにし、塩を振って少し置き、油で揚げる。キッチンペーパーで油分を切る。 **3.** 別の鍋に2をしき、1の鶏肉、トマト、玉ねぎ、にんにく、米の順に層にして重ね、1のスープを注ぐ。 **4.** 塩、こしょうを加え、ふたをして弱火で水気がなくなるまで約40分煮る。**5.** 鍋の上に大きめの皿をかぶせ、鍋をひっくり返して盛る。やけどに注意。パセリ、ナッツを飾る。

食の国際儀礼について

国家間の外交だけではなく、民間の国際交流の様々な場面でも世界に通用する伝統的な国家間のマナーを国際儀礼（プロトコール）といいます。

特に近年は、文化、文明の多様性や、社会的少数者の立場への理解を積極的に示そうとする姿勢が支持されています。たとえば食に関していえば、宗教ごとの教義や食規定、ベジタリアンへの配慮、さらにはなぜそのような規定があるのかを知っておくことが、パーティなど食事をともにする場において重要な要素となっています。

国際儀礼の歴史

国際儀礼はフランス王アンリ3世（1574〜89）の時代にその礎が築かれたといわれています。ヨーロッパの他国から国賓を迎えるにあたっての外交官に必要な規則として用いられ、民主主義の台頭とともに国際的な交流の場で公平に物事が解決されるための国際間での公のルールとして成立。1814〜15年に行われた「ウィーン会議」において初めて、現代に続く、国家の集まりに必要な代表の資格、席次などの決め事が発足しました。そのマナーやエチケットは、ヨーロッパ社会の基礎になった古代ギリシャ文化の価値観やモラルが歳月をかけて熟成されたものであり、プロトコールの語源も後期ギリシャ語の「protokollon」からきています。そのためプロトコールはヨーロッパ人（主にキリスト教圏）の価値観が主体となっています。

民間外交にも必要な国際儀礼

国際儀礼は日本の伝統礼法とともに、現代では外交官だけでなく、国際ビジネスの場、個人の上級マナーとしても不可欠な要素です。外務省では、地方行政や民間企業にも国際儀礼が必要であるとして、「グローカル外交ネット」を設置して地方行政の国際的取り組みを支援しています。

外務省は国際儀礼について以下のようにウェブサイトに記しています。

「国際的な交流の場面では、歴史、文化、言語などの違いから、誤解や不信が生まれやすくなります。相手への敬意と全ての国を平等に扱うことを基本とする「プロトコール」は、無用な誤解や争いを避け、外交を円滑に進める環境作りのための知恵として生まれました。国と国、人と人の営みをスムーズにする、その場にいる人々がお互いを認め合い、心地良いコミュニケーションを図るための共通認識が、プロトコールなのです。但し、プロトコールは必ずしも絶対的な規則ではなく、これまでも時代とともに変化しており、地域や国によって差異もみられます。また、会合の趣旨、参加者の認識、会場の制約などによって柔軟に運用されることも大切です。」

つまり、国際儀礼についての知識は大切でありますが、ケース・バイ・ケースで臨機応変に対応する心配りも必要、ということです。

プロトコールの基本概念

プロコトールの基本的な考え方は、とてもシンプルです。

序列と平等

- 国の大小に関係なく平等に扱うこと。
- 席次に準じた序列。
- 紛争を避けるために誰もが納得するルールに従うこと。

相互主義と異文化理解

- わが国と相手国と同等に扱うこと。
- 文化や宗教、習慣の違いを尊重すること。
- 無用の誤解を避け、真の理解を促進するための環境を整えること。

もてなしと気配り

- パーティ・エチケットを心得ること。
- 宗教上のタブーとされる飲食は提供しないこと。
- 送迎の気配りをすること。

基本ルール

- 原則として右上位（国旗の並び順、自動車の座席等）を守ること。
- 女性や年長者を守ること。

ホームパーティでの実践マナー

フォーマルなパーティのほかに、外国の友人・知人を自宅に招待するホームパーティも増えています。「フォーマルではない夕食を家族とともにしていただけませんか」と気軽に招待すると、外国のお客様からとても喜ばれます。特に欧米では社交のエチケットとしても、個々の家庭に招待を受けることは自分の人格に信頼が寄せられた証と受け止められ、高級レストランに案内するよりも交流が深まることが多いからです。ここでも、国際儀礼をお手本にすることができます。

ホームパーティの主催者は伝統的には女主人（ホステス）であり、ホストの協力（飲み物担当であることが多い）で行います（ただし最近はジェンダーフリーの考え方もありその限りではない）。子供はベビーシッターに預け、料理はフォークやスプーンで取りやすいもの、また女主人が長く台所にいることを避けるためオーブン料理や煮込み料理、冷蔵庫に入れておける料理などを用意するとスムーズに行えます。

これらのプロトコールはあくまでヨーロッパ社会から誕生したものであり、たとえば左手を不浄とするイスラム世界のように礼儀作法には多様性があります。世界中にある仕草の意味、そこから生じる快、不快の感情の多様性すべてに精通するのは極めて困難ですが、『国際交流のための現代プロトコール』の著者・阿曽村智子さんが、私たちにできることとして、適切な対応ではないかと述べていることを、以下にまとめてみます。

❶ 世界には多様な文化・習俗があるということを念頭に置いて、初対面の外国人の遭遇の際には先入観を持ったり、自らの尺度で勝手に判断したりしないことが大切。

❷ まずは自国の礼儀作法、加えて国際的に一番通用している欧米式の礼儀作法を一通り心得ておく。

❸ 個別の国や地域については、その土地の事情に詳しい人に尋ねて助言を得ながら不自然でない範囲で取り入れて対応する。

CHAPTER **3**
Europe
| ヨーロッパ |

　ユーラシア大陸の西側に位置するヨーロッパは、その最初の文明といわれる古代ギリシャに始まり、392年にヨーロッパを広く領土としていたローマ帝国のテオドシウス帝がキリスト教を国教として以来、現在に至るまで信徒の多さとともにキリスト教文化が広く浸透しています。

北ヨーロッパ　バイキングの歴史を今に残し、彼らが長い航海を乗り切る知恵となった保存食の干しタラは、のちにポルトガル人ら大航海時代の船上での食事に大きな助けとなりました。一方、ドイツのハンザ同盟都市が各地に作られ、ドイツ発祥のプロテスタント福音ルター派が普及し、フリカデレのようなドイツの食文化が伝わりました。

東ヨーロッパ　アジアや中東からの侵略にさらされた地域。特にイスラム教国のオスマントルコ帝国は、最盛期にはギリシャを含むバルカン半島全域を占有。ケバブやヨーグルト、ロクムといった食品を広めるなど食文化にも影響を残しました。

　ブルガリアやセルビアなど、東ローマ帝国時代からの正教会の信仰を守った国々もあります。大国ロシアとは、同じ信仰を持つキリル文字文化圏として今もつながっています。

中央ヨーロッパ　オスマントルコの侵略を押し返したオーストリアは、ハンガリーと連携して強大な帝国となり、この地を席捲。パプリカシチューのグヤーシュやお菓子のシュニッテなど食文化の伝播にも関わりました。

西ヨーロッパ・南ヨーロッパ　国同士がまさに「食うか食われるか」の熾烈な覇権競争を展開。貴重なスパイスや奴隷貿易を求めてイギリスやフランス、オランダ、スペイン、ポルトガルなどがアフリカやアジア、新大陸にこぞって進出し植民地化を進めます。その状況は20世紀半ばまで500年間も続き、今も旧植民地の国々との間で人と食文化の往来が行われています。

ヨーロッパで よく使われる 食材、調味料 など

チャイブ
セイヨウアサツキ。青ネギで代用。

ジュニパーベリー
セイヨウネズの実。クローブの粒で。

キャラウェイシード
セリ科の二年草キャラウェイの種。クミンシードで代用可。

マジョラム
シソ科の多年草。オレガノ（乾燥）で代用可。

ブーケガルニ
煮込み料理などに使う香草類の束。ローリエ（月桂樹の葉）、タイム、パセリ、エストラゴンなど。ローリエとタイムだけでも効果あり。

リーキ
（ポロねぎ）
ヨーロッパの長ねぎ。下仁田ねぎのような太いねぎで代用。

バターミルク
発酵乳の一種。日本ではあまり流通していないので、牛乳に酢またはレモン少々を加えたり、牛乳にヨーグルト混ぜたり、スキムミルクとヨーグルトを混ぜて代用できる。

フュメ・ド・ポワソン
パエージャやブイヤベースなどに使われる魚介だし。インスタントの顆粒だしも市販されているが、紙パック入りの液状濃縮タイプがおすすめ。冷凍も可能。

Russia

ロシア

カーシャ

1721年～1917年まで、一大帝国を築いていたロシア。貴族と農民の貧富の差が激しく、食べるものも違っていました。そんな中で「シチーとカーシャ、日々の糧」ということわざとともに皇帝にも庶民に愛されてきたのが、カーシャというおかゆ。今もロシアや東欧の故郷の味があり、そばの実を使ったものが人気です。

材料(2～3人分)

そばの実……160g（ゆでた状態で約300g）
玉ねぎ（粗みじん切り）……½個分
きのこ（好みのもの）……50g
バター……大さじ4、パセリ……少々
塩……小さじ½

作り方

1. そばの実は1時間水につけてから、ゆでて水気を切る（ゆで時間は袋の表示に従う）。きのこは薄切りにする。
2. フライパンにバターを熱し、玉ねぎを色づくまで炒め、きのこを加えてさらに炒める。 **3.** 2に1、塩を加え、混ぜながら4分炒める。 **4.** 器に盛り、好みでバター（分量外）、パセリをのせる。

ロシア製のゆでるだけで食べられるそばの実が便利です。付け合わせのシチーはキャベツのスープ。

memo

Kawa

ブリヌイは、ロシア正教会のイースターの7週間前の大斎
（おおものいみ）期が始まる直前に行われ、太陽を信仰
したスラブの古い春祭りでもあるマースレニツァにも欠か
せないパンケーキ。円形が太陽を象徴するとされ、乳製
品や肉が食べられなくなる前にいろいろな具をのせてたく
さん食べる習慣があります。

ロシア

ブリヌイ

キャビアは、
安価なランプ
フィッシュでも
十分おいしく
いただけます。

memo

材料（4人分）

A　[小麦粉（ふるう）……200g
　　 ベーキングパウダー……10g
　　 砂糖……大さじ1
　　 塩……小さじ½]
溶き卵……2個分
牛乳……500㎖
ひまわり油（または他の植物油）……小さじ1
バター……適量
＜トッピング＞
サワークリーム、イクラ、キャビア（あれば）、
ディル（またはイタリアンパセリ）…各適量

作り方

1. ボウルにAを入れて混ぜ、溶き卵、油を加え
てよく混ぜる。　**2.** 1に牛乳を少しずつ注ぎ、ダ
マができないようにゆっくりと混ぜる。ラップを
かけて室温で30分休ませる。　**3.** フライパンま
たはホットプレートにバターを熱し、2をおたま
でよく混ぜ、すくって薄く広げる。強火で片面1
分15秒くらい焼き、両面に焼き色をつける。**4.** 皿
に盛り、トッピングを添える。好みのものをのせ
て巻いて食べる。

＊キャビア（魚卵）はチョウザメのほか、タチウ
オ科のランプフィッシュなどもある。

Russia

ロシア（サンクトペテルブルク）

ビーフ・ストロガノフ

19世紀のロシア帝国時代に貴族ストロガノフ家お抱えのフランス人シェフが考案したといわれる料理（諸説あり）。ロシア革命後は庶民の間にも広まりました。日本ではごはんにかけて食べるのが主流ですが、ロシアではマッシュポテトを添えたり、パスタにかけて食べます。

材料（4人分）

牛肉（角切り）……400g
玉ねぎ（角切り）……½個分
マッシュルーム（薄切り）……200g
小麦粉……大さじ2
無塩バター……大さじ1
粒マスタード……小さじ1
ビーフコンソメの素（顆粒）……大さじ1
サワークリーム……70g

塩、こしょう……各少々
＜付け合わせ＞
ゆでたパスタ……適量（またはマッシュルームやごはん）
パセリ（みじん切り）……少々
＊牛肉は薄切りでも OK。マッシュルームはホワイトがよい。

作り方

1. フライパンで油をひかず、牛肉の表面を焼き、取り出す。
2. 同じフライパンにバターを入れ、玉ねぎを炒める。透き通ったらマッシュルームを加えて、弱火で20分炒める。　**3.** 小麦粉を加え、マッシュルームにまぶすように1分炒める。粒マスタード、コンソメの素を加えて混ぜる。　**4.** 1を戻し、続けてサワークリームを加え、塩、こしょうで調味する。　**5.** 皿にパスタを盛り、4を上からかけて、パセリを飾る。

サワークリームは水切りヨーグルトで代用できます。

memo

Бефстроганов

ウドムルト共和国は西ウラルにあるフィン・ウゴル系民族ウドムルト人を主体とするロシアの共和国。ライ麦入りの生地にきのこなどの具を入れ、卵と牛乳の液を注いで焼いたピリピチは、フランスのキッシュに似ていますが、フィンランドのカレリアン・ピーラッカとも類似点があるかわいらしいパイです。

ロシア（ウドムルト共和国）

ピリピチ

Перепечи

材料（4個分）

＜生地＞

A ┌ ライ麦粉……75g
  │ 小麦粉……50g
  │ 砂糖……小さじ½
  └ 塩……ひとつまみ

B ┌ 卵（割りほぐす）……1個
  │ 水……40㎖
  │ バター（室温に戻す）
  └ ……20g

＜フィリング＞
玉ねぎ（みじん切り）……½個
マッシュルーム（¼に切る）
……80g
卵……1個
牛乳……大さじ2
塩、こしょう……各少々
植物油……少々

作り方

1. ボウルにAを入れてさっくりと混ぜ、Bを加えてよくこねる。ラップをかけ室温で20分休ませる。
2. フィリングを作る。フライパンに油をひき、玉ねぎを透き通るまで炒め、マッシュルーム、塩、こしょうを加えてさらに炒める。**3.** ボウルに卵を割りほぐし、牛乳、塩を加えてよく混ぜる。**4.** 1を4等分して丸め、直径10㎝くらいに薄く丸くのばす。**5.** 親指と人差し指で生地の端を持ってつまみ、1㎝間隔でフリルを作り、タルトの型のような形にする。**6.** 5の中央に2を大さじ1くらいのせ、3の卵液を注ぐ。**7.** オーブンを180℃に熱して、15〜20分焼く。

具は他にひき肉、キャベツ、じゃがいも、トマトなどでも。

memo

Russia

ロシア（チェチェン共和国）

ヒンガルシュ

北コーカサス地方のロシア連邦、北カフカース連邦管区に属するチェチェン共和国は、イスラム教スンニ派を信仰するチェチェン人が主体となる国。バターをたっぷり使ったかぼちゃパイのヒンガルシュは、チェチェンでもっとも人気のある料理のひとつ。焼いたパンを水に浸して重ねるなどユニークな調理法です。

Хингалш

材料（4人分）

かぼちゃ（冷凍で可）……280g
※皮の部分を取る（記載は皮を取った重量）。

A ┌ 小麦粉（ふるう）……300g
  │ 重曹……小さじ¼
  └ 塩……適量

B ┌ ヨーグルト……100g
  └ 牛乳……40㎖

溶かしバター……100g
塩……少々

作り方

1. かぼちゃは温めて（生の場合はゆでる）皮を取ってつぶし、塩を混ぜる。 **2.** ボウルにAを入れて混ぜ、温めたBを加えてこねる。3等分してそれぞれ直径20〜21cmになるように麺棒で薄く丸くのばす（手や麺棒に小麦粉をつける）。 **3.** 2の面積半分に1を薄く伸ばしてのせ、折る。ふちを水で留め、きれいな半円になるようにピザカッターなどでふちを整える。同様に3つ作る。 **4.** フライパンで3をひとつずつ、両面をこんがりと焼く。 **5.** ボウルに水少々を入れて4をサッとくぐらせ、表面に溶かしバターをたっぷりと塗って、3つをレイヤー状にまな板の上で重ねる。 **6.** 4つに切り分け、皿に盛る。

ヨーグルトは現地では発酵乳ケフィアを温めて使います。

memo

чебурек

ロシア（タタールスタン共和国）

チェブレキ

ラムのひき肉などを小麦粉の生地に包んで揚げた タタールスタンの代表的な料理。ロシアの他地域 やトルコでも人気があります。

材料（4個分）

春巻きの皮（大判）…8枚、ラムひき肉…150g、玉ねぎ（みじん切り）…小1個分、塩、こしょう…各少々、植物油、揚げ油…各適量

作り方

1. フライパンに油をひき、玉ねぎを炒める。透き通ったら、ラム肉を加えて炒め、塩、こしょうで調味する。　**2.** 春巻きの皮を2枚重ね、1の¼量をのせ、四角く半分に折る。具が平らになるように手で軽く押す。　**3.** 半円の形にするために、直径12〜14cmの皿などを型代わりに2の上にのせ、端を切り落とす。ふちに水をつけてしっかりと留め、大きな餃子のような形にする。　**4.** 油を180〜190℃に熱し、3をきつね色になるまで揚げる。

ロシア（極東ロシア）

ペリメニ

中国の水餃子にサワークリームを合わせた東西の文化がミックスしたような料理。極東地区のほかウラル地区が起源を主張しています。

材料〈4人分〉

牛豚あいびき肉…200g、玉ねぎ（みじん切り）…½個分、ビーフコンソメの素…大さじ1、餃子の皮（大判）…1袋（40枚）、塩…少々
<トッピング>サワークリーム（またはバター）…適量、ディル（またはパセリ）…少々

作り方

1. ボウルにひき肉、玉ねぎ、塩を入れてよくこねる。**2.** 餃子の皮に、1を大さじ1弱のせ、半分に折ってギャザーを作りながら水でふちをとめる。最後に両端をくっつけて丸くする。　**3.** 大きめの鍋に水1.5ℓを入れて沸騰させ、コンソメの素を溶かす（なければ塩少々を入れる）。2をくっつかないように入れ、火が通るまで10分ゆでる。　**4.** 皿に盛り、トッピングをのせる。

Пельмени

Georgia

ジョージア

ハチャプリ

民族の十字路コーカサスの長寿の国として知られ、おいしい料理がたくさんあるジョージア。ハチャプリは、パン生地に具をはさんで焼いた、同国を代表する食べ物です。地方ごとにさまざまな種類のハチャプリがあります。ここで紹介するのは、白チーズと卵を具にした舟型のアジャリア地方のものです。

材料(2台分)

A ┌ 強力粉（ふるう）……150g
  │ 薄力粉（ふるう）……150g
  │ ドライイースト……5g
  │ 塩……小さじ1
  └ 砂糖……大さじ1
牛乳……100mℓ
植物油……大さじ2

溶き卵……1個分
＜具＞
モッツァレラチーズ……200g
フェタチーズ……200g
卵……2個
バター……40g
※牛乳の代わりにヨーグルトでも。

ジョージアで使うスルグニーズの代用はフェタとモッツァレラを混ぜて。

memo

作り方

1. ボウルに人肌に温めた牛乳、ぬるま湯½カップ、油を入れて混ぜる。　**2.** 別のボウルにAを入れて混ぜ、中央にくぼみを作り、1を少しずつ加えて混ぜる。打ち粉（分量外）をしながらなめらかになるまでこねる。　**3.** ボウルにぬれぶきんをかぶせ、25℃程度の室温で生地がふくらむまで約1時間発酵させる。　**4.** チーズ2種は一緒にフードプロセッサーにかけ、細かくする。　**5.** 3が発酵したら空気を抜き、打ち粉をしながらよくこねて2等分し、麺棒で直径25〜28cmの円形にのばす。　**6.** 5に4の半量をのせ、円の両端を丸めるように端をねじり、舟型に成形する。表面に溶き卵をはけで塗る。　**7.** オーブンを230℃に熱し、表面に軽く焦げ目がつくまで様子を見ながら約12分焼く。　**8.** 一度取り出してチーズがのった中央にくぼみを作って卵を割り入れ、再びオーブンに戻して卵が半熟になるまで5分焼く。**9.** 皿に取り、バターをのせる。卵とチーズ、バターを混ぜて食べる。

西部ラチャ地方シュクメリ村の主婦がチキンのミルク煮を作ろうとした時に材料のナッツを切らし、代わりに鶏をクリスピーに揚げてできたといわれます。現地では丸鶏をばらして使います。

ジョージア（ラチャ地方）
シュクメルリ

骨付きの鶏肉を使うと、だしが出ておいしくなります。

memo

材料(4人分)

鶏肉（骨付き）…500g、にんにく（つぶす）…2かけ、バター…大さじ1、牛乳…1カップ、塩、こしょう…各少々、植物油…適量

作り方

1. 鶏肉は塩、こしょうを振り、フライパンに油を多めに入れてこんがりと焼く。食べやすい大きさに切る。 **2.** 土鍋（なければ普通の鍋）にバターとにんにくを入れて炒め、香りが立ったら牛乳を注いで沸騰させる。 **3.** 1を鍋に加え、スープとなじませ、塩で調味する。

アブハジアは、独自言語を話すアブハズ人が多く暮らす自治共和国（国家承認する国もある）。ソコ・アラザニトは乳製品が豊富なこの地方で食べられる、マッシュルームのクリーム煮です。

ジョージア（アブハジア）
ソコ・アラザニト

材料(4人分)

マッシュルーム……200g
バター……大さじ1
A ┌ 月桂樹の葉…1枚、シナモンスティック…3㎝、こしょう…小さじ½、塩…少々
生クリーム…½カップ、パセリ、ディル（みじん切り）…各小さじ1

作り方

1. マッシュルームは厚めにスライスする。 **2.** フライパンにバターを熱し、1を中火で炒める。バターが十分からんだら、Aを加えて混ぜる。 **3.** 別の鍋で生クリームを熱して2に注ぎ、ふたをして中火で20分煮る。 **4.** 器に盛り、パセリとディルを飾る

Armenia

アルメニア

トルマ

数々の侵略の歴史を経験しながらも、世界最古のキリスト教国として歴史と伝統を貫いてきたアルメニア。アルメニア人は、野菜に具を詰めたり、包む古典的な料理トルマ（ドルマ、ドルマテスなどとも）の起源を主張しています。使用する野菜はぶどうの葉やキャベツ、パプリカ、トマト、ズッキーニやなど多様です。

材料(4人分)

パプリカ 2個
キャベツの葉（あればぶどうの葉※）……10枚
A
　牛豚あいびき肉……400g
　米（洗う）……80g
　玉ねぎ（みじん切り）……1個分
　イタリアンパセリ（みじん切り）……大さじ3
　トマトピューレ……大さじ1
　塩……小さじ1
　こしょう……小さじ⅓
ヨーグルト……適量
※ぶどうの葉は塩漬けのもの。他にトマト、なすなどの野菜に詰めてもよい。

作り方

1. パプリカは上部がふたになるように切って種を取り、立つよう底を水平に切る。キャベツはゆでる。 **2.** ボウルにAを入れてよく混ぜる。 **3.** キャベツの葉を広げ2を20g取って細長く巻く。パプリカに残りを入れてふたをする。 **4.** 3をそれぞれ鍋に入れ、水少々を加え、ふたをして中火で20分蒸し煮にする。パプリカのトルマは、180℃に熱したオーブンで15分焼いてもよい。 **5.** 皿に盛り、ヨーグルトを添える。

ひき肉は現地では羊肉を混ぜることもあります。

memo

Azerbaijan

アゼルバイジャン

ピティ

火の国の異名を持つアゼルバイジャン。かつてはペルシア帝国の一部で、紀元前より地表から燃えたぎる天然ガスや石油資源から火を神聖とするゾロアスター教が誕生したといわれます。食文化もペルシアの影響を受け、ピティは、肉や野菜を壺焼きするイランのアブグーシュトとほぼ同じ調理法による料理です。

材料（4人分）

ラム肉（角切り）……500g
ひよこ豆（缶詰でも可）……100g
玉ねぎ（角切り）……1個分
じゃがいも（¼に切る）……2個
乾燥プルーン……4個

A
- ターメリック……小さじ½
- 塩……大さじ1
- こしょう……小さじ½

パン（バゲットなど）……適宜

作り方

1. ひよこ豆（乾燥）は一晩水につけて戻す。じゃがいもは皮をむいて¼に切る。 **2.** 鍋に水1ℓを入れてわかし、ラム肉をゆでる。途中あくをすくう。肉に火が通ったら肉とゆで汁を別にする。 **3.** 鍋に、2の肉、ひよこ豆、玉ねぎ、じゃがいも、プルーン、Aを入れ、2のゆで汁を注ぐ。ふたをして弱火で45分煮込む。 **4.** 皿にパンをのせ、3のスープをかける。具は別皿に盛る。

＊栗のある季節は、じゃがいもの代わりに栗の皮をむいて使ってもおいしい。

壺は小さめの土鍋で代用してください。

memo

Piti

Belarus

ベラルーシ

マチャンカ

国土の半分近くを、白樺をはじめとする森林が占め、1万以上の湖があるという森と湖の国ベラルーシ。豚肉をサワークリームで煮たマチャンカは、同国を代表する料理のひとつです。伝統的にポテトパンケーキのドラニキと一緒に供されます。ウクライナやスロバキアなどにもドラニキと似た料理があります。

材料(4人分)

豚もも肉（角切り）……300g
玉ねぎ（みじん切り）……1個
A ┌ サワークリーム……½カップ
  │ 月桂樹の葉……2枚
  └ 塩、こしょう……各少々

小麦粉……大さじ2
バター……適量
ディル（みじん切り）……大さじ1
ドラニキ……適量

作り方

1. 小麦粉を水½カップに溶かす。 **2.** フライパンにバターをひき、豚肉を軽く焼く。玉ねぎを加えてきつね色になるまで炒め、1、Aを加えて20分煮込む。 **3.** 器に盛り、ディルを飾る。ドラニキを添える

燻製ソーセージを切って加えることも。ドラニキの調理法は、113ページのチェコのブランボラークとほぼ同じ。

memo

Мачанка

小麦畑と青空を表す国旗のように、肥沃な土壌と豊かな食文化を持つ国ウクライナ。ソ連時代にロシアで定着したウクライナ起源の料理も多くあります。ボルシチもそのひとつで、語源は古いスラヴ語のビーツから。ウクライナではビーツは血液をさらさらにして肌を美しく保つ野菜だとされています。

Ukreine

ウクライナ

ボルシチ

Борщ

材料(4人分)

ビーツ……250g
じゃがいも……1個
にんじん……小1本
豚肉（角切り）……300g
月桂樹の葉……2枚
A
 ┌ 玉ねぎ（みじん切り）
 │ ……1個分
 │ キャベツ（刻む）……¼個
 │ セロリ（茎・さいの目切り）
 └ ……1本
トマト缶（カット）……½缶（1カップ）
にんにく（すりおろす）……2かけ分
バター……大さじ2
塩、こしょう……各少々
ディル（ちぎる）……適量
サワークリーム……適量

作り方

1. ビーツは皮をむいて半量をさいの目切りにし、残りはすりおろす。じゃがいもはさいの目切りに、にんじんはすりおろす。 **2.** 鍋に水1.5ℓと豚肉、月桂樹の葉を入れ、アクを取りながら弱火で30分ゆでる。煮込んでだしを取る。 **3.** 別の鍋にバターをひき、A を入れて柔らかくなるまで炒める。トマト缶とにんにくを加え、2をゆで汁ごと加える。 **4.** 1を加えてふたをし、野菜が柔らかくなるまで15分煮込む。塩、こしょうで調味する。**5.** 器に盛り、ディル、サワークリームを添える。

ウクライナには100種類以上のボルシチのレシピがあるといわれます。

memo

101

Moldova
モルドバ

白いんげん豆のハーブスープ

隣国ルーマニアと民族も言語もほぼ同じながら、ソ連時代に政治的理由で分けられた国。ルーマニアと共通する食文化を持ち、近年はワイン産地としても有名に。このスープは、正教会の肉断食によく食べられる一品です。

材料（4人分）

白いんげん豆（乾燥）＊…250g、玉ねぎ…2個、にんじん…1本、セロリ…½本、トマトピューレ…大さじ6

A ［ イタリアンパセリ、ディル（みじん切り）、タイム（4cmくらいに切る）…各大さじ1

塩…小さじ1、こしょう…小さじ¼

＊豆は缶詰でもよいが、粒の大きな豆をゆでた方がおいしい。

作り方

1. 白いんげん豆は水にひたして一晩置く。 **2.** 玉ねぎ、にんじんは角切りに、セロリは食べやすい大きさに切る。 **3.** 湯をわかし、1をゆでる。途中2度水を変え、柔らかくなるまでゆでる。 **4.** 3の湯を捨て、水3カップを入れ、2と塩、こしょうを入れて10分煮る。 **5.** トマトピューレを加えてさらに5分煮込む。必要に応じて水を足す。塩で調味し、Aを加えて火を止める。

Ciorbă de fasole cu cimbru

Romania
ルーマニア

ママリーガ

古代ローマ人の末裔を称する歴史ある国。ママリーガはとうもろこし粉を練ったイタリアのポレンタのような昔ながらの主食です。スープやおかずとともに。

サワークリームの代わりにクリームチーズでも。

memo

材料（4人分）

とうもろこし粉……250g

A ［ バター…大さじ1、塩…小さじ1、こしょう…小さじ½

フェタチーズ（砕く）……50g

サワークリーム……150g

作り方

1. 鍋に水6カップとAを入れる。とうもろこし粉を少しずつ溶かし入れ、火をつける。弱火で20分、とろみが出るまで木べらで混ぜながら加熱する。 **2.** フェタチーズの半量をフライパンで温める。 **3.** 器に2を入れ、1を盛って残りのフェタチーズを散らす。サワークリームを添える。

Mămăligă

Serbia

セルビア

プレスカビッツァ

古くはローマ帝国、オスマントルコ、ハプスブルク帝国の領土で、ユーゴスラビア時代を経てセルビア正教会を信仰する伝統を守るセルビア。イスラム教徒から独立を勝ち得、また独立の英雄が豚商人だったことから豚肉を愛する国でもあります。プレスカビッツァはセルビアのハンバーグのようなグリル料理です。

アイバルはセルビア発祥とされるパプリカペースト。現地ではソムンというパンを使います。

memo

Пљескавица

材料(4人分)

```
  ┌ 牛豚あいびき肉……400g
  │ ※できれば2度びきしてペースト状にする
  │ 玉ねぎ（みじん切り）……½個分
A │ 塩　小さじ……1と⅓
  │ こしょう……小さじ½
  │ ベーキングソーダ……小さじ½
  └ 炭酸水……150㎖
植物油……適量
ピタパン（または円形のフォカッチャ）……4枚
<トッピング>
玉ねぎ（薄切り）…½個分、アイバル（あれば）…適量、
カイマック（またはクリームチーズ）…適量
```

作り方

1. ボウルにAを入れてよくこねる。味がなじむように一晩冷蔵庫で寝かせる。 **2.** 1を4等分にし、ハンバーグのように丸く平らに成形する。 **3.** フライパンまたはグリルパンに油をひき、2を焼く。両面をこんがりと、フライ返しで押し付けながら10分焼く。 **4.** ピタパンの切り込みに、3、トッピングをはさむ。好みの野菜やフライドポテトなどを添えても。

Bulgaria

ブルガリア

カバルマ

ブルガリアは、黄金に彩られた古代トラキア文明の栄えた地であり、ヨーグルトやバラの特産地としても知られる国。豚肉と野菜、きのこを煮込んだカバルマは、インドのコルマやトルコのカブルマと同系統といわれるブルガリアの代表的なオーブン焼き料理。どちらかというと冬の料理です。

材料(4人分)

豚肉（角切り）……300g
玉ねぎ（薄切り）……小1個
にんにく（みじん切り）……1かけ
リーキ（小口切り）……1本
きのこ（マッシュルーム、エリンギ）……100g
トマトペースト……½カップ
A ┌ ワイン（赤白どちらでも）……½カップ
  │ パプリカ粉※……大さじ½
  └ 月桂樹の葉……1枚

塩……小さじ1
こしょう……ひとつまみ
植物油（あればひまわり油）……¼カップ
卵……1個
パセリ（みじん切り）……小さじ½

※あればホットパプリカ（辛いパプリカ）粉。
唐辛子粉を少し混ぜてもよい。

Кавърма

リーキは下仁田ねぎのような太いねぎで代用できます。

memo

作り方

1. 鍋に油をひいて豚肉、玉ねぎとにんにくを入れ、肉の表面がきつね色になるまで炒める。 **2.** リーキ、食べやすく切ったきのこを加えて炒め、トマトペースト、水少々を加えてひと煮立ちさせる。 **3.** 水1カップ、Aを加え、弱火で5分程煮込む。塩、こしょうで調味する。 **4.** 3を耐熱皿に移し、好みで卵を割り入れ、180℃に熱したオーブンで30分焼く。パセリを飾る。

共産圏時代の1950年代にショプルク地方の観光促進のためブルガリアで創作されたサラダ。現在ではブルガリアでもっとも認知度の高い料理です。ショプルク地方はセルビア、北マケドニアにもまたがっていることもあり各国が自国の料理と主張しています。シレネという白チーズをかけて食べます。

ブルガリア（ショプルク地方）

ショプスカ・サラダ

Шопска салата

シレネチーズはギリシャのフェタチーズで代用してください。

memo

材料（4人分）

トマト……3個
きゅうり……1本
玉ねぎ……½個
赤パプリカ……½個
黒オリーブ（あれば）……8〜10個
（なければ入れなくてもよい。）
A ┌ ひまわり油……大さじ2
　│ 塩、こしょう……各少々
　└ 赤ワインビネガー……大さじ1
シレネチーズ……100g
パセリ……少々トッピング

作り方

1. Aを混ぜてドレッシングを作る。
2. トマト、きゅうりは角切りに、玉ねぎ、パプリカは薄切りにする。　**3.** ボウルに2、オリーブを入れ、1をかけて軽く混ぜる。**4.** 皿に盛り、細かく砕いた白チーズをたっぷりかけ、パセリを飾る。

North Macedonia

北マケドニア

タフチェ・グラフチェ

北マケドニアは、アレキサンダー大王を生んだ古代マケドニア王国の一部に位置する国。ギリシャとの軋轢から2019年に国名変更しました。オスマントルコ占領下やユーゴスラビア時代の食文化を継承し、パプリカを使った料理が特徴的。タフチェ・グラフチェは白豆やパプリカ粉を一緒にオーブン焼きにした国民食です。

材料(4人分)

白豆（乾燥）※……400g
玉ねぎ（薄切り）……1個分

A
パプリカ粉……大さじ1
唐辛子粉……小さじ¼
塩……大さじ1
こしょう……小さじ1

ドライパプリカ（またはドライトマト）……2個
植物油（あればひまわり油）……大さじ3
イタリアンパセリ（飾り用）……適量
※白いんげん豆など。缶詰でもよい。できれば粒の大きいものの方がおいしい。

作り方

1. 白豆は一晩水につけて戻し、柔らかくなるまでゆでる。　**2.** 鍋に油をひき、玉ねぎを炒める。透き通ったらAを加えて香りが立つまで炒める。火を止めて、1を加えて混ぜる。　**3.** 2を耐熱容器に移し、ひたひたの水を加え、ちぎったドライパプリカをのせて190℃のオーブンで45分焼く。**4.** オーブンから取り出し、パセリを飾る。

Tavče gravče

ドライパプリカ、ドライトマトがなければ省いてもかまいません。

memo

Bosnia Herzegovina

オスマントルコ帝国時代の影響からイスラム教徒が多い、ボスニア・ヘルツェコビナ。チェバプチチ（チェバピ）はケバブのようなひき肉グリルで、フィンガーミート、バルカンの皮なしソーセージとも称されます。セルビア南部でも名物。サラエボ、ノビパサル、レスコバツなど街ごとの流儀も。

ボスニア・ヘルツェゴビナ

チェバプチチ

材料（4人分）

牛ひき肉……400g

A ┌ 玉ねぎ（みじん切り）……¼個分
　　│ 塩……小さじ1
　　│ こしょう……少々
　　└ ベーキングソーダ（重曹）……小さじ½

炭酸水……90㎖

＜トッピング＞

アイバル（あれば）…適量、カイマック（またはクリームチーズ）…適量、玉ねぎ（薄切り）…¼個分

作り方

1. ひき肉はポリ袋などに入れて麺棒でのばすか、手でよくもみほぐして、ペースト状にする。　**2.** ボウルに1とAを入れ、よく混ぜ合わせる。炭酸水を少しずつ加えて、さらによく練る。　**3.** 2を35gずつ取り、人差し指くらいの大きさにソーセージのように細長く形作る。バットに並べ、ラップをかけて冷蔵庫で一晩寝かせる。　**4.** 3をグリルかフライパンで強火で11分焼く。　**5.** 皿に盛り、トッピングを添える。パンにはさんでもよい。

ひき肉は麺棒でのばすか手でもんでペースト状に。

memo

ćevapčići

107

Montenegro

モンテネグロ

ブロデット

旧ユーゴスラビアの構成国で2006年にセルビアから分離独立したモンテネグロ。現地語でツルナ・ゴラといいます。セルビアと類似した料理が多いのですが、陸続きのクロアチアとともに古代ローマのダルマチア属州だったアドリア海沿岸部には、イタリア的な料理も。ブロデットは、コーンミールを添えた漁師風シチューです。

材料(4人分)

白身魚（スズキ、タラなど切り身）……600g
にんにく（みじん切り）……8かけ分
A ┌ オリーブオイル……大さじ2
  │ イタリアンパセリ（みじん切り）……大さじ1
  └ レモン汁……大さじ1
玉ねぎ（みじん切り）……1個分
トマトピューレ……大さじ3
白ワイン……30㎖
ムール貝（洗う）……8個

ミニトマト……8個
オリーブオイル……大さじ2
塩……大さじ1
こしょう……小さじ1
イタリアンパセリ（みじん切り）……適量
＜コーンミール（ポレンタ）＞
とうもろこし粉……200g
塩……小さじ½

作り方

1. バットなどににんにく半量とAを入れ、白身魚をマリネする。ラップをして冷蔵庫に2〜3時間置く。
2. 鍋に油をひき、残りのにんにくを炒め、玉ねぎを加えて少し色づくまで炒める。トマトピューレ、白ワインを加えてひと煮立ちさせる。
3. 1を加え、塩、こしょうを加えて混ぜ、水500㎖を入れてふたをし、魚に火が通るまで20分煮る。**4.** その間にコーンミールを作る。鍋に水2カップを入れて沸騰させ、とうもろこし粉と塩を入れ、とろみが出るまでかき混ぜながら煮る。**5.** 3にムール貝とミニトマトを加えて、ふたをしてさらに5分煮る。**6.** 器に盛り、パセリを振り、コーンミールを添える。

スズキ、タラなどの
魚のほか、エビなど
をいろいろ加えても。

memo

Albania

アルバニア

タブ・コシ

アドリア海に面したイタリアの対岸にあるアルバニアは、旧オスマントルコ領の歴史を持ち、今もヨーロッパでは珍しいイスラム教徒が国民の半分以上を占める国。肉とヨーグルトをオーブン焼きするグラタンのようなタブ・コシはアルバニアの郷土料理であるだけでなく、周辺国でも食べられています。

Tavë Kosi

ヨーグルトはキッチンタオルやコーヒーフィルターで水切りを。

memo

材料（4人分）

ラム肉（角切り）……300g（牛肉でもよい）
にんにく（みじん切り）……1かけ分
米（洗う）……40g
小麦粉……大さじ1
バター……10g
A 「水切りヨーグルト……300g
　卵（割りほぐす）……2個
　塩……小さじ1
　こしょう……小さじ½」
オリーブオイル……大さじ1
塩、こしょう……各小さじ½
B 「パルメザンチーズ（おろす）……小さじ1
　乾燥オレガノ……小さじ1」

作り方

1. ラム肉に塩、こしょうを振る。 **2.** フライパンにバター半量と油を入れ、1の表面を中火で焼く。焼き色がついたら、にんにく、米を加え、水250㎖を加えて混ぜ、ふたをして10分煮る。 **3.** 別の鍋に残りのバターを熱し、小麦粉を加えてよく炒める。 **4.** ボウルにAを入れて混ぜ、3を加えてよく混ぜる。 **5.** 耐熱皿に2を入れ、4を注いで、Bをかける。 **6.**180℃に熱したオーブンで、5を表面が焦げ目がつくまで30～40分焼く。

Kosovo

コソボ

ブレク

コソボはバルカン半島内陸部にある国（地方）。イスラム教徒のアルバニア人人口が多い一方で、セルビア正教会の教会などが「コソボの中世建造物群」としてユネスコ世界遺産に登録され、セルビアなど多くの国がセルビアのコソボ・メトヒヤ自治州としています。ブレクは民族に関係なくバルカン半島地域一帯などで好まれるトルコ発祥のパイ料理です。

材料(4人分)

牛ひき肉……400g
玉ねぎ（みじん切り）……1個みじん切り
A ┌ 塩……小さじ1
  │ こしょう……小さじ½
  └ パプリカ粉……小さじ1

卵……1個
ヨーグルト……1カップ
春巻きの皮（大）……4枚
植物油……適量

牛ひき肉の代わりにチーズや、デザート風に果物を入れてもおいしいです。

memo

Burek

作り方

1. フライパンに油を薄くひき、玉ねぎと牛ひき肉を色が変わるまで中火で炒める。 **2.** Aを加えて混ぜながら1分炒めて火を止める。そのまま冷ます。 **3.** ボウルに卵を割りほぐし、ヨーグルトを加えてよく混ぜる。 **4.** まな板の上に春巻きの皮を2枚広げ、全体にはけで油を塗る。端と端を1cm重ねて貼り合わせ、横長の1枚の皮にする。 **5.** 4の手前の皮全体に2を¼乗せ、のり巻のようにくるくると巻く。片端から外に向かって渦巻き状に巻く。表面だけ残してクッキングシートとアルミホイルを二重にしてくるむ。 **6.** 4〜5を同じ手順でもうひと

つ作り、渦巻きの最後の部分から続けてさらに大きくするように巻く。 **7.** 6の上にそれぞれ3をかける。 **8.** オーブンを180℃に熱し、7を入れて表面がきつね色になるまで35〜40分焼き、クッキングシート＆アルミホイルをはがす。

＊春巻きの皮の渦巻きをさらにつなげて直径を大きくすれば、すてきなパーティー料理になります。

＊ひき肉の代わりにチーズ（塩気のあるフェタタイプのチーズが現地風）やギリシャのスパナコピタのようにチーズ＆ほうれん草などでも。

Poland

ポーランド

ビゴス

音楽家ショパンの祖国で、カトリック信徒の多いスラブの国ポーランド。キャベツに塩を加えて発酵させた酸味のあるザワークラウトは、ポーランドの食卓に欠かせない一品。ビゴスは、ザワークラウトを肉やソーセージ、きのこなどと煮込んだポーランドのおふくろの味で、「猟師のシチュー」と訳されることもあります。

Bigos

材料（4人分）

ザワークラウト（市販）……500g
豚肉（角切り）……100g
牛肉（角切り）……100g
ソーセージ……100g
ベーコン……30g
玉ねぎ……½個
マッシュルーム……25g
赤ワイン……⅓カップ
A ┌ オールスパイス……少々
　├ 月桂樹の葉……1枚
　└ 塩、粒こしょう……各少々
植物油……適量
パセリ（飾り用）……少々

作り方

1. ザワークラウトはざるにあけ、流水で洗い、水気を切る。ソーセージ、ベーコン、玉ねぎは食べやすい大きさに切る。マッシュルームは薄切りにする。 **2.** 深鍋に油をひき、玉ねぎを透き通るまで炒める。 **3.** 別のフライパンに油をひき、マッシュルームを炒めて、2に加える。続けてソーセージとベーコンを炒めて2に加える。さらに豚肉、牛肉を炒め、赤ワインをかけ2分熱し、2に加える。 **4.** 2にザワークラウト、Aを加えて混ぜ、ふたをして最初は中火にかけ、15分煮たら弱火にして45分〜1時間煮込む。時々混ぜ、味見して塩（分量外）、水少々を加えて調味する。 **5.** 器に盛り、パセリを飾る。

あれば燻製ソーセージ（ポーランドではキルバサという）がおすすめ。

memo

111

Czech

チェコ

ローストポークの
クネードリーキ添え

歴史的建造物に囲まれ「百塔の街」とも呼ばれる美しい首都プラハや、おとぎの国のような中世の面影を残す街が点在するチェコ。肉料理、特に豚肉が好まれ、ローストポークに、ドイツのクネーデルがもとになったクネードリーキを添えてよく食べます。

材料（4人分）

豚肉（肩・塊）……500g
A
  にんにく（すりおろす）……1かけ分
  キャラウェイシード……小さじ½
  塩……小さじ½

玉ねぎ（みじん切り）……1個分
こしょう……小さじ¼
ラード（またはバター）……30g
小麦粉（ソース用）……大さじ1

Vepřo Knedlo Zelo

作り方

1. 豚肉にAをよく混ぜたものをすりこみ、室温に30分置く。 **2.** 深めの耐熱皿に豚肉を入れ、豚肉を埋めるように覆うラードと湯½カップと玉ねぎを入れ、150℃に熱したオーブンで約1時間焼く。 **3.** 肉を取り出し、皿に残った玉ねぎを鍋に入れ、ひたひた程度の水と小麦粉を加え15分煮込んでソースを作る。 **4.** 肉は8mmの厚さに切って、付け合わせとともに皿に盛り、3をかける。

＜付け合わせ＞
クネードリーキの材料と作り方
1. 小麦粉200ｇ、卵1個、ドライイースト3g、温めた牛乳½カップ、塩・砂糖各ひとつまみをボウルに入れてよくこね、1時間発酵させる。
2. まな板に打ち粉をして、1をこねながら円柱状に成形して半分に切り、沸騰したお湯で18分ゆでる。ゆで上がったら、ふくらんだ生地にフォークを突き刺して中の蒸気を抜き、5mmの厚さに切る。

ザワークラウトと
ベーコンの材料と作り方
鍋に角切りのベーコン50ｇを入れて脂を溶かし、玉ねぎのみじん切り½個分とキャラウェイシード小さじ½を入れて、玉ねぎが柔らかくなるまで炒める。洗って水気を絞ったザワークラウト100ｇを加えて混ぜながら5分熱し、酢大さじ½、塩少々で調味する。

チェコはビール消費量が世界一であり、ボヘミア地方は世界的に名高いピルスナーの発祥地。ブランボラークはビールに合うじゃがいものパンケーキで、ベラルーシのドラニキや、ユダヤ教徒がハヌカのお祭りのときに食べるラトケスなどによく似ています。作り方もほぼ一緒です。

チェコ（ボヘミア地方）

ブランボラーク

Bramboráky

材料(4人分)

じゃがいも……6個

A
- 小麦粉……1カップ
- 卵（割りほぐす）……2個
- 牛乳……¼カップ
- にんにく（すりおろす）……2かけ
- マジョラム……大さじ1
- 塩……小さじ1

植物油……適量

作り方

1. じゃがいもは皮をむき、水にしばらく浸けておく。ボウルにおろし金で手早くおろす。　**2.**1にAを加えてよく混ぜる。　**3.** フライパンに油を多めに入れて熱し、2をスプーンですくって平らになるように揚げ焼きする。　**4.** 両面こんがりと焼き目がついたら、キッチンペーパーなどで油を切る。

じゃがいもはメークインなど粘り気のあるものがおすすめ。

memo

Slovakia

スロバキア

ブリンゾベー・ハルシュキ

アルプス山脈、カルパティア山脈と国土のほとんどが山岳地帯のスロバキアの国民食。アルプス地方一帯に見られる、イタリアのニョッキに似たじゃがいもと小麦粉の生地をゆで、羊乳のブリンザチーズをかけた料理です。スロバキア中央部のトゥレカ村では毎年夏にハルシュキ祭りが開催されます。

材料(4人分)

じゃがいも……3個
A ┌ 小麦粉……100g
  │ 卵……1個
  └ 塩……小さじ½
<ソース>
フェタチーズ……200g
サワークリーム……少々
<トッピング>
ベーコン（カリカリに焼く）……60g
パセリ……少々

作り方

1. じゃがいもは皮をむき、水にしばらく浸け、おろし金でおろす。　**2.** ボウルに1、A を入れてよく混ぜる。　**3.** 深鍋にお湯をわかし、2をまな板の上に乗せてナイフで小さく削ぎながら入れて、浮き上がるまでゆでる。ざるなどにすくって水気を切る。**4.** フェタチーズは温めて柔らかくし、サワークリームを少々の水でゆるめたものを混ぜてソースを作る。　**5.** 3を皿に盛り、4をかけてトッピングをのせる。

Bryndzové halušky

ブリンザの代用はギリシャのフェタチーズで。

memo

114

Hungary

ハンガリー

グヤーシュ

中央アジアの騎馬民族マジャル人が9世紀に定住して誕生した国。1867年から1918年まではオーストリア＝ハンガリー帝国として君臨しました。ハンガリーはパプリカを品種改良した国として知られ、料理にも多用します。国民食的なグヤーシュも、パプリカ粉を使ったシチューです。

Gulyás

材料(4人分)

牛肉（角切り）……500g
玉ねぎ（みじん切り）……1個分
にんにく（みじん切り）……2かけ分
にんじん（角切り）……1本分
じゃがいも（角切り）……2個分
パプリカ粉……大さじ2
トマトピューレ……¼カップ
月桂樹の葉……3枚
キャラウェイシード……ひとつまみ
塩……大さじ1
こしょう……小さじ½
植物油……大さじ2

作り方

1. フライパンに油をひき、玉ねぎとにんにくを少し色づくまで炒め、パプリカ粉を加え混ぜる。 **2.** 牛肉を加えて炒め、さらににんじん、じゃがいも、水2〜3カップを加えてよく混ぜながら熱し、トマトピューレ、月桂樹の葉、キャラウェイシードを加え、塩、こしょうで調味する。 **3.** 具材が柔らかくなるまで弱火で30分煮込む。途中で必要に応じて水を足す。

牛を追う牧童が食べる野外料理を起源とし、ハンガリーの言葉マジャル語で牧童を意味します。

memo

115

Austria

オーストリア

ウィンナー・シュニッツェル

13世紀から1918年まで約650年にわたって君臨した
ハプスブルク王朝の伝統を今に受け継ぐオーストリア。
首都ウィーンの名を冠したこの仔牛のカツレツ料理は、
"ラデツキー行進曲" のラデツキー将軍がイタリアのミ
ラノから持ち帰ったものとされ、レモンのスライスとポ
テトを添えていただきます。

Wiener Schnitzel

材料 (2人分)

牛もも肉 (ステーキ用)※
……2枚 (240〜300g)
パン粉 (細かいもの) ……50g
小麦粉……40g
溶き卵……1個割りほぐしておく
揚げ油……100㎖
バター……20g
塩、白こしょう……各少々

＜付け合わせ＞
ゆでたじゃがいも、トマト、レタス、パセリ
……各適量
レモンスライス……2枚

※肉は1枚120〜150g。あれば仔牛肉がよいが、
鶏肉や豚肉でも作れる。

作り方

1. 牛肉を肉たたきで軽くたたいて伸ばし、両面に塩、こしょうを振る。 **2.** 小麦粉をまぶして余分な粉をはたき、溶き卵、パン粉の順に衣をつける。パン粉はフォークなどを使って押し付けるようにしてしっかりつける。

3. フライパンに油を入れて熱し、2の両面をきつね色になるまで中火で揚げ焼きする (片面2分30秒くらいずつ)。 **4.** こんがりしてきたら、仕上げのバターを上にのせて溶かす。 **5.** 皿に盛り、付け合わせを添える。

現地流に、パン粉はフードプロセッサーまたはすりこぎで粉砕しておきます。

memo

Croatia

クロアチア

オーストリア＝ハンガリー帝国領やユーゴスラビア時代の影響を残し、近年はドブロブニクをはじめ風光明媚な観光地として脚光を浴びるクロアチア。カトリックの信徒が多く、ブーメランのような形をした国土には多様な地方色があります。乾燥と生きのこを使ったこのスープは、内陸にある首都ザグレブ周辺の料理です。

エリンギ、ひらたけなどいろいろなきのこを混ぜるとおいしいです。

memo

Juha od Vrganja

材料(4人分)

乾燥ポルチーニ茸……10g
きのこ（薄切り）……350g
ベーコン（角切り）
……100g 塊り（8mm程度に角切り）
玉ねぎ（みじん切り）……1個（みじん切り）
にんじん（小口切り）……中1本
セロリの茎（薄切り）……½本
じゃがいも（小口切り）……中1個分
A ┌ 月桂樹の葉……2、3枚
  │ 固形スープの素……1個
  └ 乾燥タラゴン（あれば）……小さじ1

塩……小さじ1と½
こしょう……小さじ½
サワークリーム……180g
小麦粉……20g
植物油（ベーコンの脂による）……20g
＜トッピング＞
乾燥ポルチーニ茸（粉末にする）…適量、
イタリアンパセリ（ちぎる）…適量

作り方

1. 乾燥ポルチーニ茸は1ℓの水に30分漬けて戻す。 **2.** フライパンにベーコンを入れて炒め、油を少々足し、玉ねぎを加えて中火で炒め、色づいたらきのこ、にんじん、セロリを加えてさらに炒める。 **3.**2を深鍋に移して、1を水ごと入れ、じゃがいも、Aを加えて15分煮込む。 **4.**3からにんじんとじゃがいもを取り出して、フードプロセッサーにかけてペースト状にする。 **5.** サワークリームを3のスープ少量で溶かし、鍋に入れる。 **6.**4に小麦粉を加え、スープを少し加えてなめらかにして、鍋に戻す。塩、こしょうで調味して、10分煮る。 **7.**器に盛り、トッピングを飾る。

Germany

ドイツ

ザウアーブラーテン

ドイツは東西南北の地方ごとに文化的な違いがありますが、酸味のあるソースを使った肉料理ザウアーブラーテンは、中部を中心に国内で幅広く食べられている国民食のような存在。牛肉が多いですが、地方によって豚肉や羊肉、馬肉を使います。

材料（4人分）

牛肩ロース肉（塊）……500g（豚でもよい）
玉ねぎ……1個
A
　赤ワイン……⅓カップ
　赤ワインビネガー……⅓カップ
　セロリの葉……1〜2本分
　三温糖……大さじ1
　ジュニパーベリー（あれば）※……3粒
　月桂樹の葉……2枚
　塩……小さじ1
　こしょう……小さじ¼
　水……⅓カップ
バター……大さじ1
小麦粉……大さじ1
＜付け合わせ＞
ゆでたじゃがいも…2個、パセリ（みじん切り）
…小さじ1
※ジュニパーベリー＝ねずの実。なければクローブの粒で代用。入れなくてもよい。

作り方

1. 玉ねぎは半分は薄切り、半分はみじん切りにする。　**2.** 鍋にスライスした玉ねぎ、Aを入れて混ぜ、火にかける。沸騰したら容器に入れて粗熱を取り、肉を漬け込む。冷蔵庫に入れて1日以上置く。　**3.** 肉を取り出し、キッチンペーパーで水気をふき取る。漬け汁はざるで濾し、汁のみを取っておく。　**4.** 厚手の鍋にバターを溶かして肉を入れ、表面にこんがりと焼き色をつけ、一度取り出す。　**5.** 同じ鍋にみじん切りにした玉ねぎを入れて色づくまで炒める。肉の漬け汁を少しずつ加え、煮立ったら肉を戻し、ふたをして弱火で2時間煮込む。　**6.** 肉を取り出し、アルミホイルに包んで保温しておく。　**7.** 煮汁から肉の脂を除き、ざるで濾して、小麦粉を溶かしてとろみをつけ煮詰めてソースにする。　**8.** 肉をスライスして皿に盛り、7をかけ、付け合わせを添える。

＊ソースは好みでしょうゆやはちみつ、ワインビネガーなどを加えてもよい。

Sauerbraten

肉は肩ロースの塊肉を切って使うのがおすすめです。

memo

Weißwurst

ヴァイスブルスト

ドイツ（バイエルン州）

オクトーバーフェストで有名なミュンヘンがあるバイエルン名物の白ソーセージ。羊腸がない場合はラップで包んで皮なしソーセージにしても。

材料（4人分）

牛ひき肉…600g、豚ひき肉…300g、豚のラード…適量
A ┌ 玉ねぎ（みじん切り）…½個分、ナツメグ粉…小さじ½、
 │ しょうが粉…小さじ½、白こしょう…小さじ2、レモン
 │ の皮（すりおろす）…大さじ1、パセリ（みじん切り）…
 └ ⅓カップ、スキムミルク…¾カップ、塩…少々
氷（砕く）……適量
羊の腸1〜2本 ＊ソーセージ用の塩漬けのもの。

作り方

1. 牛肉、豚肉は半冷凍状態にしておく。ラードはフードプロセッサーにかけてなめらかにする。 **2.** ボウルに1を入れて軽く混ぜ、Aを加えてへらでよく練る。途中、肉の温度が高くなったら氷を加える。 **3.** 水洗いして戻した羊の腸に、2を詰めて、約12㎝ごとにひねる。 **4.** 80℃の湯で、3を20分ゆで、すぐ冷水にさらし、水気を拭き取って冷蔵庫で冷やす。 **5.** 皿に盛って好みの野菜を添える。

フリカデレ

ドイツ（ハンブルク）

中世の頃にハンザ同盟の中心都市だった北部ハンブルクの名物料理で、日本ではハーブ等が省略されたハンバーグの名で知られます。ハンザ同盟都市のあった北欧などにも同様の料理があります。

材料（4個分）

牛豚あいびき肉…400g、玉ねぎ（粗みじん切り）…½個分、パン粉…40g、卵…1個、マスタード…15g、パセリ（みじん切り）…小さじ1と½、マジョラム粉、パプリカ粉、塩、こしょう…各小さじ1、バター…20g

作り方

1. ボウルにバター以外の材料を入れてよくこねる。 **2.** 1を4等分して、丸めて平らに成形し、バターを熱したフライパンで両面を片面7〜8分ずつ、こんがりするまで中火で焼く。 **3.** 皿に盛り、好みの野菜を添える。

Frikadelle

Switzerland

スイス

フォンデュ

国土の約70%が山岳地帯であることから酪農が発達し、保存がきいて厳しい冬の寒さを乗り切るための重要なエネルギー源チーズの生産が盛んなスイス。フォンデュは専用鍋に油などの液体を熱し、パンや野菜をつけて食べるアルプス地方の郷土料理です。スイスではチーズを溶かして使います。

材料（4人分）

チーズ※……400g
にんにく（縦½に切る）……1かけ
白ワイン（辛口）……150㎖
キルシュ（または水）※……大さじ1
コーンスターチ……小さじ1
レモン果汁……小さじ1
こしょう（ひく）……少々
ナツメグ（おろす）……少々
パン（一口大に切る）……適量
※エメンタールチーズとグリュイエールチーズをおろし、半々ずつ混ぜて使うのがよい。
※キルシュはチェリーの蒸留酒。香りづけ用。

作り方

1. 鍋の内側ににんにくの表面をこすりつけて入れ、白ワインを入れて弱火で温める。おろしたチーズを少しずつ入れていき、木べらでゆっくり混ぜる（沸騰させないように注意）。
2. 小皿にコーンスターチを入れてキルシュ、または水で溶かし、1に少しずつ混ぜ入れる。レモン果汁も加える。 **3.** 仕上げにこしょう、ナツメグを振る。 **4.** パンに3をつけて食べる。

※ワインは辛口ワインを。スイス産ワインがあればなお可。お酒の弱い人はワインのアルコール分をしっかり飛ばす。

＊パンのほかにゆでたじゃがいも、ソーセージ、好みの野菜などで食べてもおいしいです。

Fondue

チーズは他にオランダのゴーダやピザ用チーズでも。

memo

Liechtenstein

リヒテンシュタイン

カスクノーフル

リヒテンシュタインは、スイスとオーストリアにはさまれたアルプスの山間にある、中世の時代から続く君主制国家（公国）。カスクノーフルは、農耕地の少ないアルプス地方特有の、すいとんのような小麦粉の生地にクリームやチーズをかけて食べる料理の一種で、リヒテンシュタインの国民食的な存在です。

材料（4人分）

＜生地＞
強力粉（ふるう）……300g
卵……3個
ナツメグ、こしょう……各ひとつまみ
塩……小さじ1
水……大さじ2
＜ソース＞
　バター……15g
　フレッシュクリーム……½カップ
　塩……大さじ¼
チーズ（おろす）※……50g
※グリュイエール、エメンタール、ステッペンなどスイスやドイツチーズがよい。

作り方

1. 生地の材料をすべてボウルに入れて、なめらかになるまでこねる（必要なら水を足す）。30分休ませる。　**2.** 鍋に湯をわかし、1をまな板の上に乗せ、ナイフでマカロニの大きさくらいにこそげ切るようにして、湯の中に落としてゆでる。　**3.** 生地が浮いてきたら、穴あきおたまなどですくう。　**4.** 小鍋にバターを溶かし、フレッシュクリームを加え、塩で調味する。　**5.** 皿に3を盛り、電子レンジで温めたチーズをのせる。4のソースをかけ、トッピングをのせる。

トッピングの材料と作り方
ベーコン200gは細かく刻んで、フライパンでカリカリに焼く。チャイブ（または青ねぎ）4本はみじん切りにする。玉ねぎ1個はスライスして、バター大さじ1できつね色になるまで炒める。好みでりんごをすりおろして添える。

現地ではトマトやきゅうりなどのサラダと一緒に食べます。

Käsknöpfle

memo

Iceland

アイスランド

プロックフィスキル

バイキングの伝統を受け継ぎ、火山や温泉など豊かな自然に恵まれた島国アイスランド。北極圏にありながら暖流のため冬もさほど寒くなりません。捕鯨をはじめ漁業が盛んですが、こちらは特産のタラと、じゃがいもを使った同国を代表するディップ料理。ライ麦パンにつけていただきます。

Plokkfiskur

材料（4人分）

タラ……300g
じゃがいも……300g
玉ねぎ（みじん切り）……½個分
牛乳……1カップ
バター……30g（＋パンに塗るバター適量）

小麦粉……大さじ2
塩、白こしょう……各小さじ½
ライ麦パン……適量
＜トッピング＞
チャイブ（または青ねぎ・みじん切り）、こしょう……各少々

ライ麦パンがないときは小麦粉のパンでもおいしくいただけます。

memo

作り方

1. タラはゆでて、ほぐす。じゃがいもは皮をむいてゆでて、つぶす。 **2.** 小鍋に牛乳を入れ、沸騰させる。 **3.** 別の鍋にバターを熱し、玉ねぎを中火で炒める。透き通ったら2を加える。 **4.** 小麦粉を器に入れ、3を少量加えてダマにならないように混ぜ、鍋に入れて溶かし、1〜2分熱する。 **5.**1のタラを加え、塩、こしょうで調味し、じゃがいもも加え、やさしく混ぜ合わせる。弱火で5分加熱する。 **6.** 器に盛り、トッピングを振る。ライ麦パンにつけて食べる

Norway

ノルウェー

グラブラックス

フィヨルドの美しい山がちな地形を持つノルウェーの特産品サーモンを使った、シンプルなマリネ。中世の頃からあったとされる歴史の古い料理です。寄生虫の心配がない生食できるアトランティック・サーモン（タイセイヨウサケ）を使い、マスタードソースやライ麦の黒パンと一緒に食べます。

Gravlaks

材料（4人分）

サーモンまたはトラウト（刺身用）……400g
ディル（みじん切り）……6枚分
A ［ 砂糖、粗塩……各大さじ2
　 ［ 粒こしょう（砕く）……大さじ1
レモン果汁……½個分
赤玉ねぎ（薄切り）……½個分
ディル（みじん切り）……少々
ライ麦パン……適量
＜マスタードソースの材料と作り方＞
マスタード…大さじ2、はちみつ…大さじ1、レモン果汁…大さじ1、ディル（みじん切り）…1枚分をよく混ぜる。

作り方

1. ボウルにAを入れて混ぜ合わせる。
2. ガラスの耐熱皿にサーモンの半量をのせ、ディルを散らす。残りのサーモンをのせ、1をまんべんなくかける。
3. ラップをかけ、重石を乗せて冷蔵庫で3日間漬ける。1日ごとにサーモンをひっくり返し、液がまんべんなく浸み込むようにする。 4. 冷蔵庫から出し、ペーパータオルでサーモンの水分を拭き取る。 5. 皿に並べ、レモン果汁をかけ、赤玉ねぎ、ディルを飾り、マスタードソース、ライ麦パンを添える。

必ず刺身用の生サーモンのフィレを使ってください。

memo

123

Sweden

スウェーデン

ショットブラール

北欧家具のイケアのレストランの定番メニューとしても知られるスウェーデン・ミートボール。19世紀半ばころに同国の家庭料理として定着したといわれ、牛豚ひき肉は南部では豚肉、北部では牛肉を多く使います。クリームソースをかけるのが特徴。ユールボードというクリスマスのビュッフェ料理にも欠かせない一品です。

材料(4人分)

```
    ┌ 牛豚あいびき肉……500g
    │ パン粉……150g
    │ 卵……1個
    │ 玉ねぎ（すりおろす）
    │  ……½個分
  A │ 牛乳……½カップ
    │ シナモン粉……小さじ½
    │ 塩……小さじ½
    └ こしょう……少々
植物油……大さじ2
バター、小麦粉……各小さじ1
    ┌ 生クリーム……¼カップ
    │ （牛乳でもよい）
  B │ ワイン（赤白どちらでも）
    │  ……大さじ2
    └ 塩、こしょう……各少々
パセリ（みじん切り）
……大さじ4〜5
＜付け合わせ＞
こけももジャム……大さじ3
ゆでたじゃがいも……2個
```

コケモモのジャムとじゃがいもが伝統的な添え物です。

memo

作り方

1. ボウルにAを入れてよく混ぜ、直径2.5cmくらいの団子を作る。 **2.** フライパンに油をひき、1の表面を焼き、取り出してラップなどに包み保温しておく。 **3.** 2のフライパンの油をキッチンペーパーで拭き取り、バターを足して小麦粉を炒める。 **4.** 3に水1カップ、Bを加えてソースを作る。 **5.** 2を皿に盛り、4をかけてパセリを振る。付け合わせを添える。

Köttbullar

Finland

フィンランド

カレリアン・ピーラッカ

アジアが起源とされるフィン・ウゴル系民族の国フィンランド。カレリアン・ピーラッカは、ロシアにまたがった南東部カレリア地方のパイ料理で、ロシアにあるフィン・ウゴル系のウドムルト共和国のピリピチの生地にもよく似ています。ミルク粥に卵とバターをのせた、フィンランド人が大好きな郷土料理です。

Karjalan Piirakka

オーブンのタイプによって加減を見ながら焼いてください。

memo

材料(4人分)

＜具（ミルク粥）＞
米……½カップ
牛乳、水……各1カップ
塩……小さじ½
＜パイ生地＞
ライ麦……55g
小麦粉……45g
塩……小さじ½
水……⅓カップ
溶かしバター……大さじ1
＜エッグバター＞
バター（室温に戻す）……大さじ3
ゆで卵（みじん切り）……1個分
ディル……少々

作り方

1. 厚手の鍋にミルク粥の材料を入れて混ぜ、ふたをして弱火で20分煮込む。 **2.** ボウルにパイ生地の材料入れて、よく練り混ぜる。8等分し、たっぷりと打ち粉（分量外）をして、麺棒で14cmくらいの楕円形に薄く伸ばす。 **3.**2の上に1を大さじ3のせて広げ、両端を折り曲げて生地を包み、親指と人差し指でつまんで手早くひだをつける。 **4.**230℃にオーブンを熱し、トレイにクッキングシートを敷いて3をのせ、表面が少しこんがりするまで約10分焼く。 **5.** 焼ける間にエッグバターを作る。ボウルにバターとゆで卵を入れてよく混ぜ、ディルを飾る。 **6.**4が焼けたら、表面に溶かしバターをはけで塗る。皿に盛り、5を添える。

Estonia
エストニア

キルボイレイブ

バルト三国最北のエストニア
は、IT 産業が盛んな国。この
オープンサンド料理は、国魚
でもある小型のニシン、バル
ティック・ヘリングを使います。

材料（4人分）

ニシン（生食用・3枚におろす）
…8切れ※ママカリやコハダ、
キビナゴなどで代用可。
ライ麦パン（スライス）…8枚
サワークリーム（またはバター）
…適量
＜トッピング＞
赤玉ねぎ（薄切り）…¼個分、
うずらの卵（ゆでて縦切り）
…8個、チャイブ（みじん切り）
…1枝分、粗塩、こしょう…
各少々、レモン果汁（好みで）

Kiluvõileib

作り方

1. ニシンを食べやすい大きさ
に切る。**2.** ライ麦パンにサワー
クリームをたっぷり塗り、1を
乗せ、トッピングをのせる。好
みでレモン果汁をかける。

Latvia
ラトビア

赤えんどう豆とベーコン

バルト三国の中でもロシア
の影響が強い国。シンプル
なこの料理は、ラトビアな
らではの数少ない郷土食の
ひとつです。

赤えんどう豆は、日本
ではラトビアよりやや
大粒のものが北海道
で生産されています。

memo

材料（4人分）

赤えんどう豆…200g、塩…小さ
じ1、ベーコン…60g（ブロック
のものを8mm程度に角切り）、玉
ねぎ…40g（8mm程度に角切り）

作り方

1. 赤えんどう豆は洗って、一晩
水につけて戻し、そのまま塩を加
えて柔らかく煮る。**2.** ベーコン
と玉ねぎは8mm角に切り、ベーコ
ンの脂でフライパンでこんがりする
まで炒める。**3.** 赤えんどう豆の
水気を切って器に盛り、2をトッ
ピングする。

Pelēkie Zirņi ar Speķi

Lithuania

リトアニア

バルト三国のリトアニアは、カトリック信徒が多く、歴史的に隣国ポーランドとの関係が強かった国。第二の都市カウナスには杉原千畝記念館があります。ツェペリナイは20世紀初頭のドイツの飛行船ツェッペリンをかたどった、リトアニアで愛されているご当地料理。じゃがいもの生地にひき肉の具を包んで作ります。

材料(4人分)

<具>
豚ひき肉……200g
玉ねぎ（みじん切り）……小1個分
ディル（みじん切り）……大さじ1
塩……小さじ½
こしょう……少々
植物油……適量
<ソース>
ベーコン（8cm幅に切る）……100g

青ねぎ（小口切り）……2本分
ディル（みじん切り）……大さじ1
こしょう……少々
サワークリーム……½カップ
植物油……大さじ1
<衣>
じゃがいも……250g＋500g
塩……少々
コーンスターチ……大さじ1と½

豚ひき肉の代わりにキノコを使ってもおいしです。

memo

作り方

1. フライパンに植物油をひき、豚ひき肉、玉ねぎを炒める。色が変わったら塩、こしょうで調味し、最後にディルを加える。　**2.** ソースを作る。鍋に油をひき、青ねぎ、ベーコンを炒め、ディル、こしょうを加えて最後にサワークリームを混ぜる。　**3.** 衣を作る。じゃがいも250gはゆでて皮をむき、マッシュポテトを作る。　**4.** じゃがいも500gは皮をむいてすりおろし、ふきんで濾して水気を切る。汁は取っておく。　**5.** ボウルに3と4、塩を入れて混ぜ、コーンスターチ、4の汁少々を入れてよく混ぜる。**6.** 生地を4等分し、手のひらに乗せて広げ、4等分にした1をのせて包む。飛行船のような楕円形に成形する。　**7.** 6を蒸し器に入れ、20分蒸す。　**8.** 皿に盛り、2のソースをかける。

＊すりおろしたじゃがいもは変色しやすいので、手早く調理して蒸してください。現地ではゆでて作りますが、蒸す方が失敗しません。

Cepelinai

127

Denmark

デンマーク

ステクト・フレスク

かつてはバイキングの国、現在は酪農国として、また「美食革命」により近年優れたレストランも増えたデンマーク。ステクト・フレスクはデンマーク特産の豚肉をカリカリに揚げ焼きしてホワイトソースをかけた、同国で国民食のように愛されている料理です。りんごのコンポートなどを添えてもおいしくいただけます。

豚肉の塊を4～5mmの厚さに切って使う方がより美味です。

memo

Stegt Flæsk

材料(4人分)

豚バラ肉（塊）……600g
バター……30g
小麦粉……大さじ3
牛乳……500㎖
塩、こしょう……各少々
植物油……適量
＜付け合わせ＞
ビーツ(ゆでる、または缶詰)、マッシュポテト、イタリアンパセリ（みじん切り）……各適量

作り方

1. 豚肉を4～5mmの厚さに切る。薄切り肉の場合は折り重ねる。塩、こしょうを軽くまぶす。
2. フライパンに油を多めに入れ、1をカリカリになるまで揚げ焼きする。冷めないようにラップなどに包んで保温しておく。 **3.** 鍋にバターを入れて溶かし、小麦粉を加えてなめらかになるまで炒める。弱火で熱しながら牛乳を少しずつ加え、ソースを作る。塩、こしょうで調味する。 **4.** 器に2を盛り、好みの付け合わせを添え、3をかける。

Faroe Islands

フェロー諸島

スッペ・フラ・クラクスビーク

フェロー諸島は、北大西洋にあるデンマークの自治領。古いバイキングの伝統を残す独特な文化を持ち、食文化は近隣のアイスランドに似ています。和歌山県太地町と姉妹都市でもある第2の都市クラクスビークの名を冠したこのビスク風スープは、特産のカニやエビなどを使い、寒い冬にホカホカと温まります。

材料(4人分)

エビ、カニ……(合わせて)400〜500g
オリーブオイル……大さじ2
A［ カレー粉……大さじ1
　　パプリカ粉……小さじ1
玉ねぎ（みじん切り）……小1個分
にんにく（みじん切り）……1かけ分
トマト缶（カット）……100g

B［ ミックスフルーツジュース……¼カップ
　　※フルーツ入りの野菜ジュースでもよい。
　　フュメ・ド・ポワソン……大さじ1
　　牛乳……½カップ
　　生クリーム……¼カップ
塩……小さじ1
乾燥パセリ……少々

作り方

1. エビとカニは、殻付きのものは殻を外す。 **2.** 鍋に油をひき、Aを入れて溶き、玉ねぎとにんにくを加えて炒める。 **3.** 続けてトマト缶、水1.5ℓ、Bを加えて混ぜ、沸騰させる。 **4.** 1を加えて火を通し、塩で調味する。 **5.** 器に盛り、パセリを振る。

エビ、カニの代わりに魚を使ってもおいしく作れます。

memo

Suppe fra Klaksvik

Belgium

ベルギー

ムール&フリット

ベルギーはビールのおいしさに加え、国民一人当りのレストラン数がヨーロッパ随一というフランスと並ぶ美食の国。フランドル地方の海岸で安価に食べられていたムール貝と、食材が手に入らなかった冬に食べられていたフライドポテトを組み合わせたこの料理は、ベルギー人が愛する国民食です。

材料(4人分)

じゃがいも……3〜4個
揚げ油……適量
ムール貝……600g
白ワイン……½カップ
A ┌ バター……50g
 │ にんにく（みじん切り）……1かけ分
 │ 塩……少々
 └ こしょう（挽く）……少々
パセリ（みじん切り）……小さじ3
レモン……½個
マヨネーズ（好みで）……適量

作り方

1. じゃがいもはスティック状に切り、160℃の油で素揚げし、油を切る。**2.** ムール貝は殻をこすり合わせてよく洗い、鍋に入れ、白ワインを加えて3分強火で蒸し煮する。**3.** 2をざるなどで漉して、貝だけ鍋に戻す。Aとパセリの半量を加え、さらに1分加熱する。**4.** 皿にムール貝と1を乗せ、残りのパセリとくし型に切ったレモンを飾る。好みでマヨネーズをつけて食べる。

ワインは辛口の白ワインを使用してください。

memo

Moules-Frites

Netherlands

オランダ

パネクック

酪農国オランダの大ぶりなパンケーキ。オランダ特産のゴーダやエダムチーズのほか、ハムや野菜、きのこを乗せて食べます。カトリックの聖餐用パンに由来する小ぶりなポッフェルチェとともに、オランダ植民地だったインドネシア（パネククという）や、オランダ人入植者の子孫が住む南アフリカにも伝わっています。

Pannekoek

オランダではパネクック用のミックス粉が販売されています。

memo

材料(4人分)

A ┌ 強力粉……200g
  │ 上新粉（または米粉）……50g
  │ ベーキングパウダー……小さじ½
  └ 塩小さじ……½
牛乳……500mℓ
卵……2個
マッシュルーム……16個
バター……20g
ゴーダチーズ……適量
トマト……1個
＜トッピング＞
はちみつ、こしょう、パセリ……各適量

作り方

1. マッシュルームは薄切りに、トマトは輪切りにし、さらに縦半分に切る。**2.** A をふるいにかけて、ボウルに入れて混ぜる。卵を加え、牛乳を少しずつ加えてのばしながら生地を作る。**3.** フライパンにバターを熱し、中火でマッシュルームを炒める。フライパンにマッシュルームを並べるように置き、2をおたま1杯半くらい、均一に流し込んで焼く。片面が少し焦げ目がつく程度に焼けたら、ひっくり返して裏も焼く。**4.** 皿に移し、フライパンでトマト、ゴーダチーズをそれぞれ少し加熱する。**5.** 上にチーズとトマトをのせ、好みのトッピングを添える。

＊りんごなどをのせて、デザート風に食べることもあります。

France

フランス

ポトフ

世界三大料理のひとつにも数えられる美食の国フランス。地方色豊かなこの国には、数々の郷土料理がありますが、牛肉やソーセージなどの肉とたっぷりの野菜を煮込んだポトフは、フランスを象徴するおふくろの味として認知されています。ポトフの原型は一説には新石器時代からあったともいわれます。

Pot-au-feu

材料(4人分)

牛肉※……500g
長ねぎ……1本
玉ねぎ……1個
トマト……1個
かぶ……3個
にんじん……2本
セロリの茎……1本
A ┌ にんにく……1かけ
　│ 月桂樹の葉……1枚
　│ タイム……1枝
　│ パセリ……100g
　│ あら塩……大さじ1
　└ 粒こしょう……大さじ½
マスタード……適量
※できれば骨付きを含めていろいろな
部位を使う。

作り方

1. 厚手の鍋に牛肉と水2ℓを入れて、アクをすくいながら弱火で2時間煮る。 **2.** 長ねぎは白い部分をざく切りに、玉ねぎ、トマト、かぶは半分に切り、にんじんは3等分に、セロリの茎は薄切りにする。 **3.** 1に2の野菜とAを加えて、さらに30分煮る。 **4.** 味をみて必要なら塩（分量外）を足し、器に盛る。マスタードを添える。

牛肉はできれば塊肉を切るか、骨付きなどいろいろな部位を使ってください。

memo

フランスでありながら文化的にはドイツ圏という、仏独の政治的思惑に翻弄された歴史を持つアルザス地方。しかし食に関しては、ワインもビールもおいしいなど両国のいいとこ取り。アルザス語でフラムクーヘ（フランス語でタルト・フランベ）というこのタルトは、発酵の必要がなく気軽に楽しめるアルザスを代表する郷土料理です。

フランス（アルザス地方）

フラムクーヘ

材料（2枚分）

<生地>
強力粉（ふるう）……80g
薄力粉（ふるう）……80g
塩……ひとつまみ
水……½カップ
オリーブオイル……小さじ1
<トッピング>
フロマージュブラン……100g
＊なければヨーグルトで代用
生クリーム……½カップ
玉ねぎ（薄切り）……100g
ベーコン（薄切りを適当に切る）……100g
塩、こしょう……各少々
ナツメグ……ひとつまみ

作り方

1. ボウルに粉類と塩を入れて混ぜ、水とオリーブオイルを加えて、打ち粉（分量外）をしながらよくこねる。ラップをかけて30分生地を休ませる。**2.** 別のボウルにフロマージュブランと生クリームを入れてよく混ぜる。**3.**1の生地を2等分し、打ち粉をしながら麺棒で円形に薄くのばす（魚焼きグリルで焼く場合は庫内の大きさに合わせる）。**4.**3の表面全体に2を薄く塗り、上に玉ねぎとベーコンをのせ、塩、こしょう、ナツメグを振る。**5.** 予熱した魚焼きグリル、または250℃のオーブンで8〜10分、生地のふちが少し焦げるくらいまで様子を見ながら焼く。

りんごとシナモンを使ってデザート仕立てにもできます。

memo

Hammekueche

France

フランス（ブルターニュ地方）

ガレット・ブルトンヌ

やせた土地でも育つそば粉で作る、ケルト系民族ブルトン人の愛する郷土料理。その文化が息づくフランス北東部ブルターニュは、かつては貧しい地方でした。17世紀頃から新天地を求めてカナダに入植し、今もケベック州には子孫たちのコミュニティがあります。なおブルターニュ西部では別物の焼き菓子を指します。

材料（4枚分）

<生地>
A ┌ そば粉……70g
　├ 小麦粉……20g
　└ 塩……ひとつまみ
卵（割りほぐす）……1個
水……1カップ
植物油……少々
<具材>
ハム（4等分に切る）……4枚
卵……4個
チーズ……40g
あら塩、こしょう……少々
クレソンやルッコラなどの青菜（飾り用）……適量

作り方

1. ボウルにAを入れて混ぜ、卵を加え、さらに水1カップを少しずつ加えながら混ぜる。ラップをかけて生地を1時間休ませる。　**2.** フライパンまたはホットプレートに薄く油をひき強火にする。1をよく混ぜてからおたまですくって薄く広げ、片面1分30秒くらいずつ両面を焼く。**3.** 火を止めて、2にチーズをのせ、中央に卵を割り落とす。ハムをのせ、卵白が固まってきたらあら塩とこしょうを振り、フライ返しか菜箸で生地のふちを少し押しながらたたむ。　**4.** 皿に移し、クレソンを添える。

スイスのグリュイエールやエメンタールなど味の強いチーズがおすすめ。

memo

Galettes Bretonnes

フランス北東部にあるブルゴーニュは、同国の中でも美食とワインの郷として名高い州。ブフ・ブルギニヨンは、良質の肉質で知られるシャロレー牛と、コートドニュイの世界最高峰の赤ワインがあるブルゴーニュの風土を象徴する料理としてフランス中で食べられています。伝統的には日曜日の料理とされています。

フランス（ブルゴーニュ地方）
ブフ・ブルギニヨン

Boeuf Bourguignon

赤ワインはフルボディのものを使ってください。

memo

材料(4人分)

牛肉（肩肉・シチュー用）……600g
ベーコン（細切り）……70g
玉ねぎ（みじん切り）……½個分
にんじん（薄切り）……1本分
セロリ（みじん切り）……½本
マッシュルーム（薄切り）……200g
小麦粉……15g
オリーブオイル……大さじ3
バター……大さじ4
A ┌ にんにく（つぶす）……1かけ
　├ タイム……少々
　└ 月桂樹の葉……2枚
塩、こしょう……各少々
赤ワイン……350〜400㎖
じゃがいも（ゆでる）……4個
パセリ……少々

作り方

1. フライパンに油をひき、ベーコンを入れて中火で3分炒め、油を残し、ベーコンだけ取り出す。 **2.** 同じフライパンに牛肉を入れ、表面の色が変わったら取り出す。続けて玉ねぎ、にんじん、セロリを入れて3分炒める。 **3.** 寸胴鍋にバター大さじ2を熱し、小麦粉を入れて炒めてペースト状にする。 **4.** 1と2を3に入れ、塩、こしょうを加え、よく混ぜながら5分熱する。 **5.** 赤ワインと水1カップを注ぎ、Aを入れてふたをする。最初は強火で、沸騰したら弱火に落として2時間以上コトコト煮込む。 **6.** フライパンにバター大さじ2を熱し、マッシュルームを炒め、最後に5の鍋に入れる。 **7.** 器に盛り、ゆでたじゃがいも、パセリを添える。

France

フランス（プロバンス＝アルプ＝コート・ダジュール地方）

ブイヤベース

マルセイユの漁師料理が起源とされるブイヤベースは、南仏プロバンスを代表する郷土料理。魚介と香味野菜を煮込んで作るシンプルさで、家庭ごとにレシピがあるともいわれます。よく使われる材料はカサゴやアンコウ、エビなど。卵黄やにんにくで作るルイユ、またはアイオリソースを添えるのが現地流です。

材料(4〜5人分)

魚：4〜5種類合わせて※……400g
ムール貝……5〜6個
有頭エビ……2〜3尾
玉ねぎ（みじん切り）……½個分
にんにく（みじん切り）……3かけ分
じゃがいも（メークイン）……2個
トマト……2個
サフラン（あれば）……ひとつまみ

フュメ・ド・ポワソン……大さじ1
白ワイン……½カップ1
オリーブオイル……少々
塩、こしょう……各少々
バゲット（スライス）……適量
※魚はタラ、スズキ、アナゴ、アンコウ、マトウダイ、カサゴなどが良い。切り身でOK。

作り方

1. 魚はぶつ切りにして、皮の部分をフライパンで焼く。 **2.** じゃがいもは皮をむいて食べやすい大きさに、トマトは湯むきして角切りにする。サフランがあれば、すりばちなどで細かくする。 **3.** 鍋に油を入れ、にんにくを加えて炒め、香りが立ったら玉ねぎを加えて透き通るまで炒める。 **4.** 白ワイン、2を加え、水1ℓ、フュメ・ド・ポワソンを入れて煮る。 **5.** じゃがいもに火が通ったら、魚、ムール貝、エビを入れて火を通す。塩、こしょうで調味する。 **6.** 器に盛り、ルイユソースとバゲットを添える

＜ルイユソースの材料と作り方＞
マヨネーズ100gに、にんにくのすりおろし1かけ分、カイエンペッパーひとつまみ、塩少々を混ぜる。

ルイユソースは手間を省くためマヨネーズを使って簡単に。サフランの代用はパプリカ粉少々で。

Bouillabaisse

memo

フランス（ロレーヌ地方）

キッシュ・ロレーヌ

アルザスと隣接するフランス北東部ロレーヌ地方で愛されている郷土料理。古典的なキッシュ・ロレーヌには玉ねぎを入れません。

Quiche Lorraine

材料（直径22cmの型1台分）

冷凍パイシート※……200g
ベーコン（角切り）……200g
A ［溶き卵…3個分、生クリーム…1カップ、牛乳…½カップ、ナツメグ…少々、塩、こしょう…各小さじ½
パセリ（飾り用）※……少々
※既製品のパイクラストやお菓子用クッキートルテ（6号）を使うときれいで簡単。1台⅓の分量で。

作り方

1. タルト用金型か円形の耐熱皿（直径22cm程度）に冷凍パイシートをのせ、重石（タルトストーン）をのせるか、底面全体にフォークで穴を開け、180℃に熱したオーブンで20〜25分焼く。型からタルト生地を取り出す。 **2.** フライパンでベーコンを焼く。 **3.** ボウルにAを入れて泡立て器でよく混ぜ、2を加えて混ぜる。1の型に流し入れる。 **4.** 180℃に熱したオーブンで40〜45分焼いて、パセリを飾る。

※市販の焼成済みのクッキートルテを使用してもおいしくできますが、ほんの少しだけ甘みと香料の風味があります。

フランス（バスク、ピレネー＝アトランティック地方）

ピペラード

フランスとスペインにまたがるバスク地方は、独特の食文化で知られています。ピペラードは両バスクで愛される家庭料理です。

Pipérade

材料（2人分）

玉ねぎ…1個、ピーマン、赤ピーマン…各2個、トマト…1個、にんにく…2かけ、ブーケガルニ※…1袋、オリーブオイル…大さじ2、塩、こしょう…各少々、卵…2個
※なければ月桂樹の葉、タイムなどで代用。

作り方

1. 玉ねぎは輪切りに、ピーマンは細切りに、トマトはみじん切りに、にんにくは縦に薄切りにする。 **2.** フライパンにオリーブオイルをひき、玉ねぎを炒める。色づいたらピーマンを加え、8分炒める。 **3.** トマト、にんにく、ブーケガルニを加えて、8分加熱し、塩、こしょうで調味する。 **4.** 卵を割り入れて、ふたをして火を通す。

卵はスクランブルエッグやオムレツにすることもあります。

memo

Monaco

モナコ

バルバジュアン

フランスとイタリアの国境をまたぐリビエラ地方にある、世界で2番目に小さい国モナコ公国。イタリアのラビオリを揚げたようなバルバジュアンは、モナコにしかない数少ない郷土料理で、カジノのフィンガーフードとしてしばしば提供されたり、地元のスーパーマーケットで惣菜として売られています。

材料(8個分)

＜生地＞
薄力粉（ふるう）……210g
塩……小さじ½
オリーブオイル……大さじ4
卵……1個
水……大さじ4

＜具＞
玉ねぎ（みじん切り）……½個分
リーキ（白い部分みじん切り）……1本分
※リーキは長ねぎで代用可、スイスチャードがなければほうれん草の量を増やす。

A
┌ ほうれん草（みじん切り）……50g
│ スイスチャード（みじん切り）……2〜3本分
│ 乾燥オレガノ……小さじ½
└ 卵白（ほぐす）……1個分

B
┌ リコッタチーズ（またはカッテージチーズ）
│ ……大さじ2と½
│ パルメザンチーズ（おろす）……大さじ1
│ 塩……少々
└ こしょう……小さじ½

卵黄（ふち止め用）……1個分
オリーブオイル……大さじ2、揚げ油……適量

具に使う卵白と分けた卵黄を生地のふち止めに使います。

memo

Barbaguian

作り方

1. ボウルに生地の材料を入れてよく混ぜてこね、表面に打ち粉（分量外）をして冷蔵庫で30分寝かす。　**2.** フライパンに油をひき、玉ねぎ、リーキを5分ほど中火で炒め、Aを加えて野菜が柔らかくなるまで6分炒める。　**3.** ボウルに2を移して、Bを加えて混ぜ、冷ます。　**4.**1を麺棒で2mmの厚さにのばし、直径7cmの円に8枚型抜きする。　**5.**3の具を8等分して4の中央に置いて包み、ふちはギャザーを作りながら閉じる。卵黄でふち止めする。　**6.**180℃の油できつね色になるまで5分揚げて、油を切る。

Luxembourg

ルクセンブルクはオランダ、ベルギーとともにベネルクス三国を構成する立憲君主制国家（大公国）。そら豆とスモークハム、じゃがいもなどの野菜を煮込んだこの料理は、EU の共通切手にも描かれたルクセンブルグの国民食。16世紀頃にスペイン軍が持ち込んだといわれています。

ルクセンブルク

ジュッド・マット・ガーデボウネン

Judd Mat Gaardebounen

材料（4人分）

A
- スモークハム（厚切り）……150g
- じゃがいも（皮をむく）……2個
- にんじん（角切り）……¼個
- ピーマン（角切り）……1個
- ローズマリー（生・あれば）……少々

B
- 小麦粉大さじ……½＋同量の水で溶く

ベーコン（細切り）……50g
玉ねぎ（角切り）……1個分
そら豆……300g
小麦粉……大さじ½
バター……適量
塩……少々
パセリの葉（飾り用）……少々

作り方

1. 鍋に A、B、ベーコンの⅓量、バター少々、ひたひたの水を入れて、弱火で20分煮込む。
2. 別の鍋にバターをひき、玉ねぎと残りのベーコンを炒める。　**3.** 玉ねぎがきつね色になったら、1に加え、そら豆、小麦粉、塩を加えてさらに20分煮込む。**4.**具を器に盛り、パセリの葉を飾る。

そら豆がないときはグリンピースで代用を。

memo

United Kingdom

イギリス

ローストビーフ

グレートブリテンおよび北アイルランド連合王国を正式名称とするイギリス。国を象徴する国民食をひとつ挙げるとすればロースト・ビーフでしょうか。なだらかな丘陵に牧草地が広がるグレートブリテン島は昔から牛の放牧に最適で、各地に自慢の肉用牛がおり、特別な料理として昔から愛されてきたからです。

Roast Beef

材料(4〜5人分)

牛ブロック肉……500g
＊もも、ランプ、サーロインなど
塩……小さじ2
こしょう……小さじ1
植物油……少々
グレイビーソース、ホースラディッシュソース……各適量
＜付け合わせ＞
小さめのじゃがいも10個はゆでで皮をむく。にんじん1本は皮をむいてゆで、食べやすい大きさに切る。いんげんはゆでる。ゆで汁を少し取っておく。
＊にんじんはベビーキャロットで、また緑の野菜はブロッコリーなどでも。

作り方

1. 肉は30分室温に置き、ペーパータオルで水分をふき取る。肉の表面に塩、こしょうをまぶしてさらに30分置く。**2.** 薄く油をひいたフライパンに1を乗せ、表面を強火でこんがりと焼き色がつくまで焼く。肉汁は取っておく。**3.** 2をアルミ箔で包み、160℃に熱したオーブンで20分焼く。しばらくオーブンに入れたままにして余熱で火を通す。**4.** 肉を切り分けて皿に盛り、付け合せとソースを添える。
＜グレイビーソースの材料と作り方＞
小鍋に肉汁、野菜のゆで汁少々、ウスターソース大さじ1（しょうゆでもよい）を入れ、小麦粉小さじ

1を溶かして加えて煮立てとろみをつける。好みでバルサミコ酢や赤ワインを加えてもよい。
＜ホースラディッシュソースの材料と作り方＞
ホースラディッシュ（西洋わさび）のすりおろし大さじ1（市販のチューブ入りでもよい）、ゆるく泡立てた生クリーム小さじ1、マヨネーズ小さじ½をよく混ぜる。

ヨークシャープディングという薄皮の生地を添えることも。

memo

140

England

イギリス（イングランド）

フィッシュ＆チップス

19世紀のイングランドで誕生したとされる料理。起源はスペインの魚フライの酢マリネ漬けのエスカベッシュで、冷めてもおいしいことからユダヤ教徒が安息日の食事として重用。イギリスに移住した彼らが伝え、変化したものともいわれます。その名残りか、この料理には今もモルトビネガー＝酢が欠かせません。

材料（4人分）

じゃがいも（大）……4個
白身魚（切り身）……800g
＜衣＞
　小麦粉……1カップ
　卵（卵黄と卵白に分ける）……1個
　ビール……大さじ2
　塩、こしょう……各少々
　牛乳……大さじ3
揚げ油……適量
グリンピース（冷凍または缶詰）……適量
レモン（くし切り）……1個分
モルトビネガー、ケチャップ、タルタルソースなど好みのもの

作り方

1. フライドポテトを作る。じゃがいもは1.5cmの太さの細切りにする。油を190℃に熱し、じゃがいもを揚げて、油を切る。　**2.** ボウルに小麦粉を入れ、真ん中にくぼみを作って卵黄とビール、塩、こしょうを加えて、同量の水で薄めた牛乳を少しずつ加えながらよく混ぜる。ラップをして30分寝かせる。　**3.** 別のボウルに卵白を固く泡立て、揚げる寸前に2に加えてさっくり混ぜる。　**4.** 魚の水気をふき、3の衣をつけ、180℃に熱した油で、全体がきつね色になるまで箸で返しながら揚げる。　**5.** 器に4、1を盛り、温めたグリンピース、レモンを添える。好みのソースを添える。

Fish and Chips

魚はカレイ、ヒラメ、タラなどの切り身を。皮をはいでおきます。

memo

Wales

イギリス（ウェールズ）

カウル

グレートブリテン島の南西に位置し、かつては石炭の生産により産業革命の原動力にもなったウェールズ。カウルは14世紀からウェールズで食べられてきたといわれる素朴な国民食です。16世紀には新大陸から伝わったじゃがいもが加わり、主要な材料になりました。

材料(4人分)

牛肉（すね肉）……500g
※骨なし肉の場合は350~400g
じゃがいも（中）……3個
玉ねぎ（中）……1個
にんじん（中）……2本

かぶ……1個
長ねぎ……1本
パセリ（ちぎる）……1束分
塩、こしょう……各少々

アクと脂をきれいに取り除いた澄んだスープがおいしさの秘訣です。

memo

作り方

1. 野菜は食べやすい大きさに切る。 **2.** 鍋に水1.5ℓと牛肉を入れて火にかけ、沸騰したら弱火にして1～2時間煮込む(圧力鍋を使ってもよい)。アクを取り、冷蔵庫に入れて一晩置き、表面に浮いた脂を取り除く。 **3.** 肉の骨を取り除き、食べやすい大きさに切ってスープに戻す。じゃがいも、玉ねぎ、にんじん、かぶを加えて火が通るまで煮る。塩、こしょうで調味する。 **4.** 最後に長ねぎを加えて火を通し、器に盛り、パセリを飾る。

Cawl

Aberdeen Angus
Steak & Chips

Soda Farls

Scotland イギリス（スコットランド）

アバディーン・アンガス・ステーキ＆チップス

13世紀から記録が残る、ブランド牛「アバディーン・アンガス牛」。スコットランド人はこの牛に誇りを持ち、シンプルなステーキを好みます。

材料（4人分）

アンガス牛または赤身の牛肉（ステーキ用）…1人150～200g×4、じゃがいも…2個、塩、こしょう…各少々、植物油…適量

作り方

1. 肉に塩、こしょう、油をまぶし、こすりつける。　**2.** グリルパンまたはフライパンを中火で熱し、肉を片面ずつそれぞれ3～4分程度焼く。　**3.** じゃがいもの皮をむき、細長く切り、フライパンに多めの油を入れて、揚げ焼きする。キッチンペーパーで油を切る。　**4.** 皿に2を盛り、3を添える。

Northern Ireland

イギリス（北アイルランド）

ソーダ・ファール

分割されたアイルランド島北東部に位置する地域。この酵母不使用のパンは朝食に欠かせません。

材料（4人分）

A｢ 小麦粉（ふるう）…300g、重曹…小さじ1、塩…小さじ½
　バターミルク……1カップ
＊牛乳に酢またはレモン少々を加えたり、牛乳にヨーグルト混ぜたり、スキムミルクとヨーグルトを混ぜて代用可。

作り方

1. ボウルにAを入れて混ぜ、中央にくぼみを作ってバターミルクを少しずつ入れてよくこねる。　**2.** フライパンの大きさに合わせて1を丸く平らにのばす（必要なら麺棒を使う）。　**3.** いったん取り出してまな板に置き、包丁で十字に切れ目を入れる。全体に小麦粉（分量外）を軽くまぶす。　**4.** フライパンを熱し、3を片面5～6分くらいずつ、中まで火が通り少し焦げ目がつくまで焼く。

143

Ireland

アイルランド

アイリッシュ・ビーフ＆ ギネス・シチュー

聖パトリックを守護聖人とし、彼が三位一体を説明したシャムロックの葉を国花とするアイルランド。象徴の色グリーンが印象深く、ギネス黒ビールでも名高いケルトの国です。鉄分などミネラルが豊富に含まれ、適度に飲めば健康によいというギネスは、この牛肉シチューのようにしばしば料理にも使われます。

材料(4人分)

牛肉（角切り）……400g
小麦粉……大さじ3
バター……大さじ1
ギネスビール（黒ビール）……500㎖
じゃがいも……4個
にんじん……1本
玉ねぎ……1個
にんにく（みじん切り）……2かけ
A ┌ 固形スープの素……1個
  ├ トマトピューレ……大さじ2
  ├ タイム粉……小さじ1
  └ 月桂樹の葉……2枚
塩、こしょう……各少々
パセリの葉（みじん切り）……少々

作り方

1. じゃがいも、にんじん、玉ねぎは大きめに切る。 **2.** 牛肉に小麦粉をまぶす。鍋にバターを熱し、肉を強火で焼く。 **3.** 肉の表面の色が変わったら、ビールを少しずつ注ぐ。 **4.** 続けて、1とにんにくを入れて、野菜が柔らかくなるまで煮る。 **5.** 水1ℓ、Aを加えて弱火で約2時間煮る。塩、こしょうで調味する。 **6.** 器に盛り、パセリを飾る。

マッシュルームを添えることもあります。

memo

Guinness Stew

144

Greece

ギリシャ

スパナコピタ

ギリシャは古代オリンピック発祥の地でもある、ヨーロッパ文明の礎を築いた国。東ローマ帝国の中心でもあり、現在のトルコがあるアナトリア半島も領土にしていました。スパナコピタはギリシャ人の愛するフェタチーズを、ほうれん草と一緒にパートフィロという小麦粉の薄皮に包んで焼いた料理です。

材料（4人分）

ほうれん草……250g
フェタチーズ……150g
A
　イタリアンパセリ（みじん切り）
　……1束
　玉ねぎ（みじん切り）……1個分
　にんにく（すりおろす）……1かけ分
　卵（割りほぐす）……2個
　オリーブオイル
　……大さじ1プラス、春巻きの皮用
　こしょう……小さじ½
春巻きの皮……1パック
オリーブオイル……適量

作り方

1. ほうれん草はゆでて水気を切り、適当な大きさに切る。冷凍品でもよい。フェタチーズは細かくほぐす。**2.** ボウルに1とAを入れてよく混ぜる。**3.** 耐熱皿に、オリーブオイルを塗った春巻きの皮を2〜3枚敷きつめ、上に2をまんべんなく広げ、春巻きの皮をのせてはさむようにし、表面にオリーブオイルを塗る。さらに春巻きの皮を2、3枚重ねる。**4.** 仕上げに表面にもオリーブオイルを塗り、スプーンで少々の水を全体にふりかける。**5.** 180℃に熱したオーブンで、表面がこんがりときつね色になるまで45分焼く。**6.** 四角く切り分け、器に盛る。

＊皮1枚ずつに具を包み、三角に折りたたんで焼く方法もあります。

現地では春巻きではなくパートフィロ（日本でも市販）を使います。

memo

Σπανακόπιτα

145

Greece
ギリシャ

パスタ・エリアス

オリーブは古代からギリシャの象徴。特にギリシャ南部の
カラマタ産が有名です。黒オリーブの実をシンプルなスプ
レッドにして食べることもあります。

Πάστα ελιά

材料（4人分）

黒オリーブの実（種なし）＊……150g
玉ねぎ（みじん切り）……大さじ1
にんにく（みじん切り）……1かけ分
レモン果汁……小さじ1
パセリ（みじん切り）＊……大さじ1
オリーブオイル……大さじ1
＊あればギリシャ・カラマタ産オリーブの実。
＊オレガノ、ミント、ディルでもよい。

作り方

1. オリーブの実をフードプロセッサーにかけ、み
じん切りにする（好みでペースト状にしてもい
い）。 **2.** ボウルに1を移し、他の材料を入れて
混ぜる。パンやクラッカーにつけて食べる。

現地では瓶詰のペース
トが販売されています。

ギリシャ（クレタ島）

ダコス

クレタ島は、地中海ダイエット（食
事）の概念の発祥地。ダコスは、
本来大麦ラスクを使って作るクレ
タを代表する前菜（メゼ）です。

memo

大麦ラスクはバゲット
で代用できます。

材料（4人分）

トマト（完熟）…3個、フェタチーズ
…150g、カッテージチーズ（または
リコッタチーズ）…150g、黒オリーブ
の実（種なし）…12個、ケッパー…大
さじ1、オレガノ（乾燥）…少々、塩、
こしょう…少々、オリーブオイル…大さ
じ8、大麦ラスク…適量

作り方

1. トマトはみじん切りに、フェタチー
ズは1cm角に、オリーブの実は輪切りに
する。大麦ラスクは1cmの厚さに切って
トーストする。 **2.** 大麦ラスクに、トマ
ト、チーズ2種、ケッパー、黒オリーブ
をのせ、オリーブオイル、塩、こしょう、
オレガノを振る。

Ντάκος

Cyprus

キプロス

キプロスは美の女神アプロディーテー（ビーナス）の誕生地とされ、地中海の海上の要所として歴史に彩られた島国。トルコ側の北キプロスと分断されていますが、豚肉を赤ワインで煮込んだアフェリアはギリシャ系キプロス料理。いい香りがする挽きたてのコリアンダーシードをたっぷり使うのが特徴的です。

赤ワインはフルボディの辛口を使ってください。

memo

Αφελια

材料(4人分)

豚肩肉……500g
赤ワイン……1カップ
コリアンダーシード……大さじ1
オリーブオイル……大さじ2
塩、こしょう……少々
コリアンダー（またはパセリ）の葉
……適量
＜付け合わせ＞
ブルグル（ゆでる）……適量

作り方

1. 容器に赤ワイン、コリアンダーシード半量を入れ、豚肉を漬けて一晩置く。　**2.** 豚肉を取り出し（漬け汁は取っておく）、ペーパータオルで水気をふく。　**3.** 寸胴鍋にオリーブオイルを入れて熱し、肉の表面を焦げ目がつくくらいに強火で焼く。　**4.** 漬け汁と残りのコリアンダーシードを加え、ひたひたになるまで水を足し、ふたをして弱火で1時間半煮る。　**5.** 肉が柔らかくなったら、塩、こしょうで調味する。　**6.** 皿に盛り、コリアンダーを飾り、付け合わせを添える。

Italy

イタリア

ピッツァ・マルゲリータ

イタリアが国家統一されたことを記念し、1889年にナポリで当代最高といわれたピッツァ職人ラファエレ・エスポジトが、訪問中のサボイア家出身の王女マルゲリータに捧げたといわれるピッツァ。トマトピューレ、モッツァレラチーズ、バジルの葉が赤・白・緑のイタリア国旗を表現しています。

材料(4枚分)

強力粉……300g
ドライイースト……6g
塩……小さじ1
オリーブオイル……10㎖
トマトピューレ……400g
モッツァレラチーズ……100g
バジルの生葉……適量

作り方

1. ボウルに、強力粉とドライイーストを入れて混ぜ、水150㎖を加えてよく混ぜる。塩とオリーブオイルを加え、よくこねる。**2.** 丸くまとめて、ラップをかけて室温で1時間発酵させる。**3.** ふくらんだらガスを抜き、4等分する。それぞれ丸め、ラップをかけて30分、常温で二次発酵させる。**4.** 麺棒や手を使って3を丸く薄く延ばす。縁に土手を作る。**5.** 4にトマトピューレを塗り、薄切りしたモッツァレラチーズを並べ、コンロの魚焼き器を強火でまたは250℃に予熱したオーブンで7〜10分様子を見ながら焼く。**6.** 皿にのせ、バジルを飾る。

＊オーブン機能に応じて、生地だけ事前に軽く焼いても。その場合は具材をのせてから3〜5分、様子を見ながら追い焼きする。

コンロの魚焼き器は火力が強く、ピッツァを焼くのにおすすめです。

memo

Pizza Margherita

野菜や豆が入った具だくさんスープを、おかゆのように主食としていた古代ローマ人。ミネストローネはその伝統を受け継ぐイタリアの家庭料理です。地方ごとにさまざまな種類があり、ミラノでは米とうずら豆を入れるのが特徴的です。

イタリア（ロンバルディア州ミラノ）

ミネストローネ・ミラネーゼ

Minestrone Milanese

材料（4枚分）

玉ねぎ……¼個
にんにく……1かけ
じゃがいも（中）……1個
セロリ（茎）……1本
ズッキーニ……½本
グリンピース（冷凍でもよい）……30g
キャベツ……¼個
トマト……1個
うずら豆（水煮缶）……60g
米（洗う）……60g
オリーブオイル……大さじ1
パルメザンチーズ（おろす）※……25g
塩、こしょう……各少々
パセリ、セージ（飾り用）……各少々
※できれば、パルメジャーノ・レッジャーノ、またはグラナ・パダーノを使用。

作り方

1. 野菜はすべて粗みじん切りにする（豆類以外）。 **2.** 鍋にオリーブオイルをひき、玉ねぎを炒める。透き通ったらにんにくを加えて、香りが立つまで炒める。 **3.** じゃがいも、セロリ、ズッキーニ、グリンピースを加え、水1.5ℓと塩少々を加え、ふたをして弱火で1時間煮る。 **4.** キャベツ、トマト、うずら豆を加える。必要であれば水を足し、米を加えて15分煮る。塩で調味する。 **5.** 器に盛り、こしょう、チーズを振り、パセリ、セージを飾る。

現地ではちりめんのサボイキャベツをよく使います。

memo

149

Italy

イタリア（ピエモンテ州）

バーニャ・カウダ

アルプス地方の郷土料理。本場のピエモンテ州では牛乳やクリームを入れずに作ります。パスタにからめても。

Bagna càuda

材料（4～5人分）

＜ソース＞
アンチョビフィレ…30g、にんにく（粗く切る）…1個（6～7かけ）、オリーブオイル…100mℓ
＜野菜＞
にんじん、セロリの茎、大根、カリフラワー、きゅうり、パプリカ、フェンネルの根など好みのもの…各適量

作り方

1. 鍋にソースの材料を入れ、弱火でゆっくりと熱し、にんにくが柔らかくなるまで煮る。
2. 火からおろし、にんにくとアンチョビをへらでつぶしてなめらかにする。　**3.** 器かフォンデュの鍋（あれば）に移し、ソースを温めながら野菜をつけて食べる。

＊アンチョビが塩辛い場合はオリーブオイルの量を増やしてください。

イタリア（リグーリア州）

ペストゥ

古代ローマ時代からあったソースの製法をもとに、ルネッサンス期にアジア南部からジェノバ港に伝わったバジルを使ってできたといわれます。

隣接するフランスのプロバンス地方にも似たソースがあります。

memo

材料（4人分）

バジルの葉……30g
オリーブオイル（ＥＸバージン）……大さじ8
松の実……大さじ1
にんにく……1かけ
パルミジャーノ・レッジャーノ・チーズ……60g
粗塩……小さじ½
※グラナ・パダーノでもよい。

作り方

1. 材料すべてをフードプロセッサーにかけて、ペースト状にする。パスタにからめたり、ラビオリに詰めたりパンにのせて食べる。

Pesto

ベネチア名物のイカ墨リゾット。クロアチアやモンテネグロ、ギリシャの一部などベネチア共和国領だったアドリア海沿岸でも食べられています。現地では墨汁のように真っ黒なスミを持つ甲イカ（スミイカ）を使用。昔は絵の具やインクに甲イカの墨が使われており、セピア色はラテン語の甲イカに由来します。

イタリア（ベネト州）

リゾット・アル・ネロ ディ・セッピア

レモンの風味がさわやかさを添えます。

memo

Risotto al Nero di Seppia

材料(4人分)

米（洗う）……300g
イカ※……400g
イカスミ（市販）……大さじ1
玉ねぎ（みじん切り）……½個分
にんにく（つぶす）……1かけ
トマトペースト……大さじ2
白ワイン……⅓カップ
フュメ・ド・ポワソン……小さじ1
オリーブオイル……大さじ2
塩、こしょう……各少々
パセリ（飾り用）……少々
レモン（くし切り）……4切
※甲イカ（スミイカ）がよいが、なければ他のイカでもよい。甲イカを使う場合は別途のイカスミは不要。

作り方

1. イカはワタを抜いて輪切りにする。イカスミは取っておく。 **2.** フライパンにオリーブオイルをひき、玉ねぎを透き通るまで炒め、にんにくを加えて香りを出す。 **3.** イカを加えて強火で炒める。塩こしょうで調味する。 **4.** 白ワインを加えてアルコールを飛ばし、トマトペーストとイカスミを加えて混ぜる。 **5.** 水700mℓとフュメ・ド・ポワソンを加え、ふたをして弱火で30分煮る。 **6.** 米を加え、必要なら水を足し、ふたをして約10分、米が柔らかくなるまで煮る。 **7.** 器に盛り、パセリとレモンを飾る。

Italy

イタリア(エミリア＝ロマーニャ州ボローニャ)

ラグー・アッラ・ボロネーゼ

日本のミートソースの元祖。フランス料理のラグーをもとに18世紀末～19世紀頃にボローニャで作られたといわれます。ボローニャを州都とするエミリア＝ロマーニャ州は、山海の恵み多き美食の地であり、時間をかけてラグーを作ります。仕上げに牛乳を少し加えて味をまろやかにするのがコツです。

パスタは現地では平麺のタリアテッレが定番です。

memo

Ragù alla Bolognese

材料(4人分)

牛ひき肉……250g
豚ひき肉……125g
＊あいびき肉375g でもよい
A ┌ 玉ねぎ（みじん切り）……25g
  │ セロリ（みじん切り）……25g
  └ にんじん（みじん切り）……25g

白ワイン……120㎖
トマトピューレ……125g
オリーブオイル……大さじ½
牛乳……20㎖
塩、こしょう……各少々
好みのパスタ……4人分

作り方

1. 鍋に油をひき、Aを入れて弱火で7分炒める。 **2.** ひき肉を加えて混ぜながら炒め、肉に火が通ったら白ワインを加え、アルコール分を飛ばす。 **3.** トマトピューレ、水500㎖、塩ひとつまみを加えて混ぜる。中火で45分煮る。 **4.** さらに水500㎖を加えて45分煮たら、また水500㎖を加え

てさらに45分煮る。 **5.** 塩、こしょうで調味し、火を止めて牛乳を加えて混ぜる。ゆでたパスタにかける。

※調理に時間がかかる分、肉に味がしみておいしいです。たくさん作って冷凍保存しておくのがおすすめ。

1533年にトスカーナ大公メディチ家の令嬢カトリーヌがアンリ2世のもとに嫁いだときにフランスにも伝えたという、フィレンツェ名物の玉ねぎスープ。フランスでは「スーパ・ロワニョン・グラティネ(オニオン・グラタン・スープ)」として定着しました。

イタリア(トスカーナ州フィレンツェ)

カラバッチャ

材料(4人分)

玉ねぎ(薄切り)……大2個
A ┌ にんにく(つぶす)……1かけ
  │ 野菜スープの素……大さじ1
  └ 砂糖……小さじ½
パン(バゲットなど)……8枚〜適量
ペコリーノチーズ(あれば)……70g
パルメジャーノ・レッジャーノ……適量
オリーブオイル……適量
塩、こしょう……適量
パセリ(みじん切り)……少々

作り方

1. 鍋に油をひき、玉ねぎを弱火で10分程ゆっくり炒める。 **2.** 水1ℓとAを加え、塩、こしょうで調味して20分煮る。 **3.** 耐熱の器に2を注ぎ、トーストしたパンを入れて、チーズ2種をおろしてかける。 **4.** オーブンを220℃に熱し、チーズが溶けるまで5分焼く。こしょうとパセリをかける。

Carabaccia

パンはスープに全部沈めず、少し外に出して香ばしく焼くとおいしいです。

memo

153

Italy

イタリア（ラツィオ州ローマ）

サルティンボッカ

仔牛肉にプロシュート（生ハム）を巻いてセージの葉と一緒に焼くローマ料理の代表格。イタリア語で「口に飛び込む」の意味があります。各地方により少し違いがあります。

Saltimbocca

材料（4人分）

牛肉（薄切り）※…300g（8枚）、生ハム…8枚、セージ…8枚、バター…20g、塩、こしょう…各少々、白ワイン…¼カップ
※あれば仔牛肉。

作り方

1. 肉はクッキングシートにはさみ、包丁の柄などでたたき、さらに薄くする。**2.** まな板の上に1を広げ、生ハム、セージの葉をのせて中央を楊枝で留める。同様に8個作る。**3.** フライパンにバターを熱し、2を並べて塩、こしょうし、両面を焼く。**4.** 白ワインをかけてアルコールを飛ばす。**5.** 器に盛り、あればセージを飾る。

イタリア（アブルッツォ州）

アッロスティチーニ

アドリア海側にある羊の放牧が盛んな地の料理。現地のお店などでは肉の大きさを1㎝ほどの正方形に揃えますが、家庭では不揃いでも構いません。

モンテプルチアーノ・ダブルッツォのワインが合います。

memo

材料（4人分）

ラム肉……400g
A ┌ ローズマリー……1枝
　│ レモン果汁……½個分
　│ オリーブオイル……80㎖
　│ 塩……小さじ½
　└ 唐辛子粉……少々

作り方

1. ラム肉は1〜1.5㎝の角切りにする。**2.** ボウルAを入れてよく混ぜ、1を1時間以上漬ける。**3.** 串に2を刺す。赤身と脂の多い部分が交互になるとよい。**4.** グリルで強火で10分、時々向きを変えながら焼く。焼き過ぎないほうがおいしい。

Arrosticini

カポナータは揚げたなすやセロリなどの野菜を甘酢で
味つけた、シチリアの郷土料理。似たような夏野菜の
料理が南イタリア全域にあり、ナポリではチャンボッタ
といいます。またフランス・プロバンス地方のラタトゥイ
ユ、スペイン・ラマンチャ地方のピストなど南ヨーロッ
パ各地にも類似した料理があります。

イタリア（シチリア州）

カポナータ

材料(4人分)

なす……3本
セロリ（茎）……2本
玉ねぎ（薄切り）……1個分
トマトペースト……70g

A
- 白ワインビネガー……大さじ2
- ケッパー……40g
- オリーブ（緑）……90g
- 砂糖……小さじ1
- 塩、こしょう……各少々

松の実……20g
揚げ油……適量
オリーブオイル……大さじ3
<トッピング>
トマト（粗く切る）、
バジルの葉……各少々

白ワインビネ
ガーの代わりに
りんご酢でも。

memo

Caponata

作り方

1. なすはヘタを取って一口大に切り、塩水
にさらす。セロリは輪切りにしてサッとゆで
る。どちらも水気をしっかり取る。 **2.** フラ
イパンに多めの油を入れて、なすをきつね
色になるまで揚げ焼きする。 **3.** 鍋にオリー
ブオイルをひき、玉ねぎを透き通るまで炒め
る。トマトペーストを加えてからめる。 **4.** セ
ロリ、なす、A を加えて混ぜ、5分煮る。 **5.** 松
の実を混ぜ加えて冷蔵庫で冷やす。器に盛
り、トッピングを飾る。

Vatican バチカン市国

ホスチア

キリスト教カトリックの総本山で、世界一小さな国家。
ホスチアは、聖体拝領に用いられる薄焼きパン、聖なる食べ物です。

Hostia

材料(8枚分)

全粒粉…140g、薄力粉…30g、温水…125㎖

作り方

1. 粉をすべてふるい入れ、泡だて器で混ぜる。温水125㎖を加えてさらによく混ぜ、5分こねる。 **2.**1を8等分して丸め、ラップをかけ5分休ませる。 **3.**2をそれぞれ上から手で押さえ、薄く丸く均等の厚さにのばす。直径10㎝前後の型(皿など)を当てて、ナイフでくり抜く。中央に十字の切れ目を入れる。
4. オーブンを180℃に熱し、オーブントレイにクッキングシートをしいて3を並べ、18〜20分焼く。

＊焼き始めて15分で一度焼き加減を確認する

San Marino サンマリノ

ピアディーナ

小国ながら、現存する世界最古の共和国の歴史を持つ国。ピアディーナはあぶった平パンにハムやチーズなどの具を包んだサンマリノと周辺地域の郷土料理です。

材料(4人分)

<生地>
A［ 小麦粉(ふるう)…320g、ベーキングパウダー…5g、塩…5g
B［ ラード(またはバター)…50g、牛乳、水…各8㎖
植物油…適量
<具>生ハム、ルッコラ、クリームチーズ、トマト(薄切り) など…各適量

作り方

1. ボウルにAを入れて混ぜ、中央にくぼみを作ってBを加えてなめらかになるまで10分こねる。丸めてラップをかけ、1時間室温で寝かせる。 **2.** さらにこねて4等分して丸め、麺棒で薄く直径23〜24㎝くらいの円形にのばす。必要なら打ち粉(分量外)をする。表面が乾かないようにラップをかける。 **3.** フライパンかホットプレートに薄く油をひき、2をのせ、表面にフォークでところどころ穴を開けて、中火で両面に焼き目をつける。 **4.** 温かいうちに半分に折り、好みの具をはさむ。

Piadina

Malta マルタ

パスティッツィ

地中海貿易の要所として多くの史跡が残る、カトリックの聖ヨハネ騎士団（マルタ騎士団）の島。パスティッツィは庶民の味です。

材料（6個分）

冷凍パイシート…2枚（300g）、ショートニング…大さじ2、リコッタチーズ…320g ＊またはカッテージチーズ、溶き卵…2個分、塩…小さじ1、こしょう…小さじ½

作り方

1. 冷凍パイシートは解凍しておく。 **2.** ボウルにリコッタチーズを入れ、溶き卵の¾量を加え、塩、こしょうで調味する。 **3.** パイシートを薄くのばし、表面にショートニングを薄く塗る。生地を端からくるくる丸めて⅓の長さに切る。切った生地を麺棒でのばし、直径10〜11㎝の円形にする。 **4.** 3に2を6等分（35g）のせて折りたたむ。表面に溶き卵を塗る。 **5.** オーブンを200℃に熱し、4を入れ、25〜30分焼く。

Slovenia スロベニア

アイドビィ・ジガンツィ

かつてのユーゴスラビアの構成国で、アルプスの山々と湖を望む国。石灰質の土壌により良質なワインを生産し、古くからそば粉を育て主食としていました。

材料（4人分）

そば粉…300g、塩…大さじ1、溶かしバター…大さじ2、クルトン（砕く）…適量

作り方

1. 大きめの鍋に水1ℓと塩を入れて火にかける。 **2.** 沸騰したらそば粉を入れ、弱火で10分煮立てたら、表面に木製のスプーンなどで直径2.5㎝くらいの穴を3カ所あけ、水分を流動させる。 **3.** ふたをして、さらに30分煮て、火を止めて湯と固まったそば粉をよく混ぜながらほぐす。 **4.** 器に盛り、溶かしバターをかけ、クルトンを散らす。

＊他に、チーズやカリカリのベーコンなどを好みでトッピングしても。

Ajdovi žganci

Andorra

アンドラ

トリンチャット

フランスとスペインを隔てるピレネー山脈山間にあるアンドラ公国。9世紀のウルヘル伯領を起源とし、観光業を経済の中心にしています。トリンチャットは、スペインのカタロニア地方の山岳地帯でも食べられている、トルティージャのようなマッシュポテトとキャベツ、ベーコンの料理。通常は冬に食べられます。

材料(4人分)

キャベツ※……¼個
じゃがいも……2個
にんにく（みじん切り）……2かけ分
ベーコン（厚切り）……150g
オリーブオイル……大さじ2

塩……小さじ1
こしょう……小さじ½
水……1ℓくらい
※固い外葉がよい。ケールやサボイキャベツ（ちりめんキャベツ）でも。

作り方

1. キャベツは芯を除いてざく切りに、じゃがいもは皮をむいて4つに切る。 **2.** 鍋に少量のお湯をわかし、1を入れてふたをし、20分ゆでて水気を切る。 **3.** 2をつぶして、マッシュポテトのようにする。塩、こしょうで調味する。 **4.** フライパンに油を入れ、ベーコンを揚げ焼きして取り出す。続けてにんにくをきつね色になるまで炒める。 **5.** 3を加え混ぜ、パンケーキ状に形を整え、フライ返しで押し付けるように焼く。焦げ目がつくまで中弱火で片面を8分焼く。皿をのせてひっくり返し、もう片面も焼く。 **6.** ベーコンをトッピングする。

Trinxat

インカのめざめなど黄色っぽいじゃがいもを使うときれい。生地をひっくり返す際に崩れたらスプーンなどで直せます。

memo

Spain

スペインは地方によって言葉や文化が違ったりと州ごとの個性が強い国。食文化も地方色が豊かですが、そんなスペインで数少ない全国に共通した料理は、玉ねぎとじゃがいもの自然な甘みがおいしいオムレツ料理のトルティージャ・エスパニョーラ。トルティージャ・パタタスとも呼びます。

スペイン

トルティージャ・エスパニョーラ

Tortilla Española

材料（4〜5人分）

じゃがいも（中）……5個（500g）
玉ねぎ……1個
卵……5個
オリーブオイル……適量
塩……大さじ1
パセリ（飾り用）……少々

スパイシーなソーセージのチョリソを刻んで入れてもおいしいです。

memo

作り方

1. じゃがいもは皮をむいて縦に4つに切り、2〜3mmの厚さのいちょう切りに、玉ねぎは粗みじん切りにする。**2.** フライパンに厚さ1cmくらいに油を入れて熱し、じゃがいもを入れて中火で7分揚げ煮する。**3.** 玉ねぎを加え、塩を振る。弱火にしてふたをし、時々かき混ぜながら8分さらに揚げ煮する。油を切って冷ます。**4.** ボウルに卵を入れてよく溶き、3を加えて混ぜる。**5.** フライパンに油大さじ1を熱し、4を流し入れる。ふちがケーキのように立つようヘラなどで整えながら、中弱火で片面を2分30秒焼く。ひっくり返して、もう片面も焼く。**6.** 皿に盛り、パセリを飾る。

159

Spain

スペイン（カタルーニャ州）

フィデウア

フィデウア（フィデワ）は、パエージャのお米の代わりに細麺のバーミセリで作る料理。バレンシア発祥ですが、隣接したカタルーニャ地方の沿岸部にも普及し、地元の名物ロメスコソースを添えたフィデウアなど、各地で独自のスタイルが誕生しています。

材料(4人分)

バーミセリ※……200g
有頭エビ……6〜8尾
シーフードミックス……250g
玉ねぎ（みじん切り）……½個
にんにく（みじん切り）……1かけ

A ┌ フュメ・ド・ポワソン……大さじ3
　└ 塩、こしょう……各少々
オリーブオイル……適量
※細いパスタを2cmくらいの長さに折って代用可能。

Fideuá

作り方

1. フライパンにオリーブオイルを入れ、エビの両面を焼いて取り出す。**2.** オイルを足し、玉ねぎをきつね色になるまで炒め、にんにくを加えて炒める。**3.** バーミセリを加えて炒め、シーフードミックス、Aを入れて軽く混ぜ、水2カップを加えて強火で10分煮る。**4.** 仕上げに1のエビを飾る。

※現地ではアイオリソース（にんにくとマヨネーズのソース、136ページのルイユソース参照）、またはロメスコソース（ナッツと赤ピーマン等のソース）を添えて食べます。

現地ではフィデウア用パスタ（フィナ＝細麺またはゴルダ＝太麺）を使います。

memo

マルミタコは、美食の地スペイン・バスク（南バスク）の代表的な郷土料理。「マグロ鍋」の意味で、マグロのぶつ切りと野菜を煮たもの。マグロの代わりにかつおやサーモンなど他の魚を使うこともあります。近隣のカンタブリア州でも食べられています。

スペイン（バスク地方）
マルミタコ

Marmitako

材料(2人分)

マグロ（ぶつ切り）※……150～200g
じゃがいも……2個
ピーマン……2個
トマト（完熟）……1個
玉ねぎ（みじん切り）……½個分
にんにく（みじん切り）……1かけ分
パプリカ粉……小さじ1

鷹の爪（輪切り）……1本
フュメ・ド・ポワソン……小さじ1
白ワイン……¼カップ
オリーブオイル……適量
塩……少々
パセリ（飾り用）……少々
※カツオ、サーモンでもよい。

作り方

1. じゃがいもは皮をむいて一口大に切り、トマト、ピーマンは粗く刻む。
2. 鍋にオリーブオイルを入れ、玉ねぎを炒める。透き通ったらにんにくを加えて香りが立つまで炒める。
3. 1、パプリカ粉、鷹の爪を加えてさらに炒める。水500mlとフュメ・ド・ポワソン、白ワインを入れて煮立たせ、塩で調味する。
4. マグロを加えて火を通す。
5. 器に盛り、パセリを飾る。

フランス・バスクでは「マルミテ」といいます。夏の料理です。

memo

Spain

スペイン（ガリシア州）

エンパナーダス・ガレガス

サンティアゴ巡礼路の最終地でもあるサンティアゴ・デ・コンポステーラを州都とする、北西部のガリシア地方。ガリシアのエンパナーダは7世紀以来の古い歴史があり、巡礼者の手軽な食事として、また地元のお祝い料理として愛されてきました。南米エンパナーダの元祖でもあります。

Empanadas Gallegas

表面の模様はキリスト教に関わるものが多いようですが、スタイルはさまざまです。

memo

材料（4人分）

＜生地＞
小麦粉……250g
ドライイースト……5g
バター……40g
オリーブオイル……2㎖
白ワイン……20㎖
温水……30㎖
塩……小さじ½
溶き卵……1個

オリーブオイル……適量
＜具材＞
玉ねぎ（みじん切り）……1個
赤パプリカ（みじん切り）……80g
鷹の爪（みじん切り）……2本
トマト（みじん切り）……150g
ツナ缶（汁気を切る）……120～140g
オリーブ（緑・輪切り）……35g
ゆで卵（みじん切り）……1個

作り方

1. ボウルに生地の材料をすべて入れて（溶き卵は少量をつや出し用に取っておく）よくこねて、室温で1時間発酵させる。**2.** フライパンに油をひき、玉ねぎを炒める。透き通ったら、パプリカ、鷹の爪、トマトを入れてさらに炒める。**3.** 火を止めてほぐしたツナ、オリーブの実、ゆで卵を加えて混ぜる。ざるなどで濾して水気を切る。**4.** 1の生地のガスを抜いてこね、飾りに使う分の生地を少々残し2等分する。まな板の上などでそれぞれを麺棒で薄くのばす。**5.** 生地の1枚を、ふた回りくらい小さ

い長方形の浅めの耐熱皿（なければアルミホイルで作る）にのせ、ふちまで生地で覆う。**6.** 3を広げながらのせる。もう1枚の生地を上に乗せ、下の生地とふちを合わせて閉じる。はみ出した生地はカットする。**7.** 4で取っておいた生地と6ではみ出した生地を足して4等分し、飾り用に細長くのばし、水少々をつけて4カ所にのせる。**8.** 中央に包丁で3カ所、切り込みを入れ、表面全体にはけで溶き卵を塗る。**9.** オーブンを180℃に熱し、約45分焼く。

パエージャは征服者だったイスラム教徒のアラブ人
（ムーア人）がスペインで稲作を始め、彼らの米の調
理法をもとに誕生したバレンシアの郷土料理。うさぎ
肉とエスカルゴ、いんげんなどを使うパエージャ・バレ
ンシアーナとともに地元で人気なのが、魚介を具にし
たパエージャ・デ・マリスコです。

スペイン（バレンシア州）

パエージャ

材料（4〜6人分）

有頭エビ……8尾
ムール貝（洗う）……6〜8個
玉ねぎ（みじん切り）……½個
A
┌ トマト（みじん切り）……1½個
│ 赤パプリカ（みじん切り）……½個
│ アサリ（殻つき）……100g
└ シーフードミックス（イカ、小エビ）……300g
米（洗わない）……2カップ

フュメ・ド・ポワソン……大さじ1
サフラン液※……小さじ¼
塩……小さじ1
オリーブオイル……½カップ
パセリ……少々（飾り用）
レモン（くし切り）……1個
※すりばちで砂糖少々とともに細かくすり、
温めた牛乳で溶かして色を出しておく。

作り方

1. フライパンに油大さじ2を熱しエ
ビを焼く。ムール貝は湯を少し沸か
した鍋で口を開かせる。 **2.** パエリ
ア鍋またはフライパンに残りの油を
ひき、玉ねぎを少し色づくまで炒め
る。Aを加えて中火でさらに炒める。

3. 米を加えて軽く混ぜ、サフラン液、
フュメ・ド・ポワソン、水3カップ、
塩を加えて混ぜる。強火で少し米が
焦げるくらいまで約15分炊く。 **4.** 1
のエビ、ムール貝と、パセリ、レモン
を飾る。

米は現地では
短粒米の一種
ボンバ米を使い
ます。

memo

Paella

Spain

スペイン（カスティーリャ・ラ・マンチャ州）

『ドン・キホーテ』の舞台ラ・マンチャ地方。マンチェゴチーズで有名です。マタハンブレは特産のにんにく入りの揚げ物です。

マタハンブレ

Matahambres

材料（4人分）

にんにく（みじん切り）……3かけ分
卵（割りほぐす）……2個
硬くなったパン（細かくちぎる）……150g
＊パン粉でもよい
パセリ（みじん切り）……大さじ1
塩、こしょう……各少々
植物油（オリーブオイルを少し混ぜてもよい）……適量

作り方

1. ボウルに油以外の材料をすべて入れてよく混ぜる。**2.** フライパンに多めの油を熱し、1をスプーンですくって入れ、きつね色になるまで揚げる。**3.** ペーパータオルなどで油をよく切り、器に盛る。

スペイン（アンダルシア地方）

ガスパチョ

スペインに来た古代ローマ人の料理がルーツとされる冷製スープ。16世紀のトマトの伝来で今のようなスタイルになりました。

残り物の材料で手軽においしく作れます。

memo

ラ・マンチャ地方のガスパチョはまったく違う料理。

材料（4人分）

トマト（完熟）…4個、ピーマン（種を取る）…½個、にんにく…1かけ、きゅうり…½本、玉ねぎ…¼個、オリーブオイル…大さじ3、食パン（耳を取りちぎる）…1枚、白ワインビネガー…大さじ3、塩 …少々
きゅうり（飾り用・みじん切り）…少々
＊ビネガー、塩は最初は少なめに入れ、塩気が足りなければ足す。

作り方

1. トマトは湯むきして4つに切る。その他の野菜も適当な大きさに切る。飾りのきゅうり以外の材料をすべてフードプロセッサーにかけてなめらかにする。**2.** 味をみて塩やビネガーを足し、冷蔵庫で冷やす。器に盛り、きゅうりを飾る。

Gazpacho

Portugal

ポルトガル

パスティシュ・デ・
バカリャウ

15世紀半ばから17世紀半ばまでの大航海時代に海洋国として栄華を誇ったポルトガル。北欧のバイキングの知恵だったという、長い航海に欠かせない保存可能なたんぱく源・干しタラ（バカリャウ）を使った料理が今も受け継がれています。北部ではボリーニョス・デ・バカリャウともいうこの料理もそのひとつです。ブラジルでも食べられています。

材料（4人分）

干しタラ（なければ普通のタラ）
……400g
じゃがいも（ゆでる）……300g
玉ねぎ（みじん切り）……1個分
にんにく（薄切り）……2個
卵（黄身と白身を分ける）……2個
A ┌ パセリ（みじん切り）……1本
　├ オリーブオイル……大さじ1
　├ 塩……小さじ1
　└ こしょう……少々
揚げ油……適量

作り方

1. 干しタラを冷水に一晩ひたし、時々水を変えながら戻す。戻しても硬い場合は、柔らかくなるまでゆでる。皮と骨を取り除き、身を細かくほぐす。 **2.** ボウルに1、ゆでたじゃがいも、玉ねぎ、にんにくを入れ、混ぜながらつぶす（フードプロセッサーを使ってもよい）。 **3.** 2に卵の黄身、Aを加えて木べらでよく混ぜ合わせる。 **4.** 卵の白身を泡立て器で軽く泡立て、3に加えて軽く混ぜる。 **5.** 4を大さじ2杯分すくって俵型にし、180℃に熱した油できつね色になるまで揚げる。 **6.** ペーパータオルでよく油を切り、皿に盛る。

Pasteis de Bacalhau

干しタラ料理はキリスト教の肉断食の時にも重宝していたといわれます。 memo

165

Portugal

ポルトガル（アルガルベ地方）

カタプラーナ

本土最南端にあるアルガルベ地方は漁業の盛んな地域。カタプラーナは、独特な丸い形をした金属鍋の名称でもあり、魚介類や野菜などの具を入れて閉じ、蒸し焼きにして食べます。モロッコのタジン鍋などと同様、アラブ人の知恵による蒸気を活用した調理法ともいわれます。新年を祝う料理でもあります。

材料（4人分）

白身魚※……200g
タコ……200g（エビでもよい）
アサリ（砂を抜く）……150g
にんにく（つぶす）……3かけ
玉ねぎ（薄切り）……1個
ベーコン（細切り）……1枚
じゃがいも（一口大に切る）……2個
トマト（みじん切り）……2個

ピーマン（みじん切り）……1個
コリアンダーの葉……適量飾り用にも使用。
オリーブオイル……適量
A ┌ 塩、こしょう……各少々
　└ 唐辛子粉……少々
白ワイン……¼カップ
※タラ、スズキなど好みのもの数種類混ぜてもよい。

作り方

1. 鍋に油をひき、にんにく、玉ねぎ、ベーコンを入れて炒める。　**2.** 1に魚介類、じゃがいも、トマト、ピーマン、コリアンダーの葉（飾り用に少し残す）を入れて、Aで味付けする。　**3.** 白ワインをかけてふたをし、10〜15分煮る。　**4.** コリアンダーを飾って、鍋ごと供する。

カタプラーナ鍋でなくても、普通の鍋にふたをして作れます。

memo

Cataplana

豚肉とアサリを炒めてコリアンダーの葉を乗せた、ポルトガル北部アレンテージョ地方の名を冠した料理。アレンテージョは、コルク用オークのどんぐりを食べて育ったおいしい豚肉の産地として有名です。発案者は南部アルガルベ地方のシェフともいわれていますが、料理はポルトガル中で食べられています。

ポルトガル（アレンテージョ地方）

カルネ・デ・ポルコ

豚肉とアサリは食材の相性も抜群です。

memo

Carne de Porco à Alentejana

材料（4人分）

豚肉（角切り）……400g

A
- にんにく（みじん切り）……2かけ分
- 白ワイン……¼カップ
- 月桂樹の葉……1枚
- 塩、こしょう……各少々

じゃがいも（一口大に切る）……250g
アサリ（砂抜き）……300g
コリアンダーの葉（みじん切り）……大さじ2
塩、こしょう……各少々
植物油……適量
レモン（くし切り）……½個

作り方

1. ボウルに豚肉とAを混ぜた液を入れてよくなじませ、2時間以上冷蔵庫に置く。2. フライパンに油を多めに入れ、じゃがいもをきつね色になるまで揚げ焼きする。 3. 別の鍋に油をひき、豚肉を漬け汁ごと入れて肉の表面を焼く。アサリを加えて、貝が開くまで火を通す。 4. 火を止めて、2とコリアンダーの葉の半量を加えて、塩、こしょうで調味しながらよく混ぜる。5. 器に盛り、残りのコリアンダーの葉とレモンを飾る。

CHAPTER **4**

Africa

| アフリカ |

　人類発祥の地アフリカ大陸は、日本の約80倍もの面積に10億以上もの人々が暮らしています。国境の多くが線引きしたように不自然なのは、15世紀からアフリカに進出し分割したヨーロッパ列強国の植民地政策によるもの。しかし「アフリカの年」といわれる1960年を機に、豊富な地下資源などに支えられて各国が独自の道を歩んでいます。

　アフリカの食文化は、交易により中東やアジア、また旧宗主国の影響を受けていますが、豊かな自然環境、固有の信仰と儀礼体系を持つ1500以上もの民族集団の伝統に裏打ちされた独自性があります。また、過酷な自然条件を生き抜く工夫が食生活の中にも見られます。

北アフリカ　古代文明が栄えたエジプトを中心に、中東と連なるアラブ文化が定着。またタジン鍋に代表されるような、砂漠に生きる遊牧民の知恵が生きています。一方、地中海対岸のヨーロッパの影響も受け、モロッコやアルジェリアなどには仏領時代の美食文化が根づきました。

西アフリカ　ジョロフ王国 (現セネガル) の食文化が浸透。15世紀から19世紀には対岸のアメリカ大陸、ヨーロッパとの奴隷の売買をめぐる三角貿易が行われ、とうもろこし粉やキャッサバなどアメリカ大陸原産の食材が定着しました。

東アフリカ　現存する世界最古の独立国のひとつ、エチオピアをはじめとする歴史ある地域。アラビア半島やインドとの香辛料交易が盛んに行われ、特に沿岸部はそれらの地域の影響を受けています。

中部アフリカ　文明や王国が盛衰したコンゴ盆地と母なるコンゴ川を中心にした地域。14世紀末から1914年までは高度な貿易網を持つコンゴ王国が栄えました。コンゴ川の恵みの魚介類、野生動物の肉や昆虫食の宝庫でもあります。

南部アフリカ　古くは宗教的自由を求めてオランダなどから来たプロテスタントのキリスト教徒、イスラム教徒マレー人の子孫、英領時代のインド人労働者、そして先住民ズールー人らの文化が混ざり合い、独自の食文化を育んでいます。

アフリカで
よく使われる
食材、調味料
など

プランテーン
(青バナナ・クッキングバナナ)

バナナと同じバショウ属の草本植物。緑色のものは甘くなく、じゃがいもやさつまいもなどで代用可。

キャッサバ

253ページ参照

パームオイル

現地では調味料としての役割も果たす、赤い色をしたアブラヤシの油。ココナツオイルとは別物。植物油で代用可。赤い色を出したいときはパプリカ粉を加えて。

ハリッサ

チュニジア発祥といわれる、唐辛子とオリーブオイルをベースに、クミン、コリアンダーなどスパイスを加えて作られるペースト調味料。主に北アフリカで使われる。日本のかんずりや、韓国のコチジャンで代用可。

ピリピリ (ベリベリ)

モザンビーク発祥といわれる唐辛子ソースの調味料 (ピリピリはスワヒリ語で唐辛子)。ハリッサと違ってスパイスは使わない。タバスコなどのホットソースにおろしにんにくを加えて代用可。

Algeria

アルジェリア

アルジェリア・クスクス

北は地中海に面し、南はサハラ砂漠が広がるアフリカ最大面積の国。イスラム教徒が多く、仏領時代の美食文化を受け継いでいます。クスクスは、粒状のセモリナ粉を蒸した北アフリカの主食。アルジェリアでは野菜や豆のうま味たっぷりのトマトベースのソースをかけて食べます。

الكسكس الجزائر

鶏肉や羊肉入りソースを使ったクスクスもあります。

材料（4人分）

玉ねぎ（みじん切り）　1個分
ズッキーニ……1本
かぼちゃ……¼個
にんじん……½本
かぶ……2個
パプリカ……½個

A
　トマト缶……100g
　ターメリック……小さじ¼
　シナモンスティック……2cm
　塩……小さじ1
　こしょう……大さじ½

ひよこ豆（水煮）……200g
クスクス（細かいもの）……200g
塩……小さじ½
バター（またはオリーブオイル）
……大さじ1と小さじ1
ハリッサ（好みで）……適量
※唐辛子ペースト。日本のかんずり、韓国のコチュジャンで代用可。

作り方

1. 野菜は大きめに切る。　**2.** 鍋にバター大さじ1を熱し、玉ねぎを炒める。透き通ったらAを加えて混ぜ、数分煮る。**3.** 1と水¼カップを加えてふたをし、最初は中火、様子を見ながら弱火にして30～45分煮る。　**4.** ひよこ豆を加えてさらに5分煮る。　**5.** ボウルにクスクス、同量程度の熱湯を入れて蒸らし、バター小さじ1、塩を加えて混ぜる。**6.** 器にクスクスを盛り、4の野菜を飾ってスープをかけ、ハリッサを添える。

memo

Egypt

エジプト

コシャリ

「エジプトはナイルの賜物」といわれた、ピラミッドに代表される古代文明の地エジプト。コシャリはイタリアのマカロニやトマト、インドの米と豆のおかゆキチュリなどの要素が混ざり英国領時代の19世紀半ばに誕生した国民食。お腹にたまり日本のラーメンのように男性に人気があります。

肉を使わない料理。豆は缶詰やレトルトを利用して。

memo

材料(4人分)

ごはん……茶碗3杯
スパゲッティ、マカロニ※……各60g
トマトソース(市販)……800g
ひよこ豆とレンズ豆※※……160g
フライドオニオン(市販)……大さじ2
オリーブオイル……大さじ2
レモン汁(または酢)……適量
唐辛子……適量
※スパゲッティは細めのものを。
※※ひよこ豆の入った市販のミックスビーンズで。生の豆はゆでておく。

作り方

1. スパゲッティ(半分に折る)とマカロニをそれぞれ袋の表示通りゆでる(ゆで汁を少し取っておく)。 **2.** 1をゆでている間、ボウルにごはんを入れ、豆、油を混ぜる。トマトソースを温める。 **3.** 器に2を盛り、上にスパゲッティとマカロニをのせ、ゆで汁を少しかける。トマトソースをかけて、フライドオニオンをトッピングする。好みで、ごはん、スパゲッティ、マカロニを混ぜたり、フライドオニオンの上にトマトソースをかけてもよい。 **4.** 好みでレモン汁や唐辛子をかける。

*ごはんは、米を研いで水を切ってから、少量をオリーブオイルで少しこげが付くまで炒めてから、残りの水を合わせて炊くとおいしい。

171

Tunisia

チュニジア

ブリーク

世界遺産に登録された紀元前の幻の都カルタゴ遺跡で知られる国。ブリークはトルコ起源とされる薄い小麦粉の皮で具を包んだペイストリーで、地中海やコーカサス地域にさまざまなバリエーションがあります。チュニジアではツナやじゃがいもに卵を落として揚げたスタイルで食べます。

材料（4個分）

じゃがいも……1個
ツナ缶……1缶
ケッパー……小さじ1
パセリ（みじん切り）……大さじ1
卵……4個
春巻きの皮……4枚
揚げ油……適量
＜付け合わせ＞
レモン……½個
パセリ、ハリッサ……各適量

作り方

1. じゃがいもはゆでて、7mmの角切りにする。ツナ缶は汁気を切ってほぐす。 **2.** くぼみのある皿に春巻きの皮1枚を広げ、それぞれに¼量のじゃがいも、ツナ、ケッパー、パセリの順に乗せる。 **3.** 2の中央に卵を割り落とし、すばやく三角に折って、ふちを水で止める。鍋に油を180℃に熱し、包んだ三角形の頂点を菜箸でつまんで、そっと鍋に入れ、きつね色になるまで揚げる。 **4.** 油を切ってお皿に盛り、レモンとパセリを飾り、好みでハリッサを添える。

＊揚げ油に少しオリーブオイルを混ぜると香りがよい。

初心者は春巻きの皮を2枚重ねると失敗なく作れます。

memo

Morocco

モロッコ

牛肉とプルーンのタジン

アフリカ大陸北西部にあるイスラム教を国教とする王国。砂漠地方では水が貴重なことから、食材から上がる水蒸気を巡回させて水なし調理する、円錐型の蓋のタジン鍋が生まれました。味が混ざり合って凝縮される利点から、牛肉（ラム肉）とプルーンのような意外な組み合わせでおいしい煮込み料理が作れます。

タジン鍋の食材はさまざま。日本の土鍋で作ることもできます。

memo

材料（4人分）

牛肉（角切り）……500g（またはラム肉）
玉ねぎ……1個
A
　にんにく（すりおろす）……1かけ分
　しょうが（すりおろす）……小さじ½
　サフラン（あれば）……小さじ¼
　ターメリック……小さじ¼
　シナモンスティック……4cm
　オリーブオイル……適量
　塩……大さじ1
　こしょう……小さじ½
コリアンダーの葉……大さじ1
ドライプルーン……150g
はちみつ……大さじ1
シナモン粉……小さじ½
白ごま（炒る）……小さじ¼
※肉は好みで羊肉でもよい。

作り方

1. 玉ねぎは半分を輪切りに、残りをみじん切りにする。 **2.** ボウルにAを混ぜ、牛肉と玉ねぎのみじん切りを加えて混ぜる。 **3.** 鍋（あればタジン鍋）の底に玉ねぎの輪切りを並べ、2を入れ、ふたをして中火にかける。 **4.** 煮立ったらコリアンダーとひたひたの水を加え、弱火で1時間半煮る。必要なら途中で水を足す。 **5.** 別の鍋にドライプルーンとひたひたの水を入れ、プルーンが柔らかくなるまで15〜20分煮て、水気を切る。 **6.**3の肉が柔らかくなったら火を止めて、煮汁を別の鍋に取る。 **7.**6の煮汁の鍋に5、はちみつ、シナモン粉を加え、10分煮る。 **8.** 肉に7をかけ、白ごまを振る。

Libya

リビア

バジーン

フェニキア人やローマ帝国の遺跡が残る北アフリカの国。イスラム教徒が大多数で、短期間ながらイタリア領だった時代もあります。バジーンは大麦粉で作るゆでパンで、しばしば国民食とされる料理。バジーンを中心にトマトソース入りじゃがいも、羊肉、卵を添えて供されます。

材料(4人分)

＜バジーン（ゆでパン）＞
大麦粉……400g
塩……小さじ1

＜おかず＞
ラム肉（角切り）……400g
＊牛肉でもよい。
A ┌ 玉ねぎ（みじん切り）……1個
  │ 青唐辛子（輪切り）……1本
  └ フェヌグリーク……小さじ1
B ┌ にんにく（すりおろす）……1かけ
  │ ターメリック……小さじ1
  │ 唐辛子粉……小さじ1
  └ こしょう、塩……小さじ1
トマトピューレ……大さじ2
じゃがいも（メークイン）……2個
ゆで卵……4個
オリーブオイル……¼カップ
塩……少々

作り方

1. 鍋に油を入れ、Aを入れて中火で炒める。玉ねぎが透き通ったら、ラム肉を入れて両面を軽く焼く。　**2.**Bを加えて混ぜ、水500mℓとトマトピューレを加えて30分煮る。　**3.** 食べやすく切ったじゃがいもと水500mℓを加え、弱火にして15分煮る。ゆで卵を入れて、さらに3分煮る。塩で味を調える。**4.**ゆでパンを作る。ボウルに材料を入れ、少量の水を加えてまとまるくらいの生地を作り、4等分にして丸め、1ℓの湯をわかして20分ゆでる。ボウルに戻し、ゆで汁を加えながら生地をひとつにまとめてよくこねる。　**5.**4をまな板などにのせて、円錐型に成形する。**6.** 皿の中央に5をのせ、3を盛る。

じゃがいもは型くずれしにくいメークインがおすすめです。

memo

Sudan スーダン

ナイル川中流にあるイスラム教徒の多い国。ソルガム粉で作るキスラは主に中・南部の主食。北部では小麦粉で作るグラサを食べます。

キスラ

كسرة

材料（4人分）

A ┌ ホワイトソルガム粉（高白きび粉）…250g
  │ ＊なければ小麦粉で。
  └ ヨーグルト…大さじ5、水…500㎖
植物油……適量

作り方

1. ボウルにAを入れよく混ぜ、一晩置いて発酵させる。　**2.** フライパンかホットプレートに薄く油をひき、1をおたまですくって薄く円形に広げて焦げないように3分焼く。　**3.** 器に重ねるように盛り、シチューなどを添える。

＜トマトベースのじゃがいもシチュー（4人分）の材料と作り方＞
鍋に油大さじ2を入れ、みじん切りにした玉ねぎ½個を炒める。小口切りにしたじゃがいも2個、トマトペースト大さじ1、塩、シナモン粉、カルダモン粉各少々と水1ℓを加えて、じゃがいもが柔らかくなるまで煮る。

Western Sahara

西サハラ

メイフリーサ

西サハラはモロッコが領有を主張している地域（国）。旧スペイン領サハラ。砂漠の民ベルベル人らが暮らし、メイフリーサは祝宴料理です。

材料（4人分）

ラム肉（骨つき）…500g ＊なければ角切りで。玉ねぎ（薄切り）…1個、にんにく（薄切り）…1片、オリーブオイル…適量、塩…少々
＜付け合わせ＞平パン…適量、あればチャパティや小麦粉のトルティーヤで代用。

作り方

1. 鍋に油をひき、玉ねぎとにんにくを入れて炒める。きつね色になったらラム肉を加えて混ぜる。　**2.** 塩、ひたひたの水を加えて、ふたをして弱火で30分以上肉が柔らかくなるまで煮る。　**3.** 器に盛り、パンを添える。

Meilrisa

Mauritania

モーリタニア

ラムシチューのクスクス

国土の大部分が砂漠で、かつてスペインを支配したアラブ系遊牧民のイスラム教徒ムーア人が大多数を占める旧仏領国。遊牧民の伝統食であるクスクスは、他のサハラ砂漠に面した国々と同様モーリタニアでもよく食べられています。特にラム肉入りのシチューをかけたクスクスが人気です。

الكسكس مع مرق اللحم

材料(4人分)

ラム肉（角切り）……400g
玉ねぎ（スライス）……1個分
にんにく（薄切り）……1かけ分
トマト（みじん切り）……1個分
キャベツ……¼個
にんじん……1本
じゃがいも……1個

A
┌ クミン粉……小さじ½
│ コリアンダーシード粉……小さじ½
│ 塩……大さじ1
└ こしょう……小さじ½

クスクス※……200g
レーズン……50g
ピーナッツオイル……適量
※全粒粉のパールクスクスとも呼ばれる大粒のものがよい。

作り方

1. キャベツはざく切りに、にんじん、じゃがいもは皮をむいて大きめに切る。　**2.** フライパンに油を熱し、ラム肉を焼く。焼き色がついたら火を弱め、玉ねぎ、にんにくを加え、きつね色になるまで炒める。　**3.** トマトと1、A、水1カップを加えてふたをし、野菜に火が通るまで中火で20分蒸し煮する。　**4.** ボウルにクスクスとレーズンを入れて混ぜ、熱湯少量を加えて戻す。**5.** 鍋に4と3のスープ¼の分量を入れて混ぜ、弱火で5分煮る。**6.** 器に4のクスクスを盛り、3のスープをかける。

肉は鶏や牛でも。また肉なしでもおいしく作れます。

memo

Mali

マリ

ヤッサ

材料(4人分)

鶏むね肉……4枚
にんにく（すりおろす）……1かけ
マスタード……大さじ3
こしょう……大さじ1
玉ねぎ（スライス）……2個

A
┌ 固形ブイヨン……2個
│ レモン果汁……3個分
│ 唐辛子粉……ひとつまみ
└ 塩……小さじ1

植物油……大さじ3
ごはん……適量

作り方

1. ボウルににんにくとマスタードの半量、こしょうを入れて混ぜ、鶏肉をマリネする。冷蔵庫に1時間以上置く。 **2.** フライパンに油をひき、1を表面がきつね色になるまで焼く。 **3.** 玉ねぎ、残りのにんにくとAを入れて30分煮る。 **4.** 器にごはんを盛り、3をかける。

黄金郷として繁栄したマリ帝国の都市で、世界遺産にも登録されているトンブクトゥで知られるサハラ砂漠の南にある国。ヤッサはもともとセネガルの料理でしたが、両国が統合されていた仏領西アフリカ時代にマリに定着しました。フランス料理の影響も見られます。

鶏肉のヤッサはセネガル南西部カザマンス地方発祥。他に魚や羊肉のヤッサも。

memo

Yassa

177

Burkina Faso

ブルキナファソ

リ・グラ

15世紀半ばから19世紀まで存続したモシ王国の伝統を残し、1960年にフランスから独立した国。現地語でブルキナ＝高潔な人々、ファソ＝国を意味します。リ・グラはセネガルの魚の炊き込みごはんチェブジェンに由来するブルキナファソの国民食。同国では肉を使うことが多いようです。

材料(4人分)

鶏もも肉……250g
玉ねぎ……½個
にんにく……1かけ
鷹の爪（輪切り）……1本
にんじん（拍子切り）…… 小1本
植物油……適量

A ┌ トマトピューレ……大さじ4
　│ 固形スープの素……1個
　│ 植物油……適量
　│ 塩……小さじ1
　└ こしょう……小さじ½
米（洗う）……300g
コリアンダーの葉またはパセリ
……少々

リ・グラ（＝脂の多い米）は、使用する油の多さに由来します。

memo

作り方

1. 玉ねぎ、にんにく、トマトピューレをフードプロセッサーにかけてペースト状にする。　**2.** フライパンに油を入れ、鶏肉を焼く。途中で、1と水少々を加えて15分熱する。　**3.** 別の深鍋に油少々と鷹の爪を入れて香りを出す。2、にんじん、Aを加えてよく混ぜる。　**4.** 米と水2カップを加え、ふたをして弱火で15分炊く。　**5.** 皿に盛り、鶏肉とコリアンダーの葉を飾る。

Riz Gras

Senegal

セネガル

チェブジェン

1200～1900年まで存続したジョロフ王国のあった国。米食と魚を好むウォロフ族の料理は西アフリカ全体に広まり、旧宗主国フランスの美食文化を受け継いで西アフリカでもっとも料理のおいしい国ともいわれます。チェブジェン（チェブ＝ごはん、ジェン＝魚）はそんなセネガルの国民食。小粒の砕米が好まれます。

Thieboudienne

魚は現地では
白ハタをよく使
います。

memo

材料（4人分）

白身魚（タラ、タイなど）……400g
A ┌ にんにく（すりおろす）……1かけ
  │ 唐辛子粉……小さじ1
  │ パセリの葉（みじん切り）……少々
  └ 塩、こしょう……各小さじ1
キャベツ……½個
にんじん……1本
かぼちゃ……80g
かぶ……2個
玉ねぎ（みじん切り）……1個
トマトピューレ……大さじ6
塩、こしょう……各小さじ1
ピーナッツオイル……適量
米（洗う）……2カップ

作り方

1. ボウルにAを入れてよく混ぜ、表面に切り込みを入れた魚に塗る。 **2.** 野菜は食べやすい大きさに切る。 **3.** 鍋に油を多めにひき、1を揚げ焼きして取り出す。 **4.** 同じ鍋に油を足して玉ねぎを炒める。透き通ったら、魚を戻し、水4カップ、野菜、塩、トマトピューレ、こしょうを入れ、煮立ったら弱火にして1時間煮る。 **5.** 一度、魚、野菜類を取り出して、煮汁に米を入れ、必要ならば水を足してふたをして15分炊く。 **6.** 器に炊いたごはんを盛り、魚と野菜類をのせる。

179

Guinea

ギニア

プラサス

隷属する豊かさよりも自由を選んで1958年にフランスから一方的に独立したギニア。怒ったフランスが持ち去った重要な国の地図に代わり、日本人の測量士たちが4年かけて新たに地図作りを行った交流の逸話があります。プラサスはギニア伝統的なオクラのシチューです。現地ではパームオイルを使います。

材料(4人分)

牛ひき肉……400g
塩、こしょう……各少々
燻製魚（サバなど）……400g
＊なければ多めの干しエビで代用
玉ねぎ（みじん切り）……½個分
オクラ（輪切り）……15本分
なす（皮をむいて輪切り）……1本

A ┌ 干しエビ……25g
　├ 固形スープの素……1個
　├ 唐辛子粉　小さじ……½〜1
　└ 塩、こしょう……各少々
パームオイル……⅓カップ
ごはん……適量

Plassas

作り方

1. 牛ひき肉と塩、こしょうをよく混ぜる。　**2.** 鍋に水1と½カップを入れて、1、玉ねぎを加え、ほぐし混ぜながら5分煮る。　**3.** オクラを加えて混ぜ、さらに魚、なす、Aを加え、15分煮る。　**4.** パームオイルを加えて混ぜ、さらに5分煮る。　**5.** 器にごはんを盛り、4をかける。

現地ではオクラの粘りが好まれ、茶色っぽい乾燥オクラを使うことも。

memo

ドモダ

Gambia
ガンビア

セネガルに囲まれ、ガンビア川に沿って東西に
細長い国土を持つ旧英領国。ドモダは、マフェ
ともいわれるピーナツソースのシチューです。

材料（4人分）

牛肉（角切り）…500g、玉ねぎ（みじん切り）…½個分、ト
マト（みじん切り）…1個、かぼちゃ（角切り）…200g
A［ トマトピューレ…大さじ2、レモン果汁…1個分、ピーナッ
ツバター…½カップ、固形スープの素…1個、塩…小さじ
1、こしょう…小さじ½
ごはん…適量、パセリの葉…少々

作り方

1. 鍋に水4カップをわかし、牛肉、玉ねぎ、トマトを入れて、
アクを取りながら10分煮る。 **2.**1にかぼちゃとAを入れて、
かぼちゃが煮崩れるくらいまで時々混ぜなが30分煮る。ごは
んと一緒に盛り、パセリを飾る。

Guinea-Bissau
ギニアビサウ

シガ

太平洋のギニア湾に面しブラジルとも交流のある旧
ポルトガル領の国。シガはエビやオクラ、トマト入
りのスパイシーなシチューです。

材料（2人分）

エビ……200g、玉ねぎ（みじん切り）……小1個
A［ ピリピリソース…小さじ½、塩…小さじ½
オクラ（輪切り）…100g、完熟トマト（粗切り）…
1個、パームオイル※…大さじ3、コリアンダーの葉
（みじん切り）…大さじ1
※オリーブオイルにパプリカ粉を少々加えて代用。

作り方

1. 鍋に水1カップを入れて沸騰させ、エビ、玉ねぎ、
Aを入れて3分煮る。 **2.** オクラ、トマト、パームオ
イルを加えてふたをし、15分煮る。 **3.** 器に盛って、
コリアンダーの素を飾る。

181

Liberia

リベリア

ライス・ブレッド

1847年にアメリカ合衆国の解放奴隷が建国。食文化もアメリカ南部の影響を受けて米が主食。これも南部料理をほうふつとさせる一品です。

材料(4人分)

A 米粉（または上新粉）…150g、ベーキングパウダー…小さじ1、グラニュー糖…45g、ナツメグ粉…小さじ1、塩…小さじ½

B バナナ（つぶす）…2本、牛乳…½カップ、溶き卵…2個、しょうが（すろおろす）…大さじ1、水…40㎖

植物油…50㎖ + 焼き型に塗る分

作り方

1. ボウルにAを入れて泡だて器で混ぜる。 **2.** 別のボウルにBを入れてよく混ぜる。1に加えてよく混ぜ、油を加えてさらに混ぜる。 **3.** 耐熱皿に油(分量外）を塗り、2を流し込む。オーブンを190℃に熱して40分、170℃に落として10分焼く。

Rice Bread

現地ではペースト状の米を使用。

memo

中東ファラフェルの西アフリカ版。

Sierra Leone

シエラレオネ

ビンチ・アカラ

「ライオンの山」を意味する旧英領国。これは西アフリカやブラジルで冠婚葬祭にも用いられることがある黒目豆の揚げ物です。

材料(4人分)

黒目豆（ささげ）……300g

A 玉ねぎ（みじん切り）…½個、唐辛子粉…小さじ½、しょうが（すりおろす）…小さじ1、塩、こしょう…各少々

ピーナッツオイル…大さじ4、植物油…適量

作り方

1. 黒目豆は一晩水につけて戻す。 **2.** 1と水1カップをフードプロセッサーにかけて、ペースト状にする。 **3.** ボウルに2とAを入れ、木べらでよく混ぜる。 **4.** 油とピーナッツオイルを混ぜ180℃に熱し、2をスプーンなどですくって落とし、きつね色に揚げる。

Binch Akara

Cote d'Ivoire

コートジボワール

ケジェヌ

フランス語で象牙海岸を意味する旧仏領国で、カカオの生産は世界一。鶏肉やトマト、オクラを煮込んだケジェヌは同国の伝統料理です。

Kedjenou

材料 (4人分)

鶏もも肉 (ぶつ切り) ……400g
玉ねぎ (みじん切り) ……½個
トマト (湯むきしてみじん切り) ……1個
トマトピューレ……大さじ2
オクラ※ (薄切り) ……3本
しょうが (すりおろす) ……小さじ½
にんにく (つぶす) ……1かけ
唐辛子 (輪切り) ……1本輪切り
月桂樹の葉……1枚
タイム……小さじ¼
ピーナッツオイル……適量
塩大さじ……½〜1
ごはん……適量
※オクラの代わりになすでもよいし、両方入れてもよい。

作り方

1. 鍋に水6カップと、塩とごはん以外の材料をすべて入れて軽く混ぜる。ふたをして強火にかける。 **2.** 沸騰したら弱火にして時々混ぜながら45分煮る。塩で調味する。 **3.** 器に盛り、ごはんを別皿に添える。

現地ではしばしば丸鶏のぶつ切りを使用。だしが出ておいしくなります。

memo

Ghana

ガーナ

ジョロフ・ライス

野口英世が黄熱病の研究のために渡った旧英国領の国。世界有数のカカオ産地であり、国民は農耕民族らしい勤勉さを持つといわれています。ジョロフ・ライスはジョロフ王国に由来する西アフリカ一帯にある米料理で、セネガルではチェブジェンとも。ガーナでは長粒米を使いスパイシーなことが特徴です。

Jollof Rice

材料(4人分)

米(あれば長粒米)……250g 洗っておく。
玉ねぎ……1個
にんにく(すりおろす)……1かけ

A
┌ トマト缶(カット)……200㎖
│ トマトピューレ……大さじ2
│ 固形スープの素(砕く)……1個
│ こしょう(ひく)……小さじ¼
│ しょうが(すりおろす)……小さじ½
│ 唐辛子粉……小さじ¼
│ 塩、きび砂糖……各小さじ1
└ カレー粉……小さじ1

冷凍ミックス野菜……150g
ピーナッツオイル
……大さじ3(なければ植物油を使用)

作り方

1. 玉ねぎはフードプロセッサーにかけてペースト状にする。 **2.** 寸胴鍋に油をひき、にんにくを入れて香りが立ったら玉ねぎを加え、中火できつね色になるまで炒める。 **3.** Aを加えてよく混ぜる。 **4.** 冷凍ミックス野菜と米、水350㎖を入れてよく混ぜ、一度沸騰させてから、火を弱めてふたをして12分炊く。かき混ぜて5分蒸らす。

※好みでグリルした鶏肉などを添える

近隣のナイジェリアのジョロフ・ライスは辛さ控えめ。月桂樹の葉で香りづけします。

memo

Togo

トーゴ

アジデシ

第一次世界大戦前はドイツ領で、英仏の委任統治時代を経て1960年に独立した歴史を持つ国。ナミビアなどとともに、アフリカには珍しいドイツ領時代のビールとソーセージ製造技術が残っています。アジデシはセネガルのマフェに似た、特産のピーナッツのソースを使った肉の煮込み料理です。

材料（2人分）

鶏もも肉（角切り）……250g
トマトピューレ……¼カップ

A
┌ にんじん（輪切り）……1本
│ トマト（みじん切り）……1個
│ ピーナッツバター……大さじ2
└ マスタード……小さじ1

B
┌ 玉ねぎ（みじん切り）……1個
│ にんにく（すりおろす）……1かけ
└ 唐辛子（輪切り）……1本

ピーナッツオイル……½カップ
固形スープの素……1個
イタリアンパセリ（ちぎる）……少々
ごはん……適量

作り方

1. 鍋に鶏肉と水2カップを入れ、肉に火が通るまでゆでる。ゆで汁は取っておく。
2. 鍋に鶏肉だけ入れ、ピーナッツオイルを加えてきつね色になるまで表面を焼く。肉を取り出す。 **3.** 2にトマトピューレを入れて5分熱し、Aを加えて10分煮る。
4. 鶏のゆで汁、水2カップ、固形ブイヨンを加えてよく混ぜ、ふたをして15分煮る。 **5.** 4に2の鶏肉、Bを加えてさらに15分煮る。 **6.** 器にごはんを盛り、5をかけ、パセリを飾る。

Azindessi

鶏肉のほか牛肉や羊肉を使っても作れます。

memo

185

Nigeria

ナイジェリア（イボ）

エグシ・スープ

ウリ科の植物エグシの種子を細かく砕き、肉や干し魚、野菜とともに調理するナイジェリアの代表的料理。南東部のイボ人をはじめ、国内で広く食べられています。アブラヤシから作る赤い色をしたパームオイルを使って作ります。

材料（4人分）

かぼちゃの種……½カップ

A ┌ トマト缶（カット）……100g
  │ 赤パプリカ……1個
  └ 干しエビ……30g

玉ねぎ（みじん切り）……½個
牛もも肉（角切り）……200g
羊肉（角切り）……200g
燻製サバ……1切れ

ほうれん草（ざく切り）……½束
固形スープの素……1個
こしょう……小さじ½
塩……大さじ1
唐辛子粉……小さじ1～3
ピーナッツオイル……大さじ4
ごはん……適量

エグシはかぼちゃの種、パームオイルは他の油、燻製サバは他の白身魚で。

memo

作り方

1. かぼちゃの種は倍量の水とフードプロセッサーにかけてペースト状にする。 **2.** Aもフードプロセッサーにかけてペースト状にする。 **3.** 鍋に油を入れて玉ねぎを炒める。牛肉、羊肉を加えて表面に火を通す。

4. 2のペースト、スープの素、こしょうを加えて混ぜ、続いて1のペーストを加えて混ぜる。 **5.** 燻製サバ、ほうれん草、水500mlを入れて混ぜ、唐辛子粉、塩で調味し10分煮る。

Equsi Soup

186

フフ

アフリカ最大の人口と、イボ、ヨルバ、ハウサをはじめ250以上の民族を持つ旧英領国。フフは、キャッサバやヤムイモなどの粉で作る主食で、西アフリカ全域で食べられています。

材料（4人分）

キャッサバ粉※（ガリ）……160g
バター……大さじ1
塩小さじ……½
※なければ粉末マッシュポテト160gとコーンスターチ（または片栗粉）大さじ4を混ぜたもので代用。

作り方

1. 鍋に水2カップ、バター、塩を入れて沸騰させる。半量を別の容器に移す。**2.** 鍋に残った湯に、キャッサバ粉を少しずつ加えて混ぜ、別の容器に移した湯を足しながら10分くらい木べらでよく練る。**3.** 適当な大きさに丸めて皿に盛る。

Fufu

類似の主食をアフリカ各地でウガリ、パップ、サザなどといいます。

memo

ワイナの金型はベトナムのバインコットの金型に似ています。

ワイナ

ワイナはナイジェリア北部のハウサ人のライスケーキ。マサとも呼ばれます。現地ではひとまわり大きなタコ焼き器のような専用の金型で作ります。

Waina

材料（4人分）

米…1カップ（1時間以上水につけておく）
A｛しょうが…½かけ、砂糖…大さじ1、塩…小さじ½
ドライイースト…小さじ1、ベーキングパウダー…小さじ1、植物油…適量

作り方

1. 米は水に1時間以上浸し、半量を12分ゆでる。**2.** フードプロセッサーにゆでた米、生米、A、水少々を入れてペースト状にする。**3.** 2をボウルに移し、ドライイーストを加え混ぜ、90分置く。**4.** ベーキングパウダーを加えてよく混ぜる。**5.** タコ焼き器のくぼみに油を塗り、4を注いで焼く。フライパンの場合は直径5cmの円に4を伸ばし、両面を焼く。

Benin
ベナン

クリ・クリ

ダホメ王国の流れを汲む旧仏領国。砕いたピーナッツで作るスナックのクリ・クリは、おだんごや乾麺風などさまざまな形があります。

Kuli Kuli

材料（8個分）

ピーナッツ……250g
塩……小さじ1
揚げ油……適量
ピーナッツオイル（またはごま油）……少々

作り方

1. ピーナッツはフードプロセッサーにかけて、途中水少々、塩を加えながらペースト状にする。 **2.**1を8等分して団子状に丸める。 **3.** 揚げ油に香り付けのピーナッツオイルを加え180℃に熱し、2をきつね色になるまで揚げる。

肉を使わないので、ベジタリアンの方も安心して食べられます。

memo

肉たたきがない時は包丁の柄を使って。

Niger
ニジェール

キリシ

ニジェール川に由来し、国土の3分の2が砂漠の旧仏領国。キリシはニジェールやナイジェリア北部のスパイシーなビーフジャーキーです。

材料（4人分）

牛赤身肉（薄切り）……200g

A ┌ ガーリックパウダー…小さじ1、ジンジャーパウダー…小さじ1、クローブ粉…小さじ1、スープの素（顆粒）…小さじ1、ピーナッバター…大さじ2（砕いたピーナッツでもよい）、鷹の爪（みじん切り）…1本（みじん切り。種も使う）、塩…少々、└ 水…½カップ

作り方

1. 肉はまな板などに並べ、ラップをのせて肉たたきでたたく。 **2.** オーブンの天板にクッキングシートを敷いて1を並べ、230℃に熱したオーブンで片面8分ずつ焼く。 **3.** Aをボウルに入れてよく混ぜ、焼いた肉を漬ける。 **4.** 再びオーブンで片面5分ずつ焼く。

Kilishi

Cabo Verde

大西洋に浮かぶ15の島からなる旧ポルトガル領の国。
音楽やカーニバルをはじめブラジルとの交流が深く、
国民食とされるカチューパも、ブラジル北東部に似た
料理があります。豆やとうもろこし、野菜、豚肉などさ
まざまな食材を煮込み、翌日汁気がなくなったものを
炒めて食べたりします。

カーボベルデ

カチューパ

Cachupa

材料(4人分)

豚肉（角切り）……200g
A［ 塩……大さじ1
　　パプリカ粉……大さじ1
キャベツ……½個
トマト※……2個
にんじん……1本
にんにく（すりおろす）……2かけ
玉ねぎ（みじん切り）……1個
チョリソ（輪切り）……1〜2本

B［ 赤いんげん豆（缶詰）……200g
　　白いんげん豆（缶詰）……200g
　　コーン缶（ホール）……400g
　　チキンスープの素（顆粒）
　　……小さじ1
月桂樹の葉……2枚
オリーブオイル……適量
塩、こしょう……適量
ピリピリソース……適量
※トマトは缶詰でもよい（250g）

ピリピリソース
はサハラ以南
で使われる唐
辛子調味料。

memo

作り方

1. キャベツ、トマトは食べやすい大きさに切る。
にんじんは皮をむいて輪切りにする。キャベツ、
にんじんは電子レンジで1分加熱する。　**2.** 豚
肉にAをまぶして30分置く。　**3.** 鍋に油を熱
し、にんにくを入れて香りが立ったら、玉ねぎ
を加えて透き通るまで炒める。　**4.** 2を加えて
表面を焼き、続けてチョリソとトマトを入れて
火を通す。水1ℓと月桂樹の葉を入れる。　**5.** 沸
騰したら、キャベツ、にんじん、Bを加えて時々
混ぜながら、ふたをして弱火で45分煮る。必
要に応じて水を足す。塩、こしょうで調味する。
6. 器に盛り、好みでピリピリソースをかける。

Ethiopia

エチオピア

インジェラ&ワット

紀元前10世紀に起源を持つ、現存する世界最古の独立国。国民の約半分がエチオピア正教会を信仰する国です。インジェラは紀元前からあったとされる、穀物テフの粉を発酵させて作る主食。肉や野菜をスパイスで煮込んだワット等と食べます。鶏肉と卵入りのドロ・ワットが人気。現地ではベルベレという辛いペーストを使います。

材料（4〜5人分）

＜インジェラ＞
そば粉……1カップ
小麦粉……½カップ
ベーキングパウダー……小さじ½
ヨーグルト……大さじ2
水……適量
塩……小さじ½

作り方

1. ボウルにインジェラの材料をすべて入れて混ぜ、ホットケーキの生地くらいの固さになるよう水の量を調整する。濡らしたタオルをかぶせて1日以上、常温に置いて酸味が出るまで発酵させる。**2.** フライパンかホットプレートに薄く広げて両面を焼く。

テフ粉は日本でも購入できるようになりましたが、ない時はそば粉で。

memo

材料（4〜5人分）

＜ドロ・ワット＞
鶏もも肉（皮なし）…500g、玉ねぎ（すりおろし）…1個
スパイス：パプリカ粉…小さじ1、カイエンペッパー…小さじ1、カルダモン粒、乾燥オレガノ…各小さじ½、クミン粉、コリアンダーシード粉…フェヌグリーク、オールスパイス…各小さじ¼
しょうが（すりおろし）…小さじ1、にんにく（すりおろし）…1かけ、トマトペースト…小さじ1、バター…大さじ1、ゆで卵…2個、レモン果汁…大さじ½、植物油…大さじ1、塩、こしょう…各適量

作り方

1. 鶏肉に塩とこしょう各小さじ½を振り、もみこむ。冷蔵庫で30分寝かせる。**2.** フライパンに油をひき、玉ねぎを色づくまでよく炒める。塩、こしょう少々で調味する。**3.** スパイスをすべて加えてよく混ぜながら炒める。しょうがとにんにくを加えて混ぜる。**4.** 水1カップを加え、沸騰したら2とトマトペースト、バターを入れる。鶏肉が柔らかくなって汁にとろみが出るまで、ふたをして弱火で30分以上煮る。途中水分が少なくなったら適宜水を足す。**5.** ゆで卵とレモン果汁を入れ、10分煮込む。

Eritrea

エリトリア

アリチャ

1993年にエチオピアから独立した旧イタリア領の国。国名は紅海を意味し、イタリアの美食文化を受け継いでいるともいわれます。アリチャは穏やかな辛さのターメリックの蒸し煮。カレーの一種と呼ぶ人もおり、エチオピアでも食べられています。

材料(4人分)

玉ねぎ（ざく切り）……1個
にんじん（薄切り）……½本
じゃがいも（薄切り）……4個
ズッキーニ（輪切り）……2本
トマト（ざく切り）……4個
いんげん……10本
青唐辛子……1〜2本

A
にんにく（みじん切り）……1かけ
しょうが（みじん切り）……小さじ1
カレー粉……小さじ1
塩……小さじ1
固形スープの素……1個
オリーブオイル……適量

作り方

1. いんげんはヘタを取り、固めにゆでる。青唐辛子は縦に切り、種を抜く。 **2.** フライパンに油をひき、玉ねぎを入れ、透き通るまで炒める。 **3.** にんじん、じゃがいも、ズッキーニを加えてさらに炒める。少量の水を加えて弱火にし、ふたをして蒸し煮する。 **4.** 続けて、トマト、いんげん、青唐辛子を加えてさらに炒める。 **5.** 少量の湯で溶いた固形スープの素、Aを加える。 **6.** 器に盛り、インジェラ（前ページ参照）を添える。

他にキャベツや豆、肉などを入れることもあります。

memo

Djibouti
ジブチ

紅海に面したイスラム教徒の多い旧仏領国。世界で最も暑い国ともいわれます。スクダーカリスは、ジブチで人気のスパイスを効かせた羊肉と野菜と米の料理です。

スクダーカリス

Skaudehkaris

材料（4人分）

米…250g、ラム肩肉（角切り）…250g

A ［赤玉ねぎ（みじん切り）…1個、にんにく（すりおろす）…2かけ、トマト缶（カット）…400㎖、カイエンペッパー粉…小さじ½］

B ［クミン粉…小さじ1、カルダモン粉…ひとつまみ、シナモン粉…ひとつまみ、塩…小さじ1］

植物油…大さじ2、コリアンダーの葉（みじん切り）…大さじ2

作り方

1. 米は洗って30分以上水に浸ける。 **2.** 鍋に油をひき、肉に焼き色をつける。Aを入れて混ぜ、十分に火を通す。 **3.** Bを入れて混ぜ、水1ℓを注ぎ、肉が柔らかくなるまでふたをして30分煮る。 **4.** 1を加えて必要に応じて水を足し、ふたをして中火で3分、弱火で12〜15分炊く。 **5.** 器に盛り、コリアンダーの葉を飾る。

Somalia
ソマリア

「アフリカの角」と呼ばれる半島にある氏族を尊ぶ国。アンジェロは小麦粉などから作る、特に朝食に欠かせないソマリ人の主食です。

アンジェロ

暑さに負けないためのスタミナ料理です。

memo

おたまの底を使って中心から生地を広げます。

Anjero

材料（8枚分）

A ［小麦粉（ふるう）※…400g、ベーキングパウダー…小さじ2、塩…小さじ½］

植物油、はちみつ……各適量

※あればきび粉（白高きび＝ホワイトソルガム）または白とうもろこし粉を100g 分小麦粉と置き換える。

作り方

1. ボウルにAを入れ、泡だて器で混ぜ、ぬるま湯3カップを少しずつ加えながら、なめらかになるまで混ぜる。そのまま温かい場所に1日置いて発酵させる。 **2.** フライパンかホットプレートに薄く油を塗り、中火で熱する。1をおたま1杯分すくってパンケーキのようにのばし、表面にふつふつと泡が立つまで焼く（ひっくり返さない）。 **3.** 好みでごま油とはちみつをかけて食べる。

South Sudan

南スーダン

シャイヤ

2011年にスーダンより独立した南スーダンは、イスラム教徒のアラブ系住民が多いスーダンに対してキリスト教やアミニズムを信仰する人々が多い国。シャイヤは、お祝いのために動物が屠殺されたときに作られる肉のスパイス煮込み料理です。現地では山羊肉を使うこともあります。

Shaiyah

材料(4人分)

A
- ラム肉400g
- 赤玉ねぎ（薄切り）……1個
- にんにく（薄切り）……2かけ
- セロリ（縦細切り）……1本
- 青唐辛子……1本
- 月桂樹の葉……1枚

B
- クミン粉……小さじ1
- コリアンダーシード粉……小さじ1
- カイエンペッパー粉……小さじ1
- こしょう……小さじ½
- 塩……小さじ½
- 植物油……大さじ2

ライム……1個
青菜、玉ねぎスライス……各適量

作り方

1. 鍋に水1カップ、Aを入れて、ふたをして肉が柔らかくなるまで弱火で30分煮る。 **2.** 水少々を足し、Bを入れて混ぜ、弱火で40分煮る。 **3.** ライムは半分果汁を絞り、2に入れてさらに3分煮る。ライムの残りはスライスする。 **4.** 皿に盛り、ライムと青菜、玉ねぎを飾る。

ラム肉の代わりに牛肉を使っても作れます。　memo

193

Kenya

ケニア

ニャマ・チョマ

赤道直下に位置しながら高地が多いため過ごしやすく、野生動物が生息するたくさんの国立公園がある旧英領の国。女性のカラフルな民族衣装で知られるマサイをはじめ、多民族が暮らしています。ニャマ・チョマはそんなケニアのバーベキュー料理です。

材料(4人分)

牛肉（角切り）……400g

A
- にんにく（すりおろす）……1かけ
- しょうが（すりおろす）……1かけ
- カレー粉……小さじ1
- 塩……大さじ1
- こしょう……小さじ½
- レモン果汁……1個分

牛肉以外に鶏や羊などさまざまな肉を使います。

作り方

1. ボウルにAを入れて混ぜる。牛肉を入れてもみこみ、ラップをかけて1時間以上漬ける。 **2.** 1を串に刺して、グリルでこんがりと10〜15分焼く。角切りの肉でなく塊で漬けて、そのまま焼いて切り分けてもいい。 **3.** 皿に盛り、ウガリとカチュンバリサラダを添えて、できあがり。

<ウガリ>
とうもろこしやキャッサバの粉で作ったおもちのような主食。187ページのフフか、なければごはんでもよい。

<カチュンバリサラダ>
トマト、玉ねぎ、セロリを食べやすく切り、レモンと塩、唐辛子粉、こしょうで味つけしてコリアンダーの葉を飾る。

memo

Nyama choma

Uganda ウガンダ

マトケ

アフリカ最大のビクトリア湖や温暖な気候に恵まれた旧英領国。マトケは主食のプランテーン（調理用バナナ）。つぶしたりシチューの具にして食べます。

材料（4人分）

牛肉（角切り）……200g
プランテーン……大2本
A［玉ねぎ（薄切り）…¼個、トマト（みじん切り）…1個、にんにく（つぶす）…1かけ、唐辛子粉…ひとつまみ
いんげん…10本、植物油…適量、塩…少々

作り方

1. プランテーンは皮をむいて食べやすい大きさに切り、水を張ったボウルに入れておく。いんげんは食べやすい長さに切る。 **2.** フライパンに油をひき、Aを入れて、玉ねぎが透き通るまで中火で炒める。 **3.** 牛肉を加えて、肉の色が変わるまで炒める。 **4.** 水1と¼カップを加え、沸騰させる。火を弱めて1を加える。ふたをして、弱火で20分煮て、塩で調味する。

プランテーンは熟すとバナナのように甘みが出るので、甘くないものを。 memo

Rwanda
ルワンダ

フライド・プランテーン

コーヒーやお茶の栽培が盛んな旧ベルギー領の国。フライド・プランテーンはアフリカやカリブ諸国で広く食べられています。

材料（4人分）

プランテーン…大2〜3本、塩、砂糖…各適量、揚げ油…適量

作り方

1. プランテーンの皮をむき、食べやすい厚さに斜め切りにする。 **2.** 塩と砂糖を混ぜたものを1にまぶす。 **3.** 油を180℃に熱し、2をこんがりと揚げて器に盛る。

Tanzania タンザニア

ムチチャ

コーヒーの銘柄でもあるキリマンジャロ山のある高原が広がる国。ムチチャはカリブでカラルーと呼ばれるアマランサスの葉のこと。ここではほうれん草で代用します。

材料（4人分）

＜ムチチャ＞
ほうれん草（ざく切り）…2束、玉ねぎ（みじん切り）…½個、トマト（みじん切り）…½個、カレー粉…大さじ1
A［ココナッツミルク…120㎖、ピーナッツバター…大さじ1
植物油…適量、塩…小さじ1、ウガリ（194ページ参照）…適量

作り方

1. 小さなボウルにAを入れ、よく混ぜる。**2.** 鍋に油をひき、玉ねぎを炒める。透き通ったらトマトとカレー粉を加えて中火で5分炒める。**3.** ほうれん草を加えて混ぜながら10分炒めたら、1を加えて5分煮る。塩で調味する。**4.** 皿に盛り、ウガリを添える。

Mchicha

Zambia ザンビア

カペンタのシチュー

世界三大瀑布のひとつビクトリアの滝をのぞむ野生動物の宝庫の国。カペンタという小魚をよく食べます。ここでは煮干しで代用します。

材料（4人分）

乾燥した小魚…200g ＊カタクチイワシ等の煮干しなど。玉ねぎ（粗みじん切り）…1個、トマト（粗みじん切り）…1個、カレー粉…大さじ1、塩…ひとつまみ、植物油…大さじ2、ウガリ（194ページ参照）…適量

作り方

1. 鍋に湯を沸かし、小魚を8分ゆで、水気を切る。**2.** フライパンに油大さじ1をひき、玉ねぎとカレー粉、塩を入れて炒める。**3.** 玉ねぎが透き通ったら、油を大さじ1足して1を加えて軽く炒める。トマトを加え、さらに炒める。**4.** 水½カップを加えてふたをし、弱火で5分ほど煮る。**5.** 器に盛って、ウガリかごはんを添える。

Kapenta Stew

Malawi ンディウォ

マラウイ

国土の4分の1をマラウイ湖が占める南北に細長い
旧英領国。ンディウォはとうもろこし粉を練った主食
シマとともに食べるおかずです。

Ndiwo

材料（2人分）　＜ンディウォ＞

キャベツ（ざく切り）…¼個、玉ねぎ（みじん
切り）…½個、トマト（みじん切り）…1個、しょ
うが（すりおろす）…1cm角、植物油…適量、
塩、カレー粉…各小さじ1、水…½カップ
※キャベツはケールやほうれん草でも。

作り方

1. フライパンに油をひいて、しょうがを炒め
る。香りが立ったら玉ねぎを加え、透き通る
まで炒める。**2.** キャベツ、トマト、塩、カレー
粉、水½カップを加え、具材が柔らかくなるま
で5分煮る。**3.** 皿にシマを盛り、2をかける。
シマの代わりにごはんでも。

材料（2人分）　＜シマ＞

とうもろこし粉（白っぽいもの）…250g、塩
…小さじ½

作り方

1. 鍋に材料と水1ℓを入れて強火にかける。
2. 沸騰したら火を弱め、木べらで混ぜながら
弱火で10〜15分熱し、好みの固さに練る。

ショナ語で「石の家＝王の宮廷」を国名とする旧英領
国。ニャマは肉の意味で、ジンバブエでは肉のシチュー
のこと。とうもろこし粉作るサザと一緒に食べます。

Zimbabwe ジンバブエ

ニャマ

Nyama & Sadza

材料（4人分）

＜ニャマ＞
牛肉（角切り）…400g、にんにく（みじん切り）
…2かけ

A ┌ 玉ねぎ（みじん切り）…1個、トマト（みじん
　└ 切り）…2個、塩、カレー粉…各小さじ½
オリーブオイル…大さじ2、サザ（上記シマ参照）
…適量、青菜の炒め物…適量

作り方

1. フライパンに油大さじ1をひき、にんにくを入
れて香りが立ったら、牛肉を入れて色づくまで
炒める。ひたひたの水を加えてふたをし、肉が
柔らかくまで弱火で煮る。**2.** Aを加え混ぜ、弱
火で15分煮る。**3.** 器に盛り、サザと青菜の炒
め物を添える。

Burundi

ブルンジ

ボコ・ボコ・ハリース

ブルンジ王国として1962年にベルギーから独立した国。現在は共和制です。高地にあるため気候に恵まれ、農業が盛ん。アラブの影響を受けたボコ・ボコ・ハリースは、ブルンジで好まれているブルグル（挽き割り小麦）のおかゆです。

材料（4人分）

鶏肉……200g
砂肝（みじん切り）……100g
玉ねぎ（薄切り）……½個
ブルグル（挽き割り小麦）……300g
バター（あればギー）……小さじ2
ターメリック……大さじ1
砂糖……小さじ1
塩……小さじ1½
植物油……適量

作り方

1. ブルグルは3時間以上水に浸けてふやかし、水気を切る。　**2.** 鍋に1、鶏肉、塩小さじ1、水2カップを入れて、中火で30分煮る。　**3.** 鶏肉を取り出し、細かく裂いて鍋に戻す。バターを加えて混ぜる。**4.** 小鍋にターメリックと水少々を加えて熱し、砂肝、塩小さじ⅓、砂糖を加え、火を通す。　**5.** 鍋に油を熱し、玉ねぎを入れて、フライドオニオンを作る。　**6.** 器に3を盛り、4をかけ、5をトッピングする。

すりおろしたしょうがやカルダモンを
加えることもあります。

memo

15世紀にインド航路を開拓したバスコ=ダ=ガマが上陸し、1975年に独立するまで約500年もポルトガル領だった国。フランゴ・ピリピリはモザンビーク生まれの辛いピリピリソースで味付けた鶏肉のグリルで、南アフリカやゴア、マカオなど、ポルトガルの香辛料貿易の中継地となった地域でも食べられています。

Mozambique

モザンビーク

フランゴ・ピリピリ

Frango piri-piri

材料(4人分)

鶏肉（骨付き）……400g
＜マリネ液＞
　ココナッツミルク……½カップ
　玉ねぎ（3等分に切る）……½個
　にんにく……2かけ
　カイエンペッパー……小さじ½
　パプリカ粉……小さじ1
　鷹の爪（みじん切り）……1本
　レモン果汁……大さじ2
　オリーブオイル……25㎖
　塩……小さじ1
　こしょう……小さじ½
ピリピリソース……適量

作り方

1. マリネ液の材料をフードプロセッサーにかけ、鶏肉を漬ける。冷蔵庫で2時間以上置く。 **2.** 1を焼く。グリルの場合は中火で片面5～7分くらいずつ焼く。オーブンの場合は200℃で20分焼く。マリネ液は鍋で沸騰させる。 **3.** 鶏肉を器に盛り、マリネ液と好みでピリピリソースを添える。

鶏肉は現地ではまるごとの一羽をばらして使うこともあります。

memo

199

Madagascar

マダガスカル

バリ・アミナナナ

インド洋に浮かぶ世界で4番目に大きな島からなる国。アフリカ大陸から渡ってきた人々と、東南アジアの島々からカヌーに乗ってきた人々が混血した独特な文化を育んできました。米食が好まれ、現地語でごはん（バリ）と青菜（アミナナ）を意味するこの汁かけごはんもアジアの影響を受けた料理のひとつです。

Vary Amin'anana

材料（4人分）

牛肉（角切り）……200g
玉ねぎ（みじん切り）……1個
A ┌ しょうが（千切り）……大さじ1
　├ トマト（みじん切り）……1個
　├ ほうれん草（千切り）……1束
　└ 青ねぎ（輪切り）……2本
米（洗う）……200g
塩……大さじ1
こしょう……小さじ½
植物油……適量

作り方

1. 鍋に油をひいて牛肉を炒める。表面の色が変わったら取り出す。 **2.** 油を足し、玉ねぎを炒める。透き通ったらAを加えて混ぜ、ふたをして野菜がくたっとなるまで中火で5分煮て肉を戻す。 **3.** 水5カップと米を加える。ふたをして、米がおかゆのように柔らかくなるまで、弱火で20分炊く。水気が少なくなったら適宜足す。 **4.** 塩、こしょうで調味して、器に盛る。

アジア原産のしょうが入り。日本人もなじみやすい味です。

memo

200

Seychelles

セーシェル

クレオール・フィッシュカレー

インド洋の真珠と呼ばれ、115もある島々とともに美しいビーチが憧れのリゾート地として知られる国。キリスト教徒の多い旧英領国であり、ヨーロッパとアフリカインドが混ざったクレオール文化が料理に息づいています。

材料(2人分)

白身魚……200g
＊マダイ、タラなど
A ┌ カレー粉……大さじ1
　│ ターメリック……小さじ1
　└ 塩、こしょう……各少々
なす（角切り）……1本
玉ねぎ（みじん切り）……1個
にんにく（つぶす）……2かけ
しょうが（すりおろし）……大さじ1
B ┌ カレー粉……大さじ1
　│ ターメリック……小さじ1
　│ 唐辛子粉……小さじ½
　└ 塩、こしょう……各少々

C ┌ トマト（みじん切り）……2個
　│ コリアンダーの葉（みじん切り）……20g
　└ カレーリーフ（あれば）……2〜3枝分
ココナッツミルク……大さじ3
ライム果汁……½個
オリーブオイル……大さじ2
ごはん……適量
コリアンダーの葉、ライム……各適量

memo
南インドやスリランカの影響を受けた汁気の多いさらさらしたカレーです。

Creole Fish Curry

作り方

1. 魚は食べやすい大きさに切り、A を混ぜたものをまぶし20分置く。　**2.** フライパンに油大さじ1をひき、1の表面を軽く焼き、取り出す。続いてなすを入れて軽く炒める。**3.** 鍋に油大さじ1を引き、玉ねぎを色づくまでゆっくり炒める。にんにく、しょうがを加えて香りが立ったら B を加えて混ぜる。　**4.** 水500㎖と C を加えて5分煮る。**5.** ココナッツミルクと2の魚を加えてさらに5分煮て、ライム果汁となすを加える。**6.** 器にごはんを盛り、5をかける。コリアンダーの葉やライムの輪切りを飾る。

Mauritius

モーリシャス

タコのカレー

モーリシャスはヒンドゥー教徒のインド系住民が多い、インド洋に浮かぶ旧英領の島国。高級リゾート地でもあります。食文化にインドの影響が色濃く見られ、このタコのカレーもそのひとつ。モーリシャスではカレーだけでなく、炊き込みごはんのビリヤニなどにも魚介を使います。

材料(4人分)

ゆでダコ……500g
A
- 玉ねぎ（みじん切り）……½個
- にんにく（つぶす）……1かけ
- しょうが（つぶす）……1かけ
- タイム（粉でもよい）……小さじ1
トマト缶……½缶
カレー粉……大さじ2

B
- コリアンダーの葉（みじん切り）……1枝
- カレーリーフ（あれば）……10枚
- 塩……小さじ1
植物油……適量
ごはん……適量
チャツネ（好みで）……少々

作り方

1. タコは食べやすい大きさに切る。**2.** 鍋に油をひいて、Aを弱火で20分炒める。トマト缶を加えて、中火にし20分煮る。**3.** カレー粉を加えて煮立たせ、Bと1を加え、水少々を加えて弱火で20分煮る。**4.** 器にごはんを盛り、3をかけて、チャツネを添える。

チャツネは、フルーツジャムに赤唐辛子粉を加えて代用しても。

memo

Octopus Curry

Mkatra Foutra

Comoros コモロ

ムカトラ・フォトラ

インド洋に浮かぶ3つの島からなる、インドやアラブの影響を受けてきた旧仏領国。コモロの主食でもあるココナッツミルク入りのパンケーキです。

朝食の定番。ココナッツミルク入りカレーやはちみつなどと一緒に食べます。

memo

材料(4人分)

```
   ┌ 小麦粉（ふるう）……400g
A  │ 塩、砂糖……各小さじ½
   └ ドライイースト……小さじ1
溶き卵……1個
ココナッツミルク……400㎖
バター……適量
煎りごま……大さじ1
```

作り方

1. ボウルに A を入れてよく混ぜる。 **2.** 溶き卵、ココナッツミルクを少しずつ加えてよくこねる。25度程度の室温で1時間発酵させる。発酵したら再度こねる。 **3.** フライパンにバターを熱し、2の¼量をおたまで取ってフライパンに流し、円形に整えながら焼く。 **4.** 片面が焼けたら、焼けていない面全体に煎りごまを振りかけ、返して同様に焼く。4枚焼く。 **5.** 器に盛り、バターを塗る。

Mayotte マヨット島（フランス海外県）

サンブーサ

インド洋コモロ諸島にあるフランスの海外県マヨット島。サンブーサはインドのサモサのマヨット版。サモサよりも小ぶりでツナを入れます。

材料(12個分)

```
   ┌ ツナ缶（大）…1缶、玉ねぎ（みじん切り）
A  │ …½個、唐辛子粉…小さじ¼、カレー粉…
   └ 小さじ½、塩…少々
春巻きの皮……6枚
揚げ油……適量
付け合わせ野菜……適量
```

作り方

1. ボウルに A を入れてよく混ぜる。 **2.** 春巻きの皮は縦半分に切る。1をのせて三角に包む。ふちは水をつけて内側に皮を折り込む。 **3.** 揚げ油を180〜190℃に熱し、2をきつね色に揚げる。 **4.** 油を切り、好みの野菜を添える。

ツナ缶が便利ですが、生の魚をほぐしても。

memo

Samboose

DR Congo

コンゴ民主共和国

リボケ

フランス、ボルトガル、ベルギーに分割された
コンゴ王国のベルギー領だった地域で、アフリ
カで2番目に広い国土を持つ国。ほとんど海に
面さない内陸国でありながら、コンゴ川の流域
で獲れる魚介料理が食べられています。リボケ
は川エビや魚と野菜の包み蒸し料理です。

Liboke

材料(4人分)

白身魚……4切
＊スズキやタラなどの切り身
エビ……4尾
オクラ（縦半割り）……2本
玉ねぎ（薄切り）……1個
トマト（薄切り）……½個
青ねぎ（輪切り）……1本

A
にんにく（みじん切り）……1かけ
固形スープの素（砕く）……1個
カイエンペッパー……ひとつまみ
レモン果汁……大さじ2
塩……小さじ1
こしょう……小さじ½

バナナの葉（またはアルミ箔）……4枚

作り方

1. 容器にAと水少々を入れ、よく混ぜる。
2. バットに魚、野菜を並べ、1と青ねぎを
かけて冷蔵庫で一晩置く。 **3.** バナナの葉
の上に2を4等分にそれぞれのせて包み、
楊枝で留める（アルミ箔の場合、ホイル焼
きの要領で包む）。同様に4つ作る。 **4.** 蒸
し器に並べ、30分蒸す。フフ（187ペー
ジ参照）などと一緒に食べる。

バナナの葉はアルミ箔で代用。
海のエビや魚で作ります。

memo

Central African Republic 中央アフリカ

アフリカ大陸のほぼ中央にある、高原が大部分を占める旧仏領国。カンダ・ティ・ニマはオクラ入りピーナッツソースで煮込んだアフリカ流の肉団子です。

カンダ・ティ・ニマ

材料(4人分)

牛ひき肉…250g、玉ねぎ（みじん切り）…1個
A┌ にんにく（みじん切り）…1かけ、卵（割りほぐす）…1個、
　└ 唐辛子粉…小さじ½、塩…小さじ1
オクラ（輪切り）…6本、ピーナッツバター…¼カップ、植物油
…適量、ごはん…適量

作り方

1. ボウルに牛ひき肉、玉ねぎの半量、Aを入れてよく混ぜ、小さなボウル状に丸める。**2.** フライパンに油をひき、残りの玉ねぎ、オクラを入れて3分炒める。**3.** ピーナッツバター、水½カップを加えてよく混ぜる。1を入れて20分熱する。**4.** ごはんと一緒に器に盛る。

Kanda ti Nyma

カンダ（カンジャ）
＝オクラ。アフリカ原産の野菜です。

memo

同様の料理を国によりスープカンジャ、コペ等といいます。

Chad チャド

サハラ砂漠の南に位置し、北部はチャド湖を中心に湿地帯の広がる旧仏領国。ダラバはオクラソースのことで、現地では乾燥オクラを使うこともあります。

ダラバ

材料(4人分)

オクラ（輪切り）…20本、にんにく…1かけ、玉ねぎ（みじん切り）…1個、牛肉（角切り）…200g、植物油…大さじ3
A┌ ピーナッツバター…大さじ1、固形スープの素…1個、唐辛子粉…少々、しょ
　└ うゆ…大さじ1、こしょう…少々
塩……少々、赤唐辛子（鷹の爪）飾り用

作り方

1. オクラは倍量の水で15分煮る。にんにくとともにフードプロセッサーにかけて繊維が残るくらいのペースト状にする。**2.** 鍋に油を入れて玉ねぎをきつね色になるまで炒め、牛肉を加えて焼き色を付ける。**3.** 1とAを加えて混ぜ、塩で調味する。器に盛って赤唐辛子を飾る。

Daraba

Cameroon

カメルーン

ンドレ

ポルトガル語の小エビ（カマロエス）が語源のカメルーンは、欧米列強の植民地政策に翻弄され、1972年に英領と仏領部分が合併して独立した国。250以上の民族が暮らし、アフリカらしい文化が息づいています。ンドレは西アフリカ原産の苦菜のことで、エビや牛肉、ナッツを加えて煮込みます。

材料(4人分)

ほうれん草……1束
※ケールや小松菜でもよい。
　塩、重曹……各ひとつまみ
ピーナッツ……1カップ
玉ねぎ（薄切り）……1個
（半分に分けて使用）
にんにく（すりおろす）……3かけ
しょうが（すりおろす）……1かけ
牛ひき肉……250g
A ┌ 干しエビ……10g
　│ 燻製の魚（あれば）……1切
　└ 固形ブイヨンの素……1個
むきエビ……150g
植物油……大さじ4
塩、こしょう……適量

ンドレはほうれん草で代用して作ります。伝統的にプランテーン等を添えます。

memo

Ndole

作り方

1. 塩と重曹を入れた湯で、ほうれん草をゆで、冷水に取る。水気を軽く切ってフードプロセッサーにかけ、ペースト状にする。ボウルに移す。**2.** ピーナッツは生のものはゆで、フードプロセッサーで水少々を入れてペースト状にする。**3.** 鍋に油大さじ2をひいて、玉ねぎの半量、にんにく、しょうがを炒める。香りが立ったら牛ひき肉を加えて表面を焼く。2とAを加え混ぜる。**4.** 1を加えて混ぜ、塩、こしょうで調味する。**5.** 別のフライパンに油大さじ2を入れ、残りの玉ねぎとむきエビを炒め、塩で調味する。**6.** 4を器に盛り、5を飾る。ごはんと一緒に食べる。

Republic of the Congo

コンゴ共和国

ポンドゥ

赤道直下にあり、13〜15世紀に栄えた
コンゴ王国の一部をなす旧仏領国。ポ
ンドゥはキャッサバの葉のことで、サカ
サカともいいます。

材料(4人分)

キャッサバの葉……1束
＊ケールやほうれん草でも。
A ［玉ねぎ（みじん切り）…½個、にんにく（す
りおろす）…1かけ、アンチョビ（刻む）…
2〜3枚、塩…小さじ½、パームオイル（ま
たはオリーブオイル）…小さじ1］
塩……少々、ごはん……適量

作り方

1. キャッサバは適当な大きさに切ってゆでる。
フードプロセッサーにかけ、ペースト状にする。
2. 鍋に水300㎖とAを入れて、時々かき混ぜ
ながら45分煮る。水分が減ったら適宜足す。塩
で調味する。 **3.** 器にごはんを盛り、2をかける。

Pondu

現地では乾燥葉を
使うことも。冷凍ほ
うれん草で代用可。

森林が国土の80%を占め、アブラヤ
シ栽培と農業と森林保護の共存を目
指す旧仏領国。これは塩漬け魚と野
菜をフランス風に調理した料理です。

Gabon

ガボン

ポワソン・サリ

memo

塩漬け魚はアフリカ
やカリブ地域でよく
使う保存食です。

Poisson Salé aux legumes

材料(4人分)

白身魚（タラなど）…500g、むきエビ…
200g、玉ねぎ（薄切り）…1個、にんにく（み
じん切り）…1かけ
A ［トマト（ざく切り）…2個、キャベツ（ざ
く切り）…½個、にんじん（拍子切り）
…1本、パセリ（みじん切り）…大さじ
2、唐辛子（みじん切り）…1本］
植物油…適量、塩…適量、ごはん…適量
※トマトは缶詰、唐辛子は鷹の爪でもよい

作り方

1. 白身魚に塩を振り、30分置く。 **2.** 鍋に
油をひき、玉ねぎとにんにくを炒める。透き
通ったら、Aを加えて軽く炒める。 **3.** エビ、
1、水1ℓを加えて塩で調味し、30分煮る。
4. 器に盛り、ごはんを添える。

Angola

アンゴラ

ムアンバ

アンゴラは16世紀から1975年に独立するまで約500年ポルトガルの植民地だった国。今もポルトガル語が話され、カトリック信徒も多いなど文化に影響が見られます。国民食ムアンバは本来アブラヤシの実の油（パームオイル）のこと。鶏肉などを加えてシチューにします。鶏肉のムアンバともいいます。

Moamba

材料(4人分)

鶏もも肉……300g
玉ねぎ（みじん切り）……1個
にんにく（みじん切り）……1かけ
月桂樹の葉……1枚
オリーブオイル……大さじ2
かぼちゃ※……150g
完熟トマト……1個
A ┌ パームオイル（あれば）……大さじ2
  │ 鷹の爪（縦半切り）……1本
  │ レモン果汁……大さじ2
  └ 塩、こしょう……各小さじ½
オクラ（縦半切り）……100g
ごはん……適量
※あればバターナッツのような水気の多いもの。

作り方

1. 鶏肉は食べやすく切る。かぼちゃ、トマトは皮を除き、食べやすい大きさに切る。
2. 鍋にオリーブオイルを入れ、玉ねぎ、にんにくを炒め、鶏肉と月桂樹の葉を加える。中火で肉に火が通るまで炒める。 **3.** 2にかぼちゃとトマト、A、水1ℓを加えて弱火でさらに15分煮込む。 **4.** 必要なら塩（分量外）を足し、オクラを加えて火を通す。 **5.** 器に盛り、ごはんを添える。

現地ではキャッサバなどの練りがゆフンジ（フフ・187ページ参照）と食べる伝統があります。

memo

Equatorial Guinea

赤道ギニア

ペッパースープ

1968年にスペインから独立したギニア湾に面する国。南米伝来の唐辛子を使った、魚または鶏肉スープは現地では滋養食とされています。

Peppersoup

材料(4人分)

白身魚…400g、にんにく(みじん切り)…2かけ、しょうが(すりおろす)…小さじ1

A[鷹の爪(みじん切り)…1本、パプリカ粉…小さじ1 、月桂樹の葉…1枚

B[玉ねぎ(スライス)…1個、トマト(みじん切り)…2個、スープの素(顆粒)…小さじ1、白こしょう…小さじ½

バジルの葉…4枚、塩…小さじ½、オリーブオイル…大さじ1

作り方

1. 鍋に油をひき、にんにくとしょうがを色づくまで炒め、Aを加えてさらに炒める。 **2.** 水3カップ、Bを加えて10分煮る。 **3.** 白身魚を入れて火を通し、バジルの葉を入れて、塩で調味する。

Sao Tome and Principe

サントメ・プリンシペ

オメレータ・デ・バナナ

ポルトガルの奴隷貿易の中継基地として発展し1975年に独立した国。現地では軽いランチや夕食として食べます。じゃがいもで代用可。

材料(4人分)

プランテーン…3本、卵(割りほぐす)…3個、小麦粉…大さじ1、オリーブオイル…小さじ1、ケチャップ…適量

作り方

1. ボウルに卵と小麦粉を入れてよく混ぜ、ダマをなくすためにざるでこす。 **2.** 青バナナは皮をむいて角切りにし、油で炒める。 **3.** バナナがきつね色になったら、1を入れ、ふたをして弱火で2分熱する。 **4.** 卵に火が通ったら半分に折り、器に盛る。好みでケチャップを添える。

Omeleta de Banana

209

South Africa

南アフリカ

ボボティー

15世紀にポルトガル人の香辛料貿易のルートとなり、アフリカ先住民のほか移住者のオランダ人、イギリス人、インド人、マレー人らが暮らすアフリカ最南端の国。ボボティーはそんな南アフリカを象徴するようなさまざまな文化がミックスしたカレー風味のミートローフ。語源はマレー語だといわれています。

材料(4人分)

ひき肉(牛かラム)……400g
食パン……1枚
牛乳……180㎖
バター……10g
玉ねぎ(薄切り)……1個

A
┌ カレー粉……大さじ1と½
│ ターメリック……小さじ1
│ あんずジャム……大さじ2
│ ウスターソース……大さじ1
└ レモン汁(または酢)……小さじ1

B
┌ にんにく(すりおろす)……1かけ
│ しょうが(すりおろす)……小さじ½
│ レーズン……大さじ1
│ アーモンドスライス……15g
│ 塩……小さじ1〜1と½
└ こしょう……小さじ½

月桂樹の葉……2枚
卵(割りほぐす)……2個

作り方

1. 食パンは耳を外してちぎり、牛乳に10分浸して絞る。牛乳は取っておく。 **2.** 器にAを入れて、よく混ぜる。 **3.** 大きめのフライパンにバターを溶かし、玉ねぎを炒める。色づいたら、ひき肉を入れて炒め、食パンと2とBを加えて、水気がなくなるまでよくかき混ぜながら炒める。 **4.** 耐熱皿に3を敷き詰め、スプーンなどで軽く押し付けるように表面を平らに整えて、月桂樹の葉をのせて少し押し込む。 **5.** ボウルに卵と1の牛乳を入れてよく混ぜ、4に注ぐ。 **6.** 180℃に熱したオーブンで表面に焦げ目がつくまで45分くらい焼く。

ターメリック入りのイエローライスと一緒にいただきます。

memo

Bobotie

大規模なインド人コミュニティのある東部の港町ダーバン
で、1940年代に誕生したとされる料理。くり抜いた食パン
にカレーを詰めて食べます。オリジナルはベジタリアン・
カレーだけでしたが、今では肉を使ったものもあり、インド
系住民だけでなく多くの人々に愛されています。

南アフリカ（ダーバン）

バニー・チャウ

Bunny Chow

材料（4人分）

食パン（小ぶりなもの）※……4斤
ひよこ豆（水煮缶）……400g
玉ねぎ（みじん切り）……小1個
クミンシード……大さじ1
にんにく（すりおろす）……2個
しょうが（すりおろす）……1cm
A ┌ トマトピューレ……2カップ
　│ 青唐辛子（輪切り）……1本
　│ カレー粉……大さじ2
　└ 塩……少々
植物油……適量
※なければ丸パンでもよい。くり抜
いておく。

作り方

1. 鍋に油をひき、クミンシードを炒める。香り
が立ったら玉ねぎを加えて、色づくまで炒める。
2. にんにく、しょうがを加えて香りを出す。**3.** A、
水1カップを加えて混ぜ、沸騰したら火を弱めて
10分煮る。**4.** 水気を切ったうずら豆を加えて、
さらに10分煮る。**5.** 食パンの中央をくり抜いて
4を入れる。

ひよこ豆の代わりにうずら豆や
野菜、肉でも作れます。

memo

Eswatini

エスワティニ

スワジ・ソース

南アフリカとモザンビークに囲まれた旧英領の王国（旧スワジランド）。スワジ・ソースは、アフリカ南部のバーベキュー「ブラーイ」で活躍するトマトベースのピリ辛ソース。エスワティニでは毎夏「Biggest Braai」という催しが行われるほどBBQが人気です。

Swazi Sauce

材料(4人分)

＜ソース＞
　玉ねぎ（みじん切り）……1個
　にんにく（みじん切り）……1かけ
　トマトピューレ……大さじ2
　こしょう……小さじ1
　きび砂糖……大さじ1
　レモン果汁……½個
　唐辛子ソース（ピリピリソース）……小さじ½
　塩……小さじ1
植物油……15㎖
肉、ソーセージ、とうもろこし、好みの野菜類

作り方

1. ボウルにソースの材料をすべて入れ、よく混ぜる。　**2.** 肉はソースに漬けて1時間以上置く。　**3.** グリルで焼く。ソーセージや野菜は焼いてからソースをつける。

好みによりピリピリソースの量を増やしたり、あとからかけても。

memo

Namibia

ナミビア

ブルボス

ナミビアは1884〜1918年までドイツ領で、南アフリカ統治時代を経て1990年に独立。今も現地ではドイツ人子孫によるソーセージやハム、ビールの製造が盛んです。スパイシーなソーセージのブルボスはベルリン名物カリーブルストの起源とも。ブラーイと呼ばれるアフリカ南部のバーベキューで焼きます。

材料（4人分）

牛ひき肉……400g
豚ひき肉……400g
玉ねぎ（みじん切り）……1個

A
オールスパイス粉……小さじ¼
ナツメグ粉……小さじ¼
クローブ粉……少々
コリアンダーシード粉……小さじ½
こしょう……小さじ1
ウスターソース……大さじ1
塩……大さじ1

羊の腸……1〜2本
トマト缶……½缶
塩……少々
植物油……適量

作り方

1. フードプロセッサーに牛肉、豚肉、玉ねぎの半量、Aを入れてペースト状にする。**2.** 1を専用の絞り袋などで羊の腸に詰める。**3.** 薄く油をひいたフライパンかグリルで2を両面ずつそれぞれ7分火が通るまで焼く。**4.** ソーセージを取り出した鍋に、残りの玉ねぎ、トマト缶、塩を入れてトマトソースを作る。**5.** ソーセージを器に盛り、4をかける。

羊腸がないときは短くして皮なしで。市販のソーセージにこのソース＆スパイスをかけても美味。

memo

Boerewors

213

Botswana

ボツワナ

セスワ

世界遺産の湿地帯オカバンゴ・デルタのある旧英領国。スイカの原産地でもあります。セスワはボツワナのお祝いや儀式の席に欠かせないシンプルな伝統料理です。

材料(4人分)

牛もも肉（塊）……500g　　青菜（ゆでる）……適量
塩……大さじ1　　　　　　ウガリ……適量

作り方

1. 肉を4〜5cm幅に切る。　**2.** 鍋にお湯を沸かし、1を柔らかくなるまで30分以上ゆでる（最初は強火、肉に火が通ったら弱火で）。途中で塩を加える。　**3.** 肉を取り出し、木べらまたは包丁で肉が細かくなるまでほぐす。　**4.** 器に盛り、肉のゆで汁を少しかけて、ゆでた青菜やバップ（ウガリと同じ194ページ参照）を添える。

地域によってレスワオとも。山羊肉を使うこともあります。

memo

ヨハネスブルグ発祥。BBQのお供や冷製サラダにしても。

Lesotho レソト

チャカラカ

英国の保護領を経て1966年に独立したソト族の王国。チャカラカは国を囲む南アフリカでも食べられているスパイシーな豆と野菜の料理です。

材料(4人分)

白いんげん豆（缶詰）…200g、トマト（みじん切り）…2個、にんにく（みじん切り）…1かけ、玉ねぎ（薄切り）…1個
A［ピーマン（みじん切り）…1個、にんじん（細切り）…1本、赤唐辛子（みじん切り）…1本、カレー粉…小さじ1、塩…小さじ½、こしょう…ひとつまみ］
植物油…大さじ2、コリアンダーの葉（みじん切り）…少々、ごはん…適量

作り方

1. フライパンに油をひき、にんにくを炒め、香りが立ったら玉ねぎをを加えて透き通るまで炒める。Aを加えてさらに炒める。　**2.** トマト、白いんげん豆を加え、ざっくり混ぜる。　**3.** 皿に盛り、コリアンダーの葉を飾り、ごはんを添える。

プロトコールとエチケットの違い

プロトコールは、国際社会での公的な関係、公的な場、行事、公的な地位・官職に関する規則や慣例。条約、法令などで公に決まっている事項も多くあります。一方エチケットやマナー、しきたりは、一般社会・私生活の約束事、慣例。規則としては定まっておらず、時代の変遷で変化があり、個人の考え方でも様々な説があり得ます。

エチケットは、ヨーロッパの宮廷において

紙＝エチケットに書き留めた、つまり宮廷で行われる予定表（アジェンダ）が、宮廷でどのように決め事を執り行うかという意味に転換したものといわれます。

いずれにしても、プロトコールもエチケットも国際社会の営みをスムーズにする、相手国に不快感や憤りを与えない、秩序ある居心地のよい国際環境を作るなど、国際社会と人々との関係を円滑にすることが目的です。

各地域の独自の食事エチケット例

インドや東南アジア、中東、アフリカの一部などでは、左手は不浄の手として、食事には右手だけを使います。

イスラム教諸国では、パンを地面に落としたら、それを拾ってキスし、額に乗せてからお皿に戻します。これは食べ物とそれを作り上げた仕事に対する敬意を示しています。

フランスでは、フォークとナイフ、またはフォークかパンのいずれかで両手を使って食事をします。パンはフォークに食事を載せる道具であり、パンは直接噛まずに、その一部をちぎって食べます。パンは通常、テーブルやテーブルクロスの上に置きます。

中国などでは、げっぷはしばしば食事の満足度を示すものとして、シェフへの賛辞と見なされます。また食べ物を少し残しておくことで、ホストが十分以上の食べ物を提供してくれたことを示します。また中国では伝統的に温かい食事をし、冷めたものは食べません。文字通り「冷や飯を食べさせられた」とクレームになることもありますので、日本でお弁当などを出す際は注意が必要です。

ロシアなどでは、ゲストを夕食に招待した際に、たくさんの食事を提供する習慣があります。出されたものを辞退するのは失礼とされます。特に飲酒は節制の観念が薄いため、自信のない人は事前に伝えておきましょう。

CHAPTER 5

North and Central America & Caribbean

| 北・中央アメリカ、カリブ |

15世紀に航海者クリストファー・コロンブスがインドを目指して西に進み、偶然"発見"されたアメリカ大陸。ヨーロッパから入植者が渡り、先住民への征服・植民地活動を行ったのち18世紀後半からは脱植民地化の流れが起こり、多くの国が独立しました。

北アメリカ　先住民はとうもろこしを主食とし、かぼちゃやいんげん豆などを栽培していました。アメリカやカナダでは11月の感謝祭（サンクスギビング・デー）に北米原産の七面鳥を食べますが、これは17世紀に宗教的自由を求めて新天地に渡ったイギリスの清教徒が、先住民に荒野で農作物を育てる方法を教えられ、無事に収穫できたことを感謝して、一緒に祝宴をあげようと野生の七面鳥を食べたことに由来するといわれます。現在では、ヨーロッパをはじめとする世界各地から来た移民が暮らし、多様な食文化が混ざり合って新しい料理を生み出しています。

中央アメリカ　紀元前1000〜1500年頃から16世紀まで続いたマヤ文明をはじめ、古代から高度なメソアメリカ文明が繁栄した地域。スペイン人による征服のため文明は壊滅しましたが、とうもろこし粉で作るメキシコのトルティーヤに代表される伝統的な食文化が受け継がれてきました。唐辛子やいんげん豆、カカオ、アボカドなどの原産地でもあり、スペイン人が布教したカトリックの行事や祝祭と結びついて、独自の食習慣も誕生しています。

カリブ　西インド諸島は、砂糖プランテーションの労働力だった西アフリカからの奴隷の供給先でした。今でもカリブ地域にはアフリカの食文化が色濃く残っています。また、荒野で暮らして先住民に影響された逃亡奴隷マルーンや、ヨーロッパ系、インド人労働者などの影響が混ざり合って、独特なクレオールの食文化が育まれました。また、カリブの島々は新鮮な果物や魚に恵まれた南国の気候を共有しつつ、独立国、海外領ともヨーロッパの宗主国ごとに違う食文化を持つケースが見られます。

北中米・カリブでよく使われる**食材、調味料**など

コンク貝
カリブ海特産の美しく大きな巻貝。日本で手に入る巻貝や二枚貝の身で代用。

パンノキ
（ブレッドフルーツ）
ポリネシア原産のクワ科パンノキ属の常緑高木。イギリス、フランスによって奴隷の食糧としてカリブ海の島々にも移植された植物。焼くとパンに似た食感がするといわれこの名がついた。じゃがいもに似た味で、代用可。

マサ
主食のトルティーヤなどに使うとうもろこし粉をマサといい、石灰水処理しているので生地に粘り気が出る。普通のコーンフラワーやコーンミールを使う場合は、グルテンを補うために小麦粉を加えて代用。

217

Canada

カナダ

ロブスターの プーティン

1867年の建国以来、世界中から移民を受け入れてきたカナダ。中でもフランス移民の多いケベック州はメープルシロップの特産地であり、カナダでもっとも食文化が発達した地域。プーティンは、ケベック発祥のカナダの国民食。ロブスターを使えば豪華版になります。

材料(4人分)

ロブスター……*1尾
じゃがいも……3個
A ┌ バター……大さじ1
  │ 塩……小さじ1
  └ こしょう……小さじ½
揚げ油……適量
オリーブオイル……適量
チーズ(溶けるもの)……200g
B ┌ 玉ねぎ(みじん切り)……½個
  │ にんじん(みじん切り)……½本
  │ セロリ(みじん切り)……大さじ2
  └ にんにく(薄切り)……1かけ
C ┌ ローズマリー(生)……4㎝
  │ タイム(生)……少々
  └ ケチャップ……少々
塩……適量
*イセエビ。なければブラックタイガーなどのエビや殻付きの甲殻類。

作り方

1. じゃがいもは拍子切りにして、150℃の油でゆっくり揚げ、フライドポテトを作る。 **2.** 寸胴鍋に1ℓの湯を沸かして塩を入れ、ロブスターを丸ごと2〜3分ゆでる。冷水につけて殻をはずし、身を冷蔵庫で保存する。殻は取っておく。**3.** 2のゆで汁の半量を残し、Aを加えてスープを作る。 **4.** フライパンに油をひき、Bを入れて玉ねぎが透き通るまで炒める。 **5.** 続けてロブスターの殻、C、3のスープを加えて弱火で1時間半コトコト煮る。漉して粗熱を取る。 **6.** 器に1を盛り、ロブスターの身をのせ、5をかける。

Lobster Poutine

一般的なプーティンはグレイビーとチーズソースをフライドポテトにかけて作ります。

memo

United States

アメリカ

ハンバーガー

ドイツの都市ハンブルクの名に由来したハンバーガーは、アメリカの国民食のひとつ。ドイツでフリカデレと呼ばれるひき肉のグリルをヒントに19世紀後半に誕生したといわれます。アメリカのみならず世界中に広がってさまざまなバリエーションが生まれましたが、こちらはベーシックなレシピです。

Hamberger

材料（4人分）

＜ハンバーグ＞
　牛ひき肉……400g
　玉ねぎ（みじん切り）……½カップ
　パン粉……¼カップ
　にんにく（すりおろす）……1かけ
　卵（割りほぐす）……1個
　ウスターソース……大さじ1
　塩……小さじ½
　こしょう……小さじ¼
＜トッピング＞
　レタス……4枚
　スライスチーズ……4枚
　きゅうりのピクルス……4枚
　トマト（輪切り）……1個
　赤玉ねぎ（輪切り）……½個
バンズ（パン）……4個
ケチャップ、マスタード……各適量

作り方

1. ボウルにハンバーグの具材をすべて入れてよくこね、4等分して薄く丸く成形する（焼くと縮むのでバンズよりも大きめに）。フライパンまたはグリルで、火が通るまで8〜10分焼く。　**2.** 半分に切ったバンズをオーブントースターで30秒〜1分軽く焼く。　**3.** バンズの両面にマスタードを塗り、レタス、ハンバーグ、チーズ、ピクルス、赤玉ねぎ、トマトの順にのせて、ケチャップとこしょうをかけ、もう片方のバンズではさむ。

スライスチーズは味の濃いチェダーチーズがおすすめです。　memo

United States

アメリカ（マサチューセッツ州ボストン）

ニューイングランド・クラム・チャウダー

チャウダーは250年以上前にヨーロッパから北米に持ち込まれたスープ料理。大西洋原産で、最近日本でも販売されているホンビノス貝を使ったクラム・チャウダーは全米にさまざまな種類があります。中でも、古い歴史を持つニューイングランドの名を冠したボストン名物のこちらが有名です。

New England
Clam Chowder

はまぐりや、数を多めにしたアサリでも作れます。

memo

材料(4人分)

ホンビノス貝……7〜8個
＊ハマグリ、アサリなどは多めに
じゃがいも……2個
ベーコン……80g
玉ねぎ（角切り）……1個
牛乳……2½カップ
白ワイン……小さじ2

生クリーム（あれば）……大さじ1
タイム（生または乾燥）……少々
塩、こしょう……各少々
小麦粉……大さじ1
バター……小さじ½
パセリ（みじん切り）……少々
クラッカー……適量

作り方

1. 貝は砂を吐かせ、鍋に少量の水を沸騰させ、貝を入れて殻が開くまで3分熱する。貝を取り出し、ゆで汁は取っておく。
2. じゃがいもは皮をむいてゆでて角切りに、ベーコンは1cm幅に切る。
3. 鍋にバターを熱し、玉ねぎとベーコンを炒める。玉ねぎが透き通ったら、じゃがいも、タイムを加えてさらに炒める。
4. 小麦粉を加え、1の煮汁で少しずつ溶き、牛乳と白ワインを加える。煮立ったら弱火にして1の貝と生クリーム、塩、こしょうを加えてさらに5分煮る。
5. 器に盛り、パセリを飾り、クラッカーを添える。

かつてスペイン、フランス領だったルイジアナ州には、ヨーロッパやアフリカ、カリブの文化が混ざった独特の料理があります。ジャンバラヤはスペインのパエージャやセネガルのチェブジェンの影響を受けた炊き込みごはん。クレオールとケイジャンの二流派があり、こちらは前者のレシピです。

アメリカ（ルイジアナ州）

ジャンバラヤ

材料(4人分)

豚肉（角切り）200g
クレオールシーズニング※……大さじ1
ソーセージ……200g
むきエビ……200g
玉ねぎ（みじん切り）……小1個
ピーマン（みじん切り）……1個
セロリ（みじん切り）……½本
にんにく（みじん切り）……1かけ

A ┌ トマト缶（カット）……300g
　│ ウスターソース……小さじ2
　│ クレオールシーズニング……大さじ½
　│ カイエンペッパー……小さじ½
　│ 塩……小さじ1
　└ こしょう……小さじ½

チキンスープの素（顆粒）……大さじ1
月桂樹の葉……2枚
米……1カップ
植物油……大さじ6
青ねぎ（輪切り）……少々
※スモークパプリカ、市販のジャンバラヤの素またはケイジャンシーズニングでもよい。

作り方

1. 豚肉にクレオールシーズニングをまぶしておく。**2.** 大きめのフライパン（パエリヤ鍋でもよい）に薄く油を熱し、豚肉とソーセージをこんがりと焼き、取り出す。**3.** 油を足して玉ねぎ、ピーマン、セロリを炒め、にんにくを加えてさらに炒める。Aを加えて混ぜて10分煮たら、米を入れて炒める。2を戻してさらに炒める。**4.** 水⅓カップ、スープの素、月桂樹の葉、エビを加えて混ぜ、火を弱めて25〜30分、水分がなくなるまで煮る。**5.** 器に盛り、青ねぎを散らす。

スモーキーな味がおいしさの決め手なので燻製ソーセージがおすすめ。

memo

Jambalaya

United States

アメリカ（テキサス州）

ファヒータ

メキシコと国境を接するテキサス州は、アメリカとメキシコ、スペイン、カナリア諸島のベルベル系先住民らの食文化が混ざり合ったテックス・メックス料理の本場。牛肉ステーキとピーマンを焼いて小麦粉のトルティーヤに巻いて食べるファヒータは、チリコンカンとともにその代表格です。

材料(4人分)

牛肉（ステーキ用）……500g
<マリネ液>
　オレンジジュース……¼カップ
　ライム果汁……大さじ2
　にんにく（すりおろす）……1かけ
　ウスターソース……小さじ1
　カイエンペッパー……小さじ½
　クミン粉……小さじ½
　塩……小さじ1
　こしょう……小さじ½
　植物油……大さじ6

玉ねぎ（薄切り）……½個
赤パプリカ（薄切り）……1個
ピーマン（薄切り）……2個
塩、こしょう……各少々
植物油……少々
フラワートルティーヤ……8枚
<トッピング>
レタス、サワークリーム、ピザ用チーズ、
コリアンダーの葉……各適量
唐辛子ソース（タバスコ）……好みで

作り方

1. バットにマリネ液の材料を混ぜ、牛肉を漬けて冷蔵庫で3時間以上置く。焼く20分前に出し、室温に戻して食べやすい大きさに切る。**2.** フライパンを強火で熱して油を薄くひき、1を片面4分ずつ焼いて、アルミ箔に包み保温する。**3.** 同じフライパンで玉ねぎ、パプリカ、ピーマンを焼き、塩、こしょうで調味し、2を戻して炒める。**4.** フラワートルティーヤを温め、3に添える。トッピングと肉を一緒に巻いて食べる。

オレンジの酸味代わりにパイナップルジュースでも。

memo

Fajita

Southern Cornbre

アメリカ（ジョージア州）

サザン・コーンブレッド

北アメリカ先住民の料理でしたが、改良され、特にジョージア州を始めとする南部で愛されています。スキレットで作るのが南部流。

材料（4人分）

A ┌ コーンミール…1カップ、小麦粉…1カップ、ベーキングパウダー…大さじ1

B ┌ 卵（割りほぐす）…1個、塩…小さじ¼、砂糖…大さじ2、コーン油…¼カップ

バターミルク※…1と¼カップ、バター…大さじ2
※牛乳¼カップ＋ヨーグルト1カップで代用可。

作り方

1. ボウルにAを入れて混ぜる。 **2.** 別のボウルにBを入れて混ぜる。 **3.** 1と2を合わせ、バターミルクを混ぜ合わせる。 **4.** フライパンまたはスキレットにバターを塗り、渦を巻くように3を流し込み、平らにならす。 **5.** アルミ箔をかぶせ、190℃に熱したオーブンで25分焼く。

材料（4個分）

ホットドッグ用バンズ……4個
太めのソーセージ※……4本
＜トッピング＞
　トマト（くし切り）…8個、玉ねぎ（みじん切り）…大さじ2〜3、ししとう（好みで）…1本、きゅうりのピクルス…適量、スイートレリッシュ※※…大さじ4
イエローマスタード……適量
塩、こしょう……各少々
※あれば100％牛肉ソーセージ。
※※甘いきゅうりのピクルスみじん切り。

作り方

1. 鍋に湯を沸かして、ソーセージを5分ゆでる。 **2.** 1の鍋の上に蒸し器（またはざるなど）を置き、バンズを2分蒸す。 **3.** バンズにソーセージ、トッピングをはさみ、塩、こしょうを振り、マスタードをかける。
＜スイートレリッシュの作り方＞
きゅうりを細かく切ってりんご酢とはちみつ（または砂糖）に漬け、一晩冷蔵庫に置く。

アメリカ（イリノイ州シカゴ）

シカゴ・スタイル・ホットドッグ

ホットドッグは、ドイツのソーセージの影響を受けて19世紀末に誕生したアメリカの国民食。シカゴ流は牛肉のソーセージを使用。ケチャップはかけません。

Chicago-Style Hot Dog

United States

アメリカ（ハワイ州）

ロミロミ・サーモン

1898年にアメリカに併合される前は南太平洋の王国だったハワイには、今もポリネシアやアジア移民の食文化が息づいています。ロミロミはハワイ語で「もむ」を意味し、アヒポキやラウラウなどとともにハワイ料理の伝統的なおかずのひとつ。ライムジュースを絞って食べるさわやかな料理です。

材料（4人分）

サーモン（刺身用）……250g
塩……少々

A
┌ 赤玉ねぎ（角切り）……½個
│ トマト（角切り）……1個
│ ライム果汁……1個分
│ 塩……少々
└ 唐辛子粉……ひとつまみ
青ねぎ（飾り用）……少々

作り方

1. サーモンは塩を振ってラップをかけ、冷蔵庫で一晩寝かせ、角切りにする。 **2.** ボウルにサーモン、Aを入れて、揉むように混ぜる。 **3.** 1をグラスに盛り、青ねぎを飾って、できあがり。

Lomi lomi Salmon

少し置いてしっかり
味をなじませると、
おいしいです。

memo

Mexico

メキシコ

タコス

メキシコは1810年にスペインから独立した、スペイン語圏でもっとも人口の多い国。オルメカ、マヤ、アステカといった文明が栄えた地で、ねばり気を出すために石灰水処理したとうもろこしの生地から作るパン（トルティーヤ）を主食としてきました。その上に肉や野菜などの具を乗せたのが、タコスです。

材料(4人分)

＜トルティーヤ＞
とうもろこし粉※……200g
小麦粉……200g
塩……少々
＜トッピング＞
豚もも肉（薄切り）……200g
レタス（ちぎる）……適量
トマト（スライス）……1個
玉ねぎ（みじん切り）……1個
チーズ（溶けるもの）……適量
カットパイン（市販）……適量
アボカド（スライス）……1個
サワークリーム……適量
ライム……1個
サルサソース（タバスコでもよい）
……好みで
※石灰水処理したとうもろこし粉（マサ）でないと、生地がくずれるので小麦粉を混ぜる。マサがあれば不要。

作り方

1. ボウルにトルティーヤの材料をふるって入れ、温水を少しずつ加え、耳たぶくらいの固さになるまでこねる。ゴルフボール大ほどに丸め、麺棒で直径12cmくらいに薄くのばし、フライパンで両面を少し焦げ目がつくまで焼く。 **2.** 豚肉は塩ゆでして細かくし、トッピングを用意する。1に好みのものをのせて、ライムをしぼる。

memo
レタス、トマト、サワークリームできれいなメキシコの国旗色に。

Tacos

225

Mexico

メキシコ（オアハカ州）

トラジューダ

世界文化遺産に登録された歴史地区や、山と海に囲まれ、メキシコ随一の美食地域のひとつともいわれる南部オアハカ州。チョコレートの発祥地でもあります。トラジューダは火であぶった大ぶりのトルティーヤに具を乗せたピザのようなオアハカの郷土料理で、裂ける白チーズのケソ・オアハカを使います。

材料（4人分）

トルティーヤ（大判のもの）※……4枚
うずら豆（水煮）……70g
＜トッピング＞
チョリソ……60g、さけるチーズ……50g
アボカド（スライス）……1個、トマト（薄切

り）……1個、赤玉ねぎ（薄切り）……¼個、
コリアンダーの葉（ちぎる）……適量、サルサソース……適量好みで
※メキシコのタコスの作り方を参考に作ってもよい。

作り方

1. トルティーヤはフライパンで温めておく。 **2.** うずら豆は少々の水とフードプロセッサーにかけ、ペースト状にする。 **3.** チョリソは焼いてみじん切りにする。 **4.** トルティーヤの表面に2を塗り、トッピングをのせる。好みでサルサソースをかける。

サルサソースは現地では
グリーンサルサソースを
使います。

memo

Tlayuda

メキシコ湾に面しスペイン人が最初に入植したベラクルス州は、メキシコで最もスペインの影響を受けた食文化を持つ地域。白身魚をトマトやオリーブの実、ケッパー、オレガノと煮込んだこの料理もその典型で、現地ではマダイに似た魚ワチナンゴをよく使います。

メキシコ（ベラクルス州）

ペスカード・ア・ラ・ベラクルサーナ

Pescado a la veracruzana

材料 (4人分)

白身魚（切り身）※……4切
玉ねぎ（薄切り）……1個
にんにく（みじん切り）……2かけ
トマト（みじん切り）……1個
赤ピーマン（縦切り）……1個
青唐辛子（輪切り）……1本
A ┌ トマトピューレ……大さじ1
　├ ケッパー……10g
　├ オリーブ（緑・輪切り）……25g
　├ オレガノ……大さじ1
　└ 塩、こしょう……各少々
オリーブオイル……大さじ3
コリアンダーの葉……少々
ライム（薄切り）……適量
※タラ、スズキ、タイなど。皮は外す。

作り方

1. フライパンに油を熱し、玉ねぎとにんにくを炒める。玉ねぎが透き通ったらトマト、ピーマン、唐辛子を加えてさらに炒め、A、水1カップを加える。　**2.** 白身魚を加えて、ふたをして中火で5分煮る。　**3.** 器に魚を盛り、ソースをかけ、コリアンダーの葉とライムを飾る。

赤ピーマンの代わりに赤パプリカを使っても構いません。

memo

Mexico

メキシコ（ユカタン州）

ソパ・デ・リマ

マヤ文明の栄えたメキシコ湾沿岸ユカタン半島の、ライムジュースを絞ったスープ。トルティーヤチップスを加えることで、香ばしいとうもろこしの香りが広がります。鶏肉の代わりに豚肉や牛肉を使うこともあります。1940年代に作られたといわれる、比較的新しい料理です。

Sopa de Lima

トルティーヤチップスは日本でも市販されているドリトス等で。

memo

材料（4人分）

鶏むね肉……300g

A
- 玉ねぎ（みじん切り）……½個
- にんにく（つぶす）……2かけ
- トマト（みじん切り）……1個
- 青唐辛子（みじん切り）……1本

B
- アニス……1個
- シナモンスティック……1本
- オレガノ……小さじ1

こしょう……小さじ½
塩……少々
植物油……大さじ2
トルティーヤチップス……12枚
ライム（輪切り）……1個

作り方

1. 鍋に水1ℓと鶏肉を入れて30分ゆで、スープを作る。鶏肉は取り出し、細かく裂く。 **2.** フライパンに油をひき、Aを入れて炒める。 **3.** 鍋にBを入れて中火でから焼きする。香りを出したら、1のスープと2を加えて弱火で15分煮る。 **4.** アニスとシナモンスティックを取り除き、1の鶏肉を加えて塩、こしょうで調味する。 **5.** 器に盛り、トルティーヤチップスを入れ、ライムを飾る。

Guatemala

グアテマラ

フィアンブレ

マヤ文明の遺跡やコーヒーの産地として知られるグアテマラ。カトリックにおける諸聖人の日でもある11月1日の死者の日には、日本のお盆のように親戚が集まったりお墓で巨大な凧をあげて祝う習慣があります。フィアンブレはそんな死者の日に欠かせない冷製肉と野菜の華やかな盛り合わせです。

材料(4人分)

鶏肉……200g
好みのハム……200g
にんじん……1本
カリフラワー……½個
赤玉ねぎ（薄切り）……1個
コーン缶（ホール）……½カップ
赤いんげん豆（水煮）……½カップ
（飾り用）
レタス……4枚
ゆでエビ……4尾
アスパラガス……6本
ラディッシュ（飾り切り）……6個
ゆで卵（輪切り）……2個

ビーツ（市販・輪切り）……200g
スライスチーズ（細切り）……2枚
グリーンオリーブの実……6個

<ドレッシング>
オリーブオイル…½カップ、白ワインビネガー…½カップ、マスタード…大さじ1、パセリ（みじん切り）…1束、青ねぎ（みじん切り）…2～3本、にんにく（すりおろす）…1かけ、しょうが（すりおろす）…少々、塩…小さじ½、こしょう…小さじ¼

肉類や野菜の他どんな具材を加えても構いません。

memo

作り方

1. 鶏肉はゆでて裂く。アスパラガス、にんじん、カリフラワーは食べやすく切ってゆで、冷やす。
2. ボウルにドレッシングの材料をすべて入れて混ぜる。　**3.** 別のボウルに飾り用以外の具材を入れ、2の半量を加えて軽くあえる。　**4.** 器にレタスをしき、3をのせ、飾り用具材をトッピングする。食べる前に残りのドレッシングをかける。

Fiambre

Honduras

ホンジュラス

**エンチラーダ・
ホンジュレーナス**

コパンのマヤ遺跡やリオ・プラタノ生物圏保護区がユネスコ世界遺産に登録されているホンジュラス。とうもろこし粉パンのトルティーヤを揚げて作るエンチラーダは、メキシコなど中米各地にある料理ですが、ホンジュラスではタコスのように小ぶりなオープンサンドのスタイルで作ります。

材料(4人分)

とうもろこし粉のトルティーヤ……4枚
揚げ油……適量
ライム果汁……1個分
A ┌ 塩、こしょう……各少々
  │ チリソース（タバスコ）……適量
  └ サワークリーム……適量

＜トッピング＞
　キャベツ（千切り）……¼個
　アボカド（薄切り）……1個
　赤玉ねぎ（みじん切り）……½個
　トマト（輪切り）……1個
　ゆで卵（輪切り）……1個
　ピザ用チーズ（細切り）……適量
　パルメザンチーズ……適量

Enchiladas Hondureñas

作り方

1. トルティーヤを油できつね色になるまで揚げる。　**2.** 1にトッピングをのせる。　**3.** ライム果汁をかけ、Aを添えて、好みで調味する。

トルティーヤは225
ページのタコスの作り
方を参照。　　memo

ユカタン半島の付け根部分に位置し、1981年にイギリスから独立した中米で唯一の英語圏国。フライ・ジャックは朝食の定番です。

Belize ベリーズ

フライ・ジャック

Fry Jacks

材料（4人分）

A [薄力粉（ふるう）…200g、ベーキングパウダー…小さじ2、塩…小さじ½]
牛乳…½カップ、揚げ油…適量、バター…適量
<付け合わせ>
レタス、ミニトマト、炒り卵など……適量

作り方

1. ボウルにAを入れて混ぜ、牛乳を加えてこねる。20分寝かせる。 **2.** 1を4等分して丸め、麺棒で直径14cmくらいにのばす。包丁で半分に切り、それぞれの中央に切り込みを入れる。 **3.** 180〜190℃に熱した油で、2をきつね色になるまで揚げる。 **4.** 付け合わせを添え、食べるときにバターをたっぷり塗る。

2005年にエルサルバドル政府が国民食宣言し、世界遺産ホヤ・デ・セレン古代遺跡にも痕跡があるというププーサは、2005年に国民食に制定され、記念日も作られました。

El Salvador

エルサルバドル

ププーサ

Pupusas

材料（4個分）

A [とうもろこし粉、小麦粉…各140g、塩…小さじ1]
B [赤いんげん豆（水煮）…80g、チーズ…40g＊あればモッツァレラチーズ]
植物油…適量、チリソース…適量、クルティード（キャベツ、にんじん、玉ねぎの千切りの酢漬け）…適量
※石灰水処理したとうもろこし粉（マサ）があるときは小麦粉は使わず分量を増やす。

作り方

1. ボウルにAを入れ、水を少しずつ足しながら耳たぶくらいの柔らかさにする。 **2.** 別のボウルにBを入れてつぶす。 **3.** 1を4等分し、丸めながらくぼみを作り、2を包んで丸め、麺棒で直径11〜12cmに平たくのばす。 **4.** フライパンに油を薄くひき、3を両面焼く。チリソース、クルティードを添える。

Nicaragua

ニカラグア

バオ

中米のほぼ真ん中にあり、世界遺産に登録されたアメリカ大陸で最も古いスペイン植民都市のひとつレオン旧市街の遺跡で知られるニカラグア。スペイン語で蒸し料理を意味する、牛肉のマリネやバナナ、さつまいもなどの包み焼きバオは、ニカラグアの伝統的な日曜の食事です。

材料(4人分)

牛もも肉（ぶつ切り）……400g
A ┌ トマト（みじん切り）……¾個
  │ ＊¼はレポリョサラダに使う
  │ 玉ねぎ（薄切り）……1個
  │ にんにく（みじん切り）……2かけ
  │ 青唐辛子（薄切り）……1本
  │ オレンジジュース……¼カップ
  │ ライム果汁……1個分
  └ 塩……小さじ1
プランテーン……小2本
さつまいも……1本
熟したバナナ……1〜2本
バナナの葉……数枚

作り方

1. ボウルに牛肉、A を入れて混ぜ、ラップをして冷蔵庫で一晩寝かす。　**2.** プランテーン、さつまいもは皮をむいて斜め切りにする。熟したバナナは洗って皮をむかずそのまま使う。　**3.** 蒸し器にバナナの葉をしき、熟したバナナを置き、プランテーン、さつまいも、1の牛肉の順に重ね、牛肉の漬け汁をかけ、バナナの葉で覆い、中火で1時間蒸す。　**4.** 器に新しいバナナの葉をしき、3を盛る。好みで「レポリョサラダ」を添える。

＜レポリョサラダの材料と作り方＞
キャベツ¼玉、にんじん½本は千切りに、トマト¼個は輪切りにして、酢大さじ1、唐辛子粉ひとつまみを混ぜて2時間以上漬ける。

Vaho

アルミホイルで包む場合は、香りづけに月桂樹の葉を入れて。

memo

コスタリカは豊かな自然に恵まれた野生動物の宝庫。ぶち模様の雄鶏の意味があるこの料理は、先住民の伝統的な食材の豆と、スペイン人が伝えた米を使った朝食の定番です。

Costa Rica コスタリカ

ガリョ・ピント

材料（4人分）

ごはん…400g、赤玉ねぎ（みじん切り）…½個、赤パプリカ（みじん切り）…½個、小豆（缶詰）…1カップ

A［ウスターソース…小さじ1 ½、マスタード…小さじ¼、塩…小さじ½、こしょう…少々

コリアンダーの葉（みじん切り）…⅓カップ、オリーブオイル…大さじ1

＜付け合わせ＞目玉焼き、サワークリーム、揚げバナナなど……好みで

作り方

1. フライパンに油を熱し、玉ねぎを炒める。透き通ったらパプリカ、小豆と缶汁少々、ごはんを加え、中火で混ぜながら1分熱する。　2. Aを混ぜたもので調味し、コリアンダーの葉を混ぜる。　3. 茶碗で形どって器に盛り、付け合わせを添える。

Gallo Pinto

小豆は現地では黒いんげん豆を使用。

memo

におい消しのためにライム、こしょうはたっぷりと。

南米、北米を隔てる地峡にある国。豚足のセビーチェ（マリネ）サオは、パナマにしかない料理。コラーゲンがたっぷりです。

Panama パナマ

サオ

材料（4人分）

豚足※……500g、塩……大さじ1

A［玉ねぎ（薄切り）……1個、きゅうり（皮をむいて輪切り）……1本、青唐辛子（みじん切り）……1本、白ワインビネガー……¼カップ、ライム果汁……2個分、塩……小さじ1、こしょう……小さじ½

※中華食店店などで売っているカットしたものが使いやすい。

作り方

1. 鍋に水と塩大さじ1、豚足を入れて10分ゆで、水を替えて豚足が柔らかくなるまで弱火で1時間ゆでる。水気を切って肉が乾かないようラップをかけて冷ます。2. ボウルにAを入れて混ぜ、1を入れて3時間以上漬ける。

Sao

Cuba

キューバ

アロス・コングリ

カリブ海の真珠と呼ばれ、1959年に革命により社会主義政権を打ち立てた一方で、スペイン、アフリカなどの文化が混ざり合ったラテン音楽の発信地でもあるキューバ。その代表的な料理が、黒いんげん豆と白いごはんを使うことから別名「ムーア人とキリスト教徒」とも呼ばれるこの炊き込みごはんです。

材料(4人分)

米……2カップ（洗って水気を切っておく）
黒いんげん豆……160g（一晩水につけて戻し、ゆでておく。缶詰でも可。煮汁も使用する）
豚肉（薄切り）……200g（薄切り）
玉ねぎ（みじん切り）……½個
にんにく（みじん切り）……2かけ
赤ピーマン（みじん切り）……1個
植物油……適量
A ┌ 月桂樹の葉……2枚
  │ 乾燥オレガノ……ひとつまみ
  │ 塩……小さじ1
  └ こしょう……小さじ½

作り方

1. 黒いんげん豆は一晩水に浸けて戻し、ゆでる。ゆで汁も取っておく。米は洗って水気を切る。 **2.** 鍋に油をひいて熱し、玉ねぎ、にんにく、赤ピーマンを炒める。 **3.** 1を加え、水½カップを足し、Aを加えてふたをし、15〜20分炊く。 **4.** 器に盛る。

黒いんげん豆の代わりに大納言金時豆を使うと、まろやかな味に。

memo

Arroz Congri

Bahamas バハマ

コンク・サラダ

Conch Salad

バハマは1973年に英国から独立した西インド諸島の国。特産のコンク貝を使ったトロピカルなサラダが名物です。日本で手に入る巻貝で代用を。

材料(4人分)

コンク貝（巻貝・生食用）＊…200g 、玉ねぎ（角切り）…½個、きゅうり（角切り）…1本、トマト（角切り）…1個、ライム果汁…1個分、オレンジジュース…大さじ5、塩……小さじ½、こしょう…小さじ¼、唐辛子ソース（タバスコ）…小さじ¼
＊サザエやバイ貝などで代用。またはアサリなど二枚貝でもよい。量が足りない場合はゆでたエビやカニ肉を混ぜても。

作り方

1. 貝はよく洗って身を取り出し、角切りにする。生食が不安な場合はゆでる。　**2.** ボウルにすべての材料を入れて、よく混ぜる。

Cayman Islands

ケイマン諸島
（イギリス領）

フライ・フィッシュ

ウミガメの生息地であり旗にも描かれている英国の海外領。フライ・フィッシュは特産のフエダイやシイラのバター焼き。

材料(4人分)

白身魚（切り身）＊……400g 切り身。タイ、ハタ、タラなど。
A［ ライム果汁…1個、塩、こしょう…各少々
B［ 玉ねぎ（薄切り）…½個、ピーマン（細切り）…1個、
　 にんにく（すりおろす）…1かけ
ミニトマト（半分に切る）……10個
C［ ライム果汁…大さじ1、ウスターソース…小さじ1、
　 ケチャップ…小さじ1、ホットソース（タバスコ）…少々
バター大さじ……1と½

Fry Fish

作り方

1. 白身魚にAをまぶし、15分置く。　**2.** フライパンにバター大さじ1を熱し、1を入れて両面を1分ずつ軽く焼き、取り出す。　**3.** バター大さじ½を足し、Bを入れて火が通るまで炒める。　**4.** 3にトマトを加え、Cを加えて、1分加熱する。　**5.** 器に2の魚を盛り、4をかける。

Jamaica

ジャマイカ

ジャーク・チキン

ボブ・マーリーを生んだ、旧英国領のレゲエの島。ジャークは、ジャマイカの荒野で自給自足していたアフリカ系の逃亡奴隷の集団マルーンによって作られた、ジャマイカ特有のペースト・スパイス。もともとは鶏肉や豚肉を焼くときの調味料でしたが、今では魚やエビ、ソーセージ、野菜などにも使います。

Jerk Chicken

材料（4人分）

鶏肉（骨つき）……500g
A ┌ 赤玉ねぎ……½個
　│ オリーブオイル……適量
　│ タイム粉……小さじ½
　│ オールスパイス粉……小さじ½
　│ シナモン粉、ナツメグ粉
　│ ……各小さじ½
　│ しょうが（すりおろす）
　│ ……小さじ½
　│ 黒みつ、ラム酒……各大さじ½
　│ 酢……大さじ2
　│ 鷹の爪（みじん切り）……1本
　│ こしょう……ひとつまみ
　└ 塩……小さじ1
ライム果汁……大さじ2

作り方

1. Aをフードプロセッサーにかけ、ペースト状にする。　**2.** バットに鶏肉を入れ、1、ライム果汁を加えて鶏肉によくまぶす。ラップをして冷蔵庫で一晩置く。　**3.** 鶏肉を取り出し、180℃に予熱したオーブンで45〜60分焼く。　**4.** 漬け汁を鍋に入れ、10分ほど熱する。　**5.** 肉を器に盛り、4をかける。

市販のジャークミックスを使うと簡単です。

memo

Haiti

ハイチ

リ・ジョン・ジョン

イスパニョーラ島の西側を占めるハイチはコーヒーやラム酒で知られ、アフリカ系住民による共和国として1804年にフランスから独立した国。フランスの美食文化が受け継がれています。リ・ジョン・ジョンは、カリブのトリュフといわれる香りのいい黒きのこ（ジョン・ジョン）を使った炊き込みごはんです。

ジョン・ジョンはブラウンマッシュルーム、乾燥ポルチーニで代用します。

memo

Riz Djon Djon

材料（4人分）

乾燥ポルチーニ（水で戻す）……100g
ブラウンマッシュルーム……100g
玉ねぎ（みじん切り）……1個
にんにく（みじん切り）……2かけ
グリーンピース（さやから出す）……200g
米（あれば長粒米）……2カップ
A ┌ 青唐辛子（みじん切り）……1本
　│ タイム（生）……4〜5cmの枝
　│ ＊タイム粉であれば小さじ½
　└ 塩……小さじ2
オリーブオイル……大さじ2
粉チーズ……小さじ1
コリアンダーの葉……少々

作り方

1. 戻したポルチーニは、10分ゆでる。マッシュルームとともにきざむ。**2.** 別の鍋に油をひき、玉ねぎとにんにくを炒める。透き通ったら米を加えて混ぜながら炒める。**3.** 2に1、A、グリーンピースを加えて混ぜ、水4カップを加え、ふたをして固めに12分炊く。グリーンピースが缶または冷凍の場合は、最後に加える。**4.** 器に盛り、粉チーズをかけ、コリアンダーの葉を飾る。他に、肉や野菜を盛り合わせても。

237

Dominica

ドミニカ国

クラブ・バックス

フランス海外県であるグァドループ島とマルティニーク島にはさまれた、旧イギリス領の国。コロンブスが上陸したのが聖なる日曜日（サント・ドミンゴ）だったことからこの国名に。料理はイギリスの影響がうかがえます。クラブ・バックス＝カニの甲羅詰めは、現地では陸の湿地帯に生息するカニを使います。

材料（4人分）

カニ……4杯
パン（水に浸す）……2枚（耳を取って水にひたし、水気を切っておく）
玉ねぎ（みじん切り）……1個
にんにく（すりおろす）……2かけ
A［
唐辛子（みじん切り）……1本
パセリ（みじん切り）……¼カップ
セロリ（みじん切り）……¼カップ
スープの素（顆粒）……小さじ½
塩……小さじ½
］
植物油……¼カップ
パン粉……適量
コリアンダーの葉……少々

作り方

1. カニをゆでるか蒸して、甲羅と身を分ける。**2.** フライパンに油を入れ、玉ねぎ、にんにくを炒める。透き通ったら、Aを加えてさらに炒める。**3.** ボウルに2を入れ、水気を絞ったパン、1を加えて混ぜる。**4.** かにの甲羅に3を詰め、パン粉をふりかけ、180℃に熱したオーブンで15分焼く。コリアンダーの葉を飾る。

カニは、ワタリガニなど手に入りやすい小型のもので代用します。

memo

Crab Backs

Puerto Rico

プエルトリコ（アメリカ自治連邦区）

モフォンゴ

サルサミュージックで知られる、アメリカ自治連邦区プエルトリコの郷土料理。19世紀末までスペインの植民地だったため、今もスペイン語が話されています。プランテーン、チチャロン（豚皮）など、ラテンアメリカでポピュラーな食材を使用しています。

材料（4人分）

プランテーン……大1本（小3〜4本）
にんにく（つぶす）……1かけ
豚の脂身（またはベーコン）……100g
オリーブオイル……小さじ1
塩、こしょう……少々
＜ソース＞
マヨネーズ、ケチャップを同量に、にんにくパウダー少々を混ぜる。
＊豚の脂身（ベーコン）はチチャロンの代用。

作り方

1. プランテーンは、大きいものは輪切りに、小さいものはそのまま、オリーブオイルで揚げ焼きする。 **2.** プランテーンを取り出し、同じ鍋に豚の脂身（またはベーコン）を入れてカリッと揚げ、にんにくを加えて一緒に炒める。 **3.** ボウルにプランテーン、豚の脂身、にんにくを入れて、塩、黒こしょうを加え、プランテーンをつぶしながらよく混ぜる。 **4.** 3をお椀などに入れて軽く押し、ひっくり返して皿に盛る。ソースを添える。

モフォンゴはグリルした肉やチキンスープなどとよく一緒に食べます。

memo

Virgin Islands of the United States

西インド諸島にあるアメリカの保護領、バージン諸島のエビのココナッツ揚げ。フロリダなどカリブ海に面した地域でよく食べられています。

Coconut Shrimp

アメリカ領バージン諸島

ココナッツ・シュリンプ

材料(4人分)

エビ（ブラックタイガーなど・殻つき）…300g、乾燥ココナッツフレーク…1カップ、パン粉…½カップ、卵（割りほぐす）…1個、練乳（無糖）…½カップ、塩…少々、揚げ油…適量、野菜（きゅうりなど）…適量

作り方

1. エビは洗い、塩を振って2時間置く。 **2.** ボウルにココナッツフレークとパン粉を入れて混ぜる。 **3.**1を練乳、卵の順にくぐらせ、2をまぶす。 **4.** 揚げ油を180〜190℃に熱し、3をこんがり揚げる。 **5.** 油を切って器に盛り、野菜を添える。

British Virgin Islands

イギリス領バージン諸島

ロブスター・サラダ

17世紀から英国の海外領土に。リゾート地であり、新鮮な魚介や果物が豊富。地元特産のロブスターを使ったトロピカルなサラダです。

ロブスターの代わりにカニや大きめのエビでも作れます。

memo

材料(4人分)

ロブスター（オマールエビ）※……1尾
A[きゅうり（角切り）…1本、玉ねぎ（みじん切り）…½個、セロリ（みじん切り）…½本、青唐辛子（みじん切り）…1本]
B[ライム果汁…½個、マヨネーズ…60g、塩、こしょう…各少々]
ライム（薄切り）……適量　※他のエビ、カニでも。

作り方

1.ロブスターはゆでて身をほぐす。甲羅は取っておく。 **2.** ボウルに1の身、Aを入れる。 **3.**Bを混ぜ合わせたものを2に加えて混ぜ、冷蔵庫で冷やす。 **4.**1の殻に3を盛り、ライムを飾る。好みで唐辛子ソース（タバスコ）をかけても。

Lobster Salad

Aruba

アルバ（オランダ領）

ケシ・ヤナ

西インド諸島の南端部、南米大陸の沖合にあり、キュラソー島などとともに高度な自治を認められたオランダの構成国。ケシ・ヤナはオランダ特産のゴーダ（またはエダム）チーズを使ったアルバおよびキュラソーのご当地食で、伝統的にはバナナの葉で包むかソーセージの空き缶に入れて焼きます。

Keshi Yena

材料（直径10cmのココット4個分）

鶏肉（細切れ）……160g
玉ねぎ（粗みじん切り）……1個
ピーマン（粗みじん切り）……2個
赤ピーマン（粗みじん切り）……2個

A
┌ グリーンオリーブの実……20粒
│ ケッパー……大さじ2
│ レーズン……30g
└ カシューナッツ……30g

B
┌ トマトケチャップ……大さじ2
│ ウスターソース……大さじ1
└ こしょう……少々

ゴーダチーズ（スライス）……8枚
植物油……適量
塩……少々

作り方

1. フライパンに油をひき、鶏肉を炒め、さらに玉ねぎ、ピーマン、赤ピーマンを加えて炒める。 **2.** A を加えて混ぜ、B を加えてさらに炒める。味をみて塩で調味する。 **3.** ココットにゴーダチーズをしき、2を入れ、ゴーダチーズを上にのせる。 **4.** 180度に熱したオーブンで12〜15分焼く。

チーズはシュレッドチーズ、ピザ用チーズでも。溶けるタイプを使ってください。

memo

241

Saint Christpher and Nevis

セントクリストファー・ネイビス

コンク貝のフリッター

セントクリストファー（セントキッツ）島とネイビス島が一緒になって、1983年に英国から独立。インド人移民による料理への影響も多少ありますが、島でとれる産物を使ったシンプルな料理が多いです。これは特産であるピンク色が美しいコンク貝を使ったフリッター。日本で手に入る巻貝で代用して作ってみてください。

Conch Fritter

材料(4人分)

コンク貝（身）*……400g
A ┌ 玉ねぎ……½個
  │ 青唐辛子……1本
  └ セロリ……1本
卵（割りほぐす）……1個
塩……小さじ1
B ┌ とうもろこし粉……⅓カップ
  │ 小麦粉……⅓カップ
  └ ベーキングパウダー……小さじ1
C ┌ ヨーグルト……30g
  └ 水……20㎖
ホットソース（タバスコ）……少々
揚げ油……適量
ライム（くし切り）……適量
マヨネーズ……適量
※日本ではサザエやバイ貝などで。なければアサリなど2枚貝で代用。
＊とうもろこし粉がなければ同じ分量の小麦粉を増やす。

作り方

1. 貝の身をフードプロセッサーにかけて細かくする。適当な大きさに切ったA も加えて、さらにかけてペースト状にする。 **2.**1をボウルに移し、卵、塩を加えてよく混ぜる。 **3.**B をふるいながら2に加え、よく混ぜる。 **4.** 別のボウルで C をよく混ぜ、3に加えてよく混ぜる。 **5.** 揚げ油を180～190℃に熱し、4を大さじのスプーンですくって落とし、こんがりと揚げる。 **6.** 器に盛り、ライムとマヨネーズを添える。

カリブの他の島々でも食べられています。

memo

カリブ海東部の小アンティル諸島にある旧英領の島国の、ココナッツミルクを使ったトロピカルなパンプディングです。

Antigua and Barbuda

アンティグア・バーブーダ

アンティグアン・ブレッド・プディング

Antiguan Bread Pudding

材料(4人分)

食パン……3枚（約160g）＊バゲットなどでも。
溶かしバター……大さじ2

A ［ ココナッツミルク（または牛乳）…1カップ、きび砂糖…小さじ1、バニラエッセンス…数滴、レモンの皮（おろす）…小さじ1 ］

溶き卵…2個分、ラム酒漬けレーズン＊……大さじ2
メイプルシロップ……適量
＊レーズン大さじ2をラム酒大さじ2に30分漬ける。

作り方

1. パンは耳の付いたまま、さいの目切りにする。**2.** 耐熱皿に溶かしバター半量を塗り、1を入れて、残りのバターを全体にかける。 **3.** ボウルにAと溶き卵を入れて混ぜ、2に注ぎ、パンを浸す。ラム酒漬けレーズンを混ぜ入れる。 **4.** オーブンを180℃に熱し、3を表面がきつね色になるまで35～40分焼く。**5.** 切り分けて、シロップをかける。

Martinique マルティニーク（フランス海外県）

コロンボ

Colombo

コロンブスが世界で最も美しい場所と呼んだフランスの海外県。南インドから来た労働者が伝え、カリブやヨーロッパの影響が加わったマルティニークの名物カレーです。

材料(4人分)

豚肉（角切り）…400g、じゃがいも…2個、玉ねぎ（みじん切り）…1個、にんにく（すりおろす）…1かけ

A ［ にんじん（すりおろす）……½本、りんご（すりおろす）……½個 ］

月桂樹の葉…1枚、タイム（あれば）…1枝

B ［ カレー粉…小さじ2、唐辛子粉…小さじ½、塩…小さじ1、こしょう…少々 ］

植物油、バター…各大さじ1、ライム（果汁と飾り用）…½個、ごはん…適量

作り方

1. 鍋に油とバターを熱し、豚肉を薄く焼き色が付くまで焼き、取り出す。 **2.** 続けて玉ねぎを炒め、きつね色になったらにんにくを加えて香りを出す。 **3.** 食べやすい大きさに切ったじゃがいも、A、1を入れて混ぜ、水½カップ、月桂樹の葉、タイムを加えて煮立てる。アクを取る。Bを加え弱火で45分煮る。 **4.** 器に盛り、ライム果汁をかけ、ライムを飾る。ごはんを添える。

243

Dominican Republic

ドミニカ共和国

ラ・バンデーラ・ドミニカーナ

イスパニョーラ島東部にあるスペイン語圏の共和国。卵の白身ムースをかき回す金属音から名前がつけられたダンス音楽のメレンゲで知られています。ラ・バンデーラ（旗）は、赤・青・白のドミニカ国旗の色と、文化の構成要素であるアフリカ、スペイン、先住民タイノ族の味をひと皿に表現したランチの定番です。

材料(4人分)

牛肉（角切り）……500g
玉ねぎ（みじん切り）……1個（3回に分けて使用）
A
　ライム果汁……大さじ1
　オリーブオイル……½カップ
　乾燥オレガノ……ひとつまみ
　塩……小さじ1
　こしょう……小さじ½
プランテーン……2本（斜め切り）
赤いんげん豆（水煮）……1カップ
にんにく（みじん切り）
……1かけ（2回に分けて使用）

コリアンダーシード……小さじ½（2回に分けて半分ずつ使用）
B
　トマトピューレ……大さじ1
　チキンスープ……1カップ
　（スープの素を水で溶く）
塩、こしょう……各少々
トマト（みじん切り）……2個
ピーマン（粗みじん切り）……1個
オリーブオイル……適量
ごはん……適量

作り方

1. ボウルに牛肉と玉ねぎの⅓量、Aを入れて混ぜ、冷蔵庫で一晩置く。 **2.** プランテーンを斜め切りにして、油で焼く。途中塩を振り、油を切る。 **3.** 同じ鍋に油を足し、赤いんげん豆、残りの玉ねぎの半量、にんにくの半量、コリアンダーシード半量を入れて炒め、Aを加えて煮立てる。 **4.** 火を止め、すりこぎかポテトマッシャーで具材をつぶす。 **5.** フライパンに油をひき、1を入れ、残りの玉ねぎ、にんにく、コリアンダーシードを入れて火にかける。水少々、トマト、ピーマンを加えて30分煮る。 **6.** 器にごはん、2、4、5を盛る。

うずら豆やまだらのクランベリー豆、黒豆を使うこともあります。

memo

La Bandera Dominicana

Saint Lucia

セントルシア

ブイヨン

聖ルチアの祝日にコロンブスが上陸したことから命名され、かつて英仏が領有権を争った島国。アフリカ系住民がほとんどを占めています。フランスの文化が混ざった、クレオール色の濃い点は、料理にも現れています。ブイヨンはフランス語に由来するスープ料理です。

Bouillon

> レンズ豆は浸水する必要がなく、すぐ調理できます。
>
> memo

材料(4人分)

豚肩肉（塊・骨付き）……400g
水……8カップ
月桂樹の葉……1枚
レンズ豆……1カップ

A ［ じゃがいも……大2個
　さつまいも……1個
　プランテーン……小2本 ］

B ［ にんじん（粗みじん切り）……2本
　玉ねぎ（粗みじん切り）……1個
　にんにく（つぶす）……2かけ
　植物油……1/4カップ ］

ほうれん草（ざく切り）……1束
塩、こしょう……各少々
唐辛子ソース（タバスコ）……適量

作り方

1. 鍋に水と月桂樹、豚肉を入れて30分煮る。レンズ豆を入れて、ふたをしてさらに30分煮る。 2. Aは皮をむいて、一口大に切る。 3. 1から豚肉を取り出して、粗みじん切りにして鍋に戻す。 4. 続けて2、Bを加えて、弱火で30分煮る。 5. ゆでたほうれん草を加え、塩、こしょうで調味する。好みで唐辛子ソース（タバスコ）を振っても。

Barbados

バルバドス

クークー

西インド諸島の東にあるバルバドスは、アフリカ系の住民が90％を占める旧イギリス領の国です。クークーは西アフリカを感じさせる、オクラ入りのとうもろこしの固がゆにシチューをかけた料理。現地では島の周辺にたくさん生息するトビウオのフライと一緒に食べるのが定番です。

Cou-Cou

材料(4人分)

魚（アジなど）※……1尾
A 塩……小さじ1
  カレー粉……小さじ½
とうもろこし粉……300g
オクラ（薄切り）……8本
玉ねぎ（みじん切り）……1個
にんにく（みじん切り）……1かけ
タイム（あれば生）……小さじ1
青ねぎ（みじん切り）……小さじ1
＊あればチャイブを使用。
トマトピューレ……100g
塩……小さじ1
バター……20g
植物油……適量

作り方

1. 魚は3枚におろしてフィレ状にし、Aを振ってくるくると丸め、楊枝で止める。油で揚げ焼きにする。 **2.** 鍋に水適量、塩小さじ1を沸かし、オクラを入れて10分煮る。 **3.** ボウルにとうもろこし粉と水300mlを加えて木べらでよく混ぜ、2に加える。木べらでよく混ぜ、コーングリッツを作る。 **4.** 別の鍋にバターを熱し、玉ねぎ、にんにくを色づくまで炒め、タイム、青ねぎを加えてさらに炒める。トマトピューレと水1カップを加えて10分煮る。 **5.** 器に3を盛り、4をかけ、1の魚フライを添える。

魚は現地ではトビウオを使います。アジのほか青魚で代用してください。

memo

Saint Vincent and the Grenadines

1979年に英国から独立した国で、葛ウコンの産地。大型の
アジの近種を焼き、本来はパンノキの実を添えた郷土料理。

セントビンセント及びグレナディーン諸島

ジャックフィッシュの
オーブン焼き

Baked Jack Fish

材料(4人分)

アジ（ワタを抜く）…4尾、ライム果汁…2個分
A ┌ 乾燥タイム粉…小さじ½、ガーリックパウダー…小さじ½、
  └ 塩…小さじ1
小麦粉…適量、植物油…適量
＜付け合わせ＞ じゃがいもやさつまいもをゆでてローストする。
＜ソース＞ 玉ねぎ（みじん切り）½個、トマトピューレ小さじ1、
バター大さじ1、塩・こしょう…各ひとつまみ

作り方

1. アジはライム果汁に15分漬ける。 **2.** ボウルにAを混ぜ、1
の水気をふいて入れてまぶす。 **3.** 小麦粉を薄くまぶして油を少
量たらし、230℃に熱したオーブンで15分焼く。**4.**フライパンに、
ソースの材料を入れて加熱する。 **5.** アジを器に盛り、付け合わ
せとソースを添える。

Grenada グレナダ

オイル・ダウン

1974年に英国から独立した国。国旗にも描かれている
ナツメグの産地です。オイル・ダウンは本来はパンノキ
の実を使いますがさつまいもで代用します。

Oil Down

材料(4人分)

塩漬け魚（タラなど）……400g
玉ねぎ（みじん切り）……小1個
A ┌ ココナッツミルク……1カップ、ターメリッ
  └ ク……小さじ½
B ┌ さつまいも（角切り）…1本、ほうれん草（ざ
  │ く切り）…¼束、セロリ（みじん切り）…1本、
  │ タイム（生）…1枝、チャイブ（みじん切り）
  └ …1本＊青ねぎで代用可。鷹の爪…1本
塩…小さじ½、植物油…適量

作り方

1. 魚は塩抜きし、一口大に切る。 **2.** フライパ
ンに油をひいて玉ねぎを炒め、透き通ったらA
を加えて混ぜる。 **3.**Bと1の魚、水1カップを
入れて混ぜ、ふたをして弱火で45分煮る。適
宜水を足す。塩で調味する。

Trinidad and Tobago

トリニダード・トバゴ

カラルー

カーニバルやスチールドラムで知られる旧英領の国。これは周辺国でも食べられている、ほうれん草に似たアマランサスや、タロイモの葉のシチューです。

Callaloo

材料(4人分)

豚肉（角切り）……200g
玉ねぎ（角切り）……½個
にんにく（みじん切り）……2かけ
A［ オクラ（みじん切り）……125g
　 ほうれん草（みじん切り）……1束
　 タイム（生）……4～5cmの枝
　 ＊なければ乾燥タイム粉少々
　 ココナッツミルク……1カップ
赤唐辛子……4本
カニの身（缶詰）……200g
塩……小さじ½
バター……小さじ2

作り方

1. 鍋にバターを熱し、にんにくを炒めて香り立ったら、玉ねぎを加えて炒める。透き通ったら豚肉を加える。　**2.** 肉の色が変わったら、A、水2カップを加え、ふたをして中火で15分煮る。赤唐辛子を加えてさらに15分煮る。　**3.** 豚肉と赤唐辛子を引き上げ、その他をフードプロセッサーにかけてペースト状にして鍋に戻す。　**4.** 豚肉も戻し、塩で調味する。カニを加えて軽く混ぜ、温める。　**5.** 器に盛り、あれば赤唐辛子やカニの爪を飾る。

アマランサスやタロイモの葉はほうれん草またはスイスチャードで代用します。

memo

Trinidad and Tobago

インドから渡って来た労働者の多い旧英領のカリブ諸国には、本国にはないインド風料理も。汁なしカレーを包んだトリニダード・トバゴ版のロティもそのひとつです。小さめの生地を油で揚げて、じゃがいもを抜いた豆カレーをのせると「ダブルス」という軽食になります。

トリニダード・トバゴ インド系

ロティ

材料(4人分)

ひよこ豆（水煮缶）……400g（1缶）
じゃがいも……1個
玉ねぎ（みじん切り）……1個
にんにく（みじん切り）……2かけ
カレー粉……大さじ2
クミン粉……小さじ1
植物油……適量
塩、こしょう……各少々
唐辛子ソース（タバスコ）……適量
マンゴーチャツネ……適量
ロティ……4〜8枚（大きさによる）。
＊チャパティ、小麦粉のトルティーヤでもよい。温めておく。

作り方

1. じゃがいもは皮をむいて一口大に切り、ひよこ豆は汁気を切る。　**2.** 鍋に油をひき、玉ねぎ、にんにくを色づくまで炒め、カレー粉、クミン粉を加えてさらに炒める。1を加えて混ぜながら5分加熱する。　**3.** 水1カップ、塩、こしょうを加え、ふたをして汁気がなくなり、じゃがいもが煮くずれる程度まで煮る。必要に応じて水、塩を足す。
4. 温めたロティに3をのせ、唐辛子ソース、好みでマンゴーチャツネを添え、包む。

ロティはインドでは全粒粉を使った
無発酵のパンそのものを指します。

memo

Bermuda

バミューダ諸島（イギリス領）

バミューダ・フィッシュ・チャウダー

バミューダ諸島はピンク色の砂浜や租税回避地として知られる、北大西洋に浮かぶ英国の海外領。17世紀から始まった英国人入植者によって作られたといわれるこのスープ料理は、地元の魚をヨーロッパ式に調理したもので、特産のブラックラム酒とシェリーペッパーソースをかくし味に使います。

材料（4人分）

白身魚（タラ、スズキ）……400g
玉ねぎ（みじん切り）……1個
にんにく（みじん切り）……1かけ
バター……大さじ2
セロリ（みじん切り）……1本 ＊葉も使用。
青唐辛子（みじん切り）……1本
A
┌ トマト缶（カット）……1缶（400g）
│ タイム（生）……1枝
│ ＊または乾燥タイム粉少々。
│ 白ワイン……½カップ
│ 月桂樹の葉……1枚
│ ウスターソース……小さじ1（しょうゆでもよい）
│ ビーフコンソメの素……小さじ1
│ 塩……小さじ1
└ こしょう……小さじ½
ラム酒……小さじ1
シェリーペッパーソース……少々
パセリ……少々

作り方

1. 鍋にバターを熱し、にんにくを炒めて香り立ったら、玉ねぎを加えて透き通るまで炒める。 **2.** 続けて、セロリ、青唐辛子を加えて火が通るまでさらに炒め、A、水1ℓを加えて混ぜ、弱火で15分煮る。 **3.** 白身魚とラム酒とシェリーペッパーソースを加えてさらに30分煮る。 **4.** 器に盛り、パセリを添える。

シェリーペッパーソースはホットソース（タバスコ等）で代用してください。

memo

Bermuda Fish Chowder

ベジタリアンとビーガン

世界には宗教の信仰からではなく、哲学、健康・美容、地球環境、倫理、動物愛護、食の安全性の確保等の理由から肉を食べない人々がおり、そうした人への配慮も必要です。ベジタリアンとは様々なタイプの「菜食主義者」の総称であり、ビーガンは卵や乳製品を含む、動物性食品をいっさい口にしない「完全菜食主義者」を指します。

菜食主義者に食事を提供する際の注意

厳格なベジタリアンは、肉類を料理した調理器具が使われることを忌避します。また、魚介類全般を忌避するベジタリアンは、「カツオ節の出汁」も対象になります。日本の精進料理にはカツオ節の出汁が使われることがあるので注意が必要です。

「ブイヨン」「ゼラチン」「肉エキス」には鶏・牛・豚・魚の肉や骨が使われています。また伝統的な製法から動物性の「レンネット」（胃で作られる酵素の混合物）を使って製造したチーズは、乳製品・卵は食べて肉は食べない乳卵食主義者には提供できません。

「卵」については、まれに宗教上の理由から、有精卵を避けて無精卵だけを食べる人もいます。

菜食に類似した主義には、たとえば以下のような種類があります。

セミ・ベジタリアン＝半菜食主義。肉の摂取を控えている人。

ポヨ・ベジタリアン（pollo＝スペイン語で鶏）＝赤身の肉や魚を避けるが鶏肉は食べる。

ペスコ・ポヨ・ベジタリアン＝赤身の肉を避けるが鶏肉と魚は食べる。

ペスクタリアン＝肉は食べないが、魚介類・卵・乳製品は食べる。

増え続けているビーガン

菜食主義の歴史は古代インダス文明の時代まで遡ることができますが、「ビーガン」という用語は、1944年にドナルド・ワトソンがイギリスのビーガン協会を共同設立した際に誕生しました。

ビーガン食は、ユダヤ教やイスラム教の食規定、またキリスト教徒が四旬節などに行う肉断食などにも適応できるため、さまざまな食習慣や信仰を持つ人々が集う国際レセプション等で参加者が一緒に食べられるメニューとしても注目されています。

ビーガニズムには主に次のような種類があります。

ダイエタリー・ビーガン＝「厳格な菜食主義者」。人間は動物を搾取することなく生きるべきであるという思想から、畜肉・鶏肉・魚介類などの肉類に加え、卵や乳・チーズ・ラード、はちみつなど動物由来の食品を一切摂取しない。

果実主義（フルータリアン）＝果物やトマト、なすといった野菜、ナッツ類等、木や枝に実るものしか食べないビーガンの一派。

エシカル・ビーガン＝倫理的な見解から食事に加えてウールや毛皮などあらゆる目的での動物の製品化に反対する。

環境ビーガン＝動物の産業農業が環境に有害で持続不可能であるという前提で動物製品を拒否する。

医学的、栄養学的には賛否両論のあるビーガニズムですが、昨今の環境や社会問題の解決に貢献できる商品を求めるエシカル消費、SDGs（持続可能な開発目標）への関心、また肥満・健康上の問題から、実践する人は欧米を中心に世界的に年々増えているといわれます。国際線のフライトや国際会議などにもビーガンの特別食が用意されています。

CHAPTER **6**
South
America

| 南アメリカ |

　南アメリカ大陸は、世界最大の熱帯雨林アマゾンやギアナ高地などの大自然に恵まれ、1533年にスペイン人の征服者に滅ぼされるまで約200年続いたインカ帝国などのアンデス文明が栄えた土地です。

　大陸西側に沿って南北に連なるアンデス山脈では、中央高原がその文化の中心地でした。今、世界中で食べられているじゃがいもやトマト、キャッサバ、またメキシコとともに、とうもろこし、唐辛子などの原産地であり、中でも寒冷なやせた土地でも育つじゃがいもは、ヨーロッパに持ち込まれて飢饉を救いました。とうもろこしの皮に具を包む蒸し焼きなどのアンデス先住民の食文化は、スペイン植民地時代を経ても変わらず受け継がれています。

　南米大陸は、ポルトガル領だったブラジル、オランダ領だったスリナム、イギリス領だったガイアナ、フランス領ギアナを除いてスペインの植民地だったため、スペイン語が広く通じ、キリスト教カトリックを信仰する人々がたくさんいます。食文化の面でも牛肉や米、にんにく、オリーブの実などスペイン人の伝えた食材が普及しました。

　特にアルゼンチンやウルグアイ、ブラジル南部では、16世紀にスペイン人の持ち込んだ牛が肥沃な大草原パンパで大繁殖。流れ者とされたガウチョによる牧畜に始まり、今では上記3国とパラグアイが牛肉の年間消費量の世界ランキングで上位を占めます。牛肉はしばしば、アサード（ブラジルではシュハスコ）と呼ばれるバーベキューで豪快に食されます。

　一方、三角貿易によってアフリカから連れてこられた奴隷や、ヨーロッパ、中東、アジアなどから新天地を求めてやってきた移民の食文化が、先住民、宗主国の食文化と混ざり合い、南米にしかない料理が数多く誕生しました。ポルトガル中部の豆料理が元になったブラジルのフェイジョアーダや、中華系ペルー料理のロモ・サルタードなどが例としてあげられます。

南アメリカで
よく使われる
食材、調味料
など

キャッサバ
南米原産のマニオク、ユカともいわれるイモノキ属の熱帯低木。いもは粉にしてお湯で溶いて団子のように丸めて主食にするほか、タピオカの原料にもなる。貿易とともにカリブやアフリカにも広まった。いもの部分は毒抜きの必要があるが、葉も食用になる。じゃがいもで代用。

アチョーテの実の粉
天然の赤い色をした粉。パプリカ粉で代用。

デンデ油
アブラヤシの果実からとれる植物油。アフリカのパームオイルを参照（169ページ）。

253

Colombia

コロンビア

サンコーチョ

黄金郷エルドラード伝説や世界的なエメラルド、コーヒーの産地として知られるコロンビア。サンコーチョは、先住民タイノ族の料理アヒアコやスペインのシチューなどの要素がミックスしたスープ料理。コロンビアではしばしば国民食とされ、地域により違いがありますが、とうもろこしをまるごと入れます。

Sancocho

▶ 材料 (4人分)

白身魚 (タラなど) ……500g
とうもろこし……1本
じゃがいも……2個
プランテーン……1本
A ┌ 玉ねぎ (みじん切り) ……1個
　├ にんにく (すりおろす) ……1かけ
　└ エシャロット (みじん切り) ……大さじ1
サフラン (あれば) ……小さじ¼
＊少量の水に浸し色を出しておく。
クミン粉……小さじ½
オリーブオイル……大さじ½
塩……小さじ1
こしょう……ひとつまみ
コリアンダーの葉……大さじ1
ライム (輪切り) ……適量

▶ 作り方

1. 白身魚は8等分に切る。 **2.** とうもろこしは4等分に、じゃがいもは皮をむいて食べやすい大きさに切る。プランテーンは皮をむき輪切りにする。 **3.** 鍋にオリーブオイルをひき、A を香り立つまで軽く炒める。 **4.** 水1ℓ、サフラン水、クミン粉を加え、沸騰させる。2と塩、こしょうを加えて30分煮る。 **5.**1を加えてさらに10分煮る。 **6.** 器に盛り、コリアンダーの葉、ライムを飾る。

プランテーンがないときは省いてください。

memo

Ecuador

エクアドル

エンセボリャード

ガラパゴス諸島や、世界一のバナナの輸出高を誇る赤道直下の国エクアドル。エンセボリャードはエクアドルを代表する玉ねぎ（cebolla）と魚（マグロをよく使う）のスープ料理。チフレというバナナチップスを添えて食べます。現地では二日酔い冷ましによいともいわれます。

材料（4人分）

マグロ（角切り）……300g
キャッサバ（冷凍）……150g
赤玉ねぎ（薄切り）……½個
A ┌ トマト（角切り）……1個
　│ 唐辛子粉……小さじ⅓
　│ クミン粉……小さじ1
　└ 塩……小さじ1
コリアンダーの葉（みじん切り）……大さじ4
ひまわり油……大さじ1
バナナチップス（甘くないもの）……適量
ライム（輪切り）……適量

作り方

1. 鍋に油をひき、赤玉ねぎを飾り用に少量残して中火で炒める。透き通ったらAを加え混ぜ、さらに炒める。　**2.** 水5カップとコリアンダーの葉を加えて沸騰したら、マグロを加える。火が通ったらマグロを一旦取り出す。　**3.** 解凍して角切りにしたキャッサバを加え、弱火で30分煮たらマグロを戻す。　**4.** 器に盛って、バナナチップスと赤玉ねぎ、ライムを飾る。

キャッサバはじゃがいもで代用します。

memo

Encebollado

Peru

ペルー

セビーチェ

インカ帝国が栄え、じゃがいもやトマト、唐辛子、とうもろこしなどの原産地である美食の地として近年、脚光を浴びるペルー。国家の文化遺産として正式宣言され、6月28日を記念日と定められたセビーチェは、約2000年前のペルー北部の海岸に起源をもつといわれる魚介のマリネ料理です。

材料(4人分)

白身魚（刺身）……400g
鷹の爪……1本

A
┌ 赤玉ねぎ（薄切り）……½個
│ パプリカ（みじん切り）……¼個
│ コリアンダーの葉（みじん切り）……適量
│ にんにく（みじん切り）……½かけ
│ 塩小さじ……½
└ こしょう……少々

ライム果汁……1個分
レタス……適量
＜付け合わせ＞
コーン（冷凍または缶）、ゆでさつまいも、ジャンボコーン（おつまみ用）、フイム（スライス）……各適量

作り方

1. 白身魚は食べやすい大きさに切る。鷹の爪は縦半分に切り、ひとつをみじん切り、残りは飾り用にする。 **2.** ボウルに白身魚、刻んだ鷹の爪、Aを入れて混ぜる。ライム果汁を加えてよく混ぜ、5分置く。 **3.** 器にレタスと2を盛る。好みで付け合わせを添える。

魚はタラ、ヒラメ、スズキなどの切り身を使います。

memo

Ceviche

チーファ料理とはペルーおよび周辺国に暮らす中国移民による中華料理。ロモ・サルタードは19世紀に誕生したとされる、ペルーの人気料理です。サルタードはスペイン語で炒め物を指し、牛肉やフライドポテト、トマト、玉ねぎなどスペインと地元の伝統食材をミックスして、広東料理の調理法、調味料で作ります。

ペルー（沿岸部）

ロモ・サルタード

材料(4人分)

牛ヒレ肉……400g
じゃがいも……3個
赤玉ねぎ（薄切り）……1個
にんにく（みじん切り）……2かけ
鷹の爪（輪切り）……1本
トマト（くし切り）……2個
赤パプリカ（薄切り）……½個

A
┌ 酢……大さじ2
│ しょうゆ……大さじ1と½
│ 赤ワイン……大さじ3
│ クミン粉……少々
│ 塩、こしょう……少々
└ 植物油……大さじ1

コリアンダーの葉（みじん切り）……少々
塩、植物油……各適量
ごはん……適量
コリアンダーの葉……少々

作り方

1. 牛肉は1cm幅に切り、じゃがいもは皮をむいて拍子切りにする。 **2.** じゃがいもを多めの油で素揚げし、油を切る。 **3.** ボウルにAを入れて混ぜ、牛肉を30分漬ける（漬け汁は取っておく）。**4.** 中華鍋に油を熱し、強火で3を焼く。焼き色がついたら、油少々を足して赤玉ねぎを加える。しんなりしたら、にんにく、鷹の爪を加えてさらに炒める。**5.** トマト、パプリカを加えて火を通す。**6.** 3の漬け汁を加えて混ぜ、必要なら塩で調味する。コリアンダーの葉と2を加えてさっくりと混ぜ、火を通す。**7.** 器に盛ってごはんを添える。コリアンダーの葉を飾る。

Lomo Saltado

フライドポテトを混ぜずに
添える方法もあります。

memo

Venezuela

ベネズエラ

アレパ

ベネズエラは、ユネスコの世界遺産にも登録されている世界一の落差を誇る滝、エンジェルフォールを有するカナイマ国立公園のある国。とうもろこし粉のパンに肉やチーズ、野菜などの具をはさんで食べるアレパは、スペイン人の征服前からあり、隣国コロンビアでも愛されているベネズエラの国民食です。

Arepas

材料（4人分）

A
┌ とうもろこし粉……200g
│ 小麦粉……200g
│ 塩……小さじ½
└ 溶かしバター……大さじ1
植物油……適量
＜具材＞
鶏肉……200g

B
┌ アボカド（みじん切り）……1個
│ 赤玉ねぎ（みじん切り）……¼個
│ マヨネーズ……適量
│ 塩……小さじ½
│ こしょう……小さじ¼
└ ライム果汁……適量

作り方

1. ボウルにAを入れ、温水2カップを少しずつ混ぜ、耳たぶくらいの固さにこねる。4等分して直径8〜9cm、厚さ1cm程度にする。 **2.** フライパンかホットプレートに油をひき、中火で1を焼く。表面がこんがりして中まで火が通るまで、片面5〜6分くらいずつ焼く。 **3.** 横½に切り込みを入れる（すべて切り落とさずに少しつなげておく）。 **4.** 鶏肉はゆでて細かく裂いてボウルに入れ、Bを加えよく混ぜる。 **5.** 3の間に4を適量はさむ。

現地ではアレパ専用の調理済みのとうもろこし粉で作ります。

memo

Guyana ガイアナ

エッグ・ボール

秘境ギアナ高地の一部を有する旧英領の国ガイアナ版のスコッチエッグ。現地ではキャッサバを使いますが、じゃがいもでも作れます。

材料（2個分）

じゃがいも（大）……2個
A 〔 青ねぎ（輪切り）…1〜2本、バター…大さじ2、塩、こしょう…各少々 〕
ゆで卵…2個、小麦粉…適量、揚げ油…適量
＜付け合わせ＞
マンゴーチャツネ
＊またはフルーツジャム（マーマレード、アプリコット、マンゴーなど）に唐辛子粉を少々混ぜる。

作り方

1. じゃがいもは皮をむいてゆでてつぶし、Aを加えて混ぜる。2等分してゆで卵を包む。 **2.** 1に小麦粉を薄くつけ、180〜190℃に熱した油できつね色に揚げる。油を切る。 **3.** 半分に切って器に盛り、マンゴーチャツネを添える。

Egg Ball

Guyane フランス領ギアナ（ギュイヤンヌ）

ブラフ

Blaff

カイエンペッパーの原産地で、先住民やヨーロッパ、アフリカ系の人々が住むフランス海外県。ブラフは多様な文化の調理法が活きた魚介料理です。

材料（4人分）

魚（切り身）※…500g、ライム果汁…2個分
A 〔 にんにく（みじん切り）…3かけ、玉ねぎ（みじん切り）…1個、青ねぎ（みじん切り）…3本、パセリ（みじん切り）…½束 〕
B 〔 セロリ（食べやすく切る）…1本、月桂樹の葉…2枚、塩…大さじ1、こしょう…小さじ1、植物油…大さじ2、唐辛子…1本＊またはカイエンペッパー小さじ½〜1 〕
ごはん…適量
※ブリ、タイ、マグロ、タラなど。

作り方

1. 魚にライム果汁をかけ、Aをまぶす。 **2.** 鍋に水1ℓとBを入れて沸かし、1を加えてふたをして魚に火が通るまで煮る。ごはんを添える。

Suriname

スリナム

ポム

ガイアナ（旧英領ギアナ）と仏領ギアナにはさまれ、1975年に独立した旧オランダ領のスリナム。ポムは、プランテーションのユダヤ人経営者がコーシャフードとしてじゃがいものキャセロールを土着のアメリカサトイモで代用して作ったことからできたといわれる料理。今では当地のお祭り料理などとして定着しています。

材料（4人分）

鶏肉（ぶつ切り）……300g
A ┌ オレンジジュース……¾カップ
  │ ナツメグ粉……小さじ1
  └ 塩、こしょう……各小さじ½
さといも（すりおろす）……600g
B ┌ ライム果汁……1個分
  │ ラム酒……大さじ1
  └ 砂糖……小さじ1

玉ねぎ（薄切り）……1個
にんにく（すりおろす）……1かけ
セロリの葉（みじん切り）……1本分
C ┌ トマトピューレ……大さじ1
  │ しょうゆ……大さじ1
  │ 固形スープの素……1個
  └ 水……2カップ
バター……大さじ1と½
植物油……大さじ2

作り方

1. ボウルにAを入れて混ぜ、半量に鶏肉を30分以上漬ける。 **2.** 残りのAは別のボウルに移し、B、さといもを加えて混ぜる。 **3.** フライパンに油を熱し、にんにくを入れて香り立ったら、玉ねぎを加えて炒める。1の鶏肉を加えてきつね色に色づくまで焼く。 **4.** セロリの葉を加えてさらに5分炒め、Cを加えて弱火で30分煮る。鶏肉を取り出す。 **5.** 4の煮汁の半量を取り、2に混ぜる。 **6.** 耐熱皿にバター（分量外）を塗り、5の半量を敷き、鶏肉をのせる。残りの5をのせ、4の煮汁をかける。最後にバターを散らす。 **7.** オーブンを200℃に熱し、45〜60分きれいな焦げ目がつくまで焼く。

アメリカサトイモは日本のサトイモややつがしらで代用します。

memo

Brazil

ブラジル

フェイジョアーダ

日本の22.5倍という国土と、アマゾン川流域の自然、そしてサッカー王国として名高い国。その国民食とされるのがフェイジョアーダです。ローマ時代からあるポルトガル北部ミーニョ地方の豆料理を起源とし、奴隷たちの食べ物だった黒いんげん豆と豚や牛の内臓の煮込みが発展したものといわれます。地方により違いがあります。

Feijoada

現地の家庭では、土曜の午後または日曜のランチの定番です。

memo

材料（4人分）

黒いんげん豆※……300g
豚もも肉……100g
玉ねぎ（みじん切り）……1個
にんにく（つぶす）……2かけ
バター……大さじ2
太いソーセージ……4〜5本
ベーコン……100g
月桂樹の葉……1〜2枚
塩……適量
こしょう……小さじ½
※水煮缶詰でもよい。黒いんげん豆に大納言金時豆を混ぜると味が和らいでおいしい。

作り方

1. 黒いんげん豆は4カップの水に一晩浸けて戻す。豚肉は塩を振って一晩置き、食べやすい大きさに切る。 **2.** 鍋にバターを熱し、にんにくを弱火で炒め、玉ねぎを加えて中火で炒める。透き通ったら1の豚肉を加える。 **3.** 肉の色が変わったら、1の豆を汁ごとと、月桂樹の葉を加える。**4.** 豆が柔らかくなり、とろみが出るまでふたをしないで30〜60分煮る。**5.** 食べやすく切ったソーセージとベーコンを加えて、さらに15〜20分煮る。塩、こしょうで調味する。**6.** 器に盛り、付け合わせを添える。

＜代表的な付け合わせ＞
アロス・シンプレ：油で炒めたごはん。普通のごはんでも。
ファロファ：キャッサバの粉と玉ねぎのみじん切りを油で炒る。塩で味付け。パン粉を炒ったもので代用可。
コウベ（ケールの葉）：ざく切りにして、玉ねぎの薄切りと油で炒めて、塩で調味。小松菜で代用可。
モーリョ：青ねぎ大さじ1、コリアンダーの葉大さじ2、赤唐辛子1本、玉ねぎ大さじ2（すべてみじん切り）をレモン汁（または酢）大さじ2と混ぜる。
オレンジ：口をさっぱりさせる。

Brazil

ブラジル（バイーア州）

ムケッカ

バイーア州は奴隷貿易の中心地があったことから、今もアフリカ系の人々の文化が息づく土地。サンバの生まれ故郷でもあります。バイーア式のムケッカ（魚介シチュー）は、西アフリカの赤いデンデ油（パームオイル）が使われるなどアフリカの影響を受けた料理です。

材料（4人分）

エビ……400g
A
　ライム果汁……1個分
　にんにく（みじん切り）……1かけ
　塩、こしょう……各少々
玉ねぎ（みじん切り）……½個
赤・黄パプリカ（角切り）……各¼個
B
　唐辛子粉……ひとつまみ
　アチョーテの実の粉……小さじ1
　＊パプリカ粉で代用。
塩、こしょう……各少々
トマト（みじん切り）……1個
C
　青ねぎ（輪切り）……1本または
　コリアンダーの葉（みじん切り）
　……少々
ココナッツミルク……250㎖
オリーブオイル……適量
デンデ油（パームオイル）……大さじ2
～3
＜付け合わせ＞
玉ねぎ、にんにくと一緒に炒めたごはん……適量

エビのほかに、
カニや白身魚を
混ぜてもおいし
いです。

memo

作り方

1. ボウルにエビ、Aを入れて混ぜ、冷蔵庫で30分置く。　**2.** 鍋に油をひき、玉ねぎを中火で透き通るまで炒める。デンデ油があれば調味料として加える。　**3.** 続けてパプリカ、Bを加えて炒める。トマト、飾り用に少量を取ったCを加えて5分熱する。**4.** 1を野菜の間にはさむように入れ、ココナッツミルクを注いでふたをして弱火で15分煮る。味をみて、塩やライム果汁を足す。　**5.** 器に盛り、残りのCを飾る。付け合わせを添える。

Moqueca

Bolivia

ボリビア

インカ帝国の文明圏であり、先住民の人口比率が高いボリビア。サルテーニャは、スペインのガリシア地方発祥のエンパナーダの一種で、ゼラチンを使ったシチューのようなトロリとした具が特徴的です。19世紀初頭にアルゼンチンのサルタ出身の前大統領夫人フアナ・マヌエラ・ゴリティが発明したともいわれています。

材料 (約10個分)

<具材>
鶏肉（角切り）……180g
じゃがいも（大）……1個
玉ねぎ（みじん切り）……½個
バター……大さじ1
ターメリック……小さじ1
A クミン粉……小さじ1
　 塩、こしょう……各小さじ½
グリーンピース……50g
＊冷凍、缶詰でもよい。
パセリ（みじん切り）……大さじ2
砂糖……小さじ1

チキンスープの素（顆粒）……小さじ1
粉ゼラチン……大さじ1
<生地>
B 小麦粉……500g
　 砂糖、塩……各大さじ1
　 ターメリック……小さじ1
バター（室温に戻す）……140g
卵（割りほぐす）……2個
温水……½〜1カップ
卵黄（溶く）……1個分

サルテーニャは、首都ラパスをはじめとする都市の朝食の定番です。

memo

Salteñas

作り方

1. 具材を作る。鶏肉は1cmの角切り、じゃがいもはゆでて皮をむき角切りにする。　**2.** フライパンにバターを熱し、ターメリックを加え混ぜ、じゃがいも、Aを加える。　**3.** 鶏肉、グリーンピース、パセリを加えてさらに炒め、砂糖を加える。水250mlとスープの素を加えて沸騰させて火を止め、粉ゼラチンを加えよく混ぜる　**4.** 粗熱が取れたら冷蔵庫で冷やし固める。

5. 生地を作る。ボウルにBを入れて混ぜ合わせ、中央にくぼみを作り、バターと卵を入れ、温水½〜1カップを少しずつ加えながらこねる。　**6.** 麺棒で2.5mmの厚さにのばし、茶碗などで直径10〜12cmの円形にくり抜く。　**7.** 6に4の具を30gずつ包み、フチを少し水でぬらしてしっかりと止める。指でフチを引っ張って折り込むように模様をつける。表面にはけで卵黄を塗る。　**8.** オーブンを200℃に熱し、15〜18分焼く。

Bolivia

ボリビア (アンデス地方)

ウミータ

ウミータは、南米のアンデス地方の先住民が受け継いできた、とうもろこしの皮を使った蒸し料理。メソアメリカ発祥の「タマル (タマレス)」に調理法が似ており、アルゼンチンやチリなど南米各地に見られますが、ボリビアではチーズを使うのが特徴的です。

材料(4人分)

とうもろこし……2本
＊皮も使用する。
A [牛乳……大さじ1
　　塩……少々
玉ねぎ（みじん切り）……½個
バター……大さじ1
B [唐辛子粉……大さじ½
　　クミン粉……小さじ¼
　　塩、こしょう……各少々
クリームチーズ……30g

作り方

1. とうもろこしの実をナイフでそぎ、A を加えフードプロセッサーでクリーム状にする（粒が少し残るくらいにすると食感がよい）。　**2.** 鍋にバターを熱し、玉ねぎを透き通るまで炒め、B を加えてさらに炒める。**3.**1を加えてよく混ぜ、2～3分熱する。　**4.** 火からおろし、粗熱が取れたらクリームチーズを加えて混ぜ、冷蔵庫で2時間冷やす。　**5.** とうもろこしの皮を熱湯にくぐらせ、4をのせて包み、楊枝で止める。　**6.** 蒸し器で30分蒸し、冷まして食べる。

ちまきのように皮を三角形に包むこともあります。また地域によって具にレーズンやアニスなどを加えることも。

memo

Chile

チリ

パステル・デ・チョクロ

太平洋とアンデス山脈に沿った細長い地形を持つチリ。イースター島やパタゴニアを有し、魚介や名高いワイン産地でもあります。ひき肉、ゆで卵、オリーブなどの具にクリームコーンをかけてオーブン焼きしたパステル・デ・チョクロはチリの名物料理。エンパナーダの具に使われることもあります。

材料（4人分）

牛ひき肉……300 g
玉ねぎ（みじん切り）……中1個
にんにく（みじん切り）……1かけ

A
- クミン粉……小さじ1
- パプリカ粉……小さじ1
- 塩……小さじ1
- こしょう……小さじ1½

レーズン……適量
ゆで卵（輪切り）……1個
オリーブ（黒）……6個

B
- コーン缶（クリーム）……約400g
- とうもろこし粉（または小麦粉）……大さじ1
- バジルの葉（みじん切り）……10枚

オリーブオイル……大さじ1
グラニュー糖……適量
溶かしバター……大さじ1

作り方

1. フライパンに油を熱し、玉ねぎとにんにくを透き通るまで炒める。牛ひき肉を加えて炒め、A を加えてさらに炒める。 **2.** 耐熱容器に1を敷き、レーズン、ゆで卵、半分に切ったオリーブをのせる。 **3.** ボウルで B をよく混ぜ、2にかける。 **4.** 表面にグラニュー糖をかけ、溶かしバターを回しかける。 **5.** オーブンを180℃に熱し、表面がこんがりするまで30分焼く。

memo

土鍋や陶器の容器で焼くとおいしいです。

Pastel de Choclo

Paraguay パラグアイ

ソパ・パラグアージャ

宣教師が持ち込んだ牛乳や卵を使い、先住民グアラニー族がとうもろこし粉でスープを作ろうとして固まってしまった料理。今では国民食として愛されています。

材料（パウンド型1台分）

コーン缶（ホール）…100g、玉ねぎ（みじん切り）…1個、バター…少々、卵…2個

A ┌ パルメザンチーズ…50g、バター（室温に戻す）
　└ …25g、塩…小さじ1

とうもろこし粉…100g、牛乳…¼カップ、イタリアンパセリ…少々

作り方

1. コーンはフードプロセッサーにかけ、粒が少し残る程度にする。 **2.** フライパンにバターを熱し、玉ねぎをしんなりするまで炒める。 **3.** ボウルに卵を割り入れ、1、2、Aを入れて混ぜ、さらにとうもろこしの粉を加え、牛乳を少しずつ加えながらダマにならないよう混ぜる。 **4.** 型にクッキングシートを敷いて、3を流し、底を叩きつけて生地を均一にする。 **5.** オーブンを180℃に熱し、45分前後焼く。

Sopa Paraguaya

Argentine

アルゼンチン

チミチュリ

世界有数の牛肉消費国。バーベキュー「アサード」にも欠かせない、パセリやオレガノを使った酸味のある万能ソースです。

赤ワインビネガーがないときはりんご酢を。

memo

材料（作りやすい量）

A ┌ パセリ…¼カップ、にんにく…4かけ、唐
　└ 辛子（鷹の爪）…1本

B ┌ 赤ワインビネガー…大さじ3、オリーブオイル（EXバージン）…½カップ、乾燥オレガノ…大さじ2、パプリカ粉…小さじ½、
　└ 塩…適量、こしょう…小さじ½

作り方

1. Aをフードプロセッサーにかけてみじん切りにする（それぞれを包丁でみじん切りにしてもよい）。 **2.** ボウルにBを入れて混ぜ、1を加えてよく混ぜる。 **3.** 一晩冷蔵庫に入れ、味を落ち着かせる。グリルした肉などにかけて食べる。

Chimichurri

Uruguay

ウルグアイ

チビート

独立戦争を支えたアルゼンチンの国旗をお手本にしたウルグアイ。牛の放牧、ワインの生産など文化も似通ったところがあります。やわらかい牛肉のステーキやトマト、モッツァレラチーズ、卵などをパンにはさんだチビート（仔ヤギ）は、ウルグアイで1940年代に誕生した比較的新しい料理です。

Chivito

材料(4人分)

牛肉（ステーキ用）……2枚
ハム……4枚
卵……2個
モッツァレラチーズ（薄切り）……1個
レタス（ちぎる）……4枚
トマト（薄切り）……½個
玉ねぎ（薄切り）……½個
マヨネーズ……適量
塩、こしょう……適量
パン（バゲットなど）……2個
植物油……適量
＜付け合わせ＞
フライドポテト（冷凍でもよい）……適量

作り方

1. 牛肉に塩、こしょうをして、油をひいたフライパンで焼く。目玉焼きも作る。 **2.** パンを縦半分に切り、両面にマヨネーズを塗る。片面にレタス、トマト、1の肉、モッツァレラチーズ、ハム、目玉焼き、玉ねぎの順にのせてパンではさむ。2つ作る。 **3.** 中央から半分に切る。フライドポテトを添える。

オリーブの実や生ハム、また牛肉の代わりに鶏肉を使うこともあります。

memo

CHAPTER **7**

Oceania

| オセアニア |

オセアニア（大洋州）は、ミクロネシア、メラネシア、ポリネシアとオーストラリア大陸を含む地域。領域面積のほとんどが海で、陸地面積はその約6％。オーストラリア大陸だけで陸地面積の86％を占め、多くの国は太平洋に点在する小さな島々です。

オーストラリアの先住民（アボリジナル）は野生のカンガルーやワニ、エミューをはじめ、さまざまな土地の植物や昆虫を食料にしていました。これをブッシュ・タッカーと呼び、18世紀からこの地に来た英国人入植者はほとんど興味を示しませんでしたが、現在ではそのナチュラルさと栄養価の高さを評価されています。

英国人はまた牛とワイン用のぶどうを持ち込み、オーストラリアの大地で育てました。それらは今では国の一大産業になっています。一方、他国から受け入れた移民たちとともに多様性に富んだ食文化を育んできました。

ニュージーランドに移住した英国人もまた、羊や乳牛を放牧してワインを作るためにぶどうを育てました。彼らはポリネシアの先住民マオリ人と融和を図り、南太平洋の伝統的な調理法である、地面に穴を掘って肉や野菜を蒸し焼きするハンギ（島によってロボ、ムームーなどと呼ばれる）をはじめ、彼らの食文化を尊重しました。

オセアニアの島々に暮らす先住民は伝統的に、魚やココナッツ、タロイモ、パンノキの実などを食料としてきました。海洋探検家ジェームズ・クックの業績によりその多くが旧英領となり、フィジーのように労働者だったインド移民が多く暮らす国もあります。仏領ポリネシアは洗練されたフランスの美食文化が息づき、中心の島タヒチは、奴隷向けの安価な食料確保のために植林するパンノキの苗をカリブの西インド諸島に運んだ輸送船の出発港でもありました。

ミクロネシアでは、パラオやマーシャル諸島、ミクロネシア連邦はかつて南洋諸島として日本が委任統治していた時代があり、今も日本の言葉や食文化がわずかに残っています。

オセアニアで よく使われる 食材、調味料 など

タロイモと タロイモの葉

サトイモ科の多年草。東南アジア原産で、ポリネシア、南太平洋の島々で広く栽培される。さといも、やつがしら、えびいも、セレベス芋など粘りのあるいもで代用。タロイモの葉は、スイスチャード（フダン草）、ほうれん草、小松菜で代用可。

バナナの葉

食材ではなく、食材を包んで蒸し焼きにするとき使う。よい香りがつくが、手に入らなければアルミホイルで代用可。

269

Australia

オーストラリア

オージー・ミート・パイ

英連邦加盟国のオーストラリアは、先住民アボリジナルや移民による混合文化でありながらも英国の影響が強い国。特産の牛肉を使った小ぶりなミートパイは、ラグビーなどスポーツ観戦時に欠かせず、バーベキューとともに国民食のような存在です。トマトソースをつけて食べるのがオージー流。

Aussie Meat Pie

オーストラリアの味ベジマイトを隠し味に入れるとおいしいです。

memo

材料（4人分）

冷凍パイシート（20cm四方）……2枚
牛ひき肉……400g
玉ねぎ（みじん切り）……1個
にんじん（みじん切り）……½個

A ┌ 固形スープの素……1個
  │ ウスターソース……小さじ1
  │ ベジマイト※（あれば）……小さじ½
  └ ナツメグ粉……ひとつまみ

小麦粉……大さじ1
塩……小さじ¼
こしょう……ひとつまみ
植物油……大さじ1
バター……適量
卵の黄身……1個分
トマトピューレ（またはケチャップ）……適量
※オーストラリアの発酵調味料

作り方

1. パイシートは解凍し、1枚を4等分して、8枚をそれぞれこねて、丸くのばしておく。 **2.** フライパンに油をひき、牛ひき肉、玉ねぎ、にんじんを炒める。肉の色が変わったら塩、こしょうで調味し、水⅔カップ、Aを加えてふたをし、弱火で30分煮る。 **3.** 小麦粉を水⅓カップで溶いて2に混ぜ入れ、そのまま冷ます。**4.** マフィン大の耐熱容器4個の内側にバターを塗って、1のパイシートをそれぞれしく。3をのせ、残りのパイシートで覆う。**5.** 表面に溶いた卵の黄身をはけで塗り、生地の端をフォークで模様をつけながら留める。 **6.** オーブンを180℃に熱し、焼き目がつくまで25～30分焼く。 **7.** トマトピューレをトッピングする。

New Zealand

ニュージーランド

マオリ・ブレッド

ニュージーランドは、英国などヨーロッパ系住民と先住民マオリ人が平和共存する自然豊かな国。マオリ語で「レウェナ・パラオア」というこのパンは、じゃがいもを発酵種にしたナチュラルなマオリ料理。何日もかけて種を発酵させるため、急ぐ場合はイーストを使うこともあります。

Maori Bread

全粒粉がないときは精製した普通の小麦粉で。マヌカハニーを添えて。

memo

材料(2個分)

じゃがいも……2個

A
┌ 小麦粉(ふるう)……50g
└ 砂糖……大さじ1

B
┌ 小麦粉(ふるう)……400g
│ 全粒粉(ふるう)……100g
│ ベーキングパウダー
│ ……大さじ1と½
└ 塩……大さじ1

植物油……適量

作り方

1. じゃがいもは皮をむいて薄切りにし、柔らかくなるまでゆでる。 **2.** 1をボウルに入れてつぶし、Aをよく混ぜる。ふた付きの清潔なガラスびんなどに入れて、室温で1日以上置き、少し泡立つまで発酵させる。 **3.** 別のボウルに油を薄く塗り、ボウルに2とBを入れて混ぜ、温水1カップを少しずつ加えながら耳たぶくらいの固さになるまでこねる。清潔な濡れタオルをかぶせて室温に4時間置く。 **4.** 3を2等分して楕円形に成形する。表面に薄く油を塗り、包丁で切り込みを入れ、上部に茶こしで小麦粉(分量外)を振る。 **5.** 天板にクッキングシートをしいて4をのせ、180℃に熱したオーブンで35〜45分、様子を見ながら焼き色が付くまで焼く。

Guam

グアム（アメリカ領）

ケラグエン

ミクロネシアのマリアナ諸島にあるアメリカの準州グアムは、アメリカの影響とともに、先住民チャモロ人の文化が根づく島です。グリルした鶏肉にココナッツの実、レモン果汁を混ぜ合わせたケラグエンは、チャモロ料理の代表格。お祝い料理のアチョーテの実で染めたレッドライスを添えていただきます。

材料(4人分)

鶏肉……400g
A ┌ ココナッツフレーク
  │ ……⅓カップ
  │ レモン果汁……¼カップ
  └ 青唐辛子（輪切り）……1本
塩……小さじ1
パセリ……適量
＜付け合わせ・レッドライス＞
米を2カップにアチョーテの粉末（なければパプリカ粉）小さじ½を加えて普通に炊く。

作り方

1. 鶏肉に塩を振り、フライパンかグリルで焼いて火を通し、細かく裂いてほぐす。　**2.** ボウルに1、Aを入れて混ぜる。冷蔵庫で1時間冷やし、器に盛って、レッドライスを添え、パセリを飾る。

現地では生ココナッツを使用。なければ乾燥ココナッツフレークで代用します。

memo

Kelaguen

Palau パラオ

タロイモのコロッケ

Taro Croquett

かつて日本領土だったことから日本文化や日本語の影響も残る島国。これは日本のコロッケを現地の主食タロイモに置き換えた料理です。ここではさといもで作ります。

材料(4人分)

さといも…450g、豚ひき肉…200g、玉ねぎ（みじん切り）…1個、小麦粉、パン粉…各適量、溶き卵…1～2個、塩…小さじ1、こしょう…小さじ½、植物油…適量

作り方

1. さといもの皮をむいてゆでる。 2. フライパンに植物油をひき、玉ねぎと豚ひき肉を炒める。 3. ボウルに1と2、塩、こしょうを入れてよく混ぜ、俵型に丸める。小麦粉を薄くまぶし、溶き卵をくぐらせパン粉をまぶす。4.180℃に熱した油で、きつね色になるまで揚げる。

タロイモはほかにやつがしらなどでもで代用できます。　memo

Solomon Islands

ソロモン諸島

ポイ

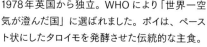

Poi

1978年英国から独立。WHO により「世界一空気が澄んだ国」に選ばれました。ポイは、ペースト状にしたタロイモを発酵させた伝統的な主食。

材料(4人分)

セレベスいも…400g ＊さといも、やつがしら、えびいもなどねばりのあるいもで代用可。洗っておく。水……400㎖

作り方

1. セレベスいもは洗って、柔らかくなるまでゆでて皮をむく。 2. フードプロセッサーに1を入れ、少量の水を加えてペースト状にする。 3. 保存容器に移し2，3日以上置いて発酵させて、やや褐色になったらできあがり（腐敗しないように夏場は冷蔵庫に入れるなど気をつける）。

グリルした魚介や肉などと一緒に食べます。　memo

Papua New Guinea

パプアニューギニア

ムームー

ニューギニア島の東半分と周辺の島々からなるメラネシアの国パプアニューギニア。ムームーは、熱く焼いた石にバナナの葉で包んだいも類や肉、青菜類をのせて、ココナッツミルクをかけ、土の中で蒸し焼きにする南太平洋の伝統料理。ダッチオーブンやホーロー鍋を使って日本の家庭でも再現できます。

材料(4人分)

豚肉……300g
鶏肉……300g
セレベスいも……1個
＊さつまいも、さといもでもよい。
春菊……1束
＊ほうれん草や小松菜でもよい。
ココナッツミルク……1カップ
バナナの葉（あれば）……適量
塩……適量

作り方

1. 豚肉、鶏肉は食べやすい大きさに切る。セレベスいもは皮をむいて輪切りに、春菊はざく切りにする。
2. ホーロー鍋にバナナの葉をしき、春菊の半量、セレベスいも、豚肉、鶏肉の順に重ねる。 3. ココナッツミルクをかけ、再び春菊をのせて、バナナの葉で包む。 4. ふたをして中火で15分熱する。弱火にしてさらに45分蒸し焼きする（オーブンで加熱してもよい）。食べるときに塩をかける。

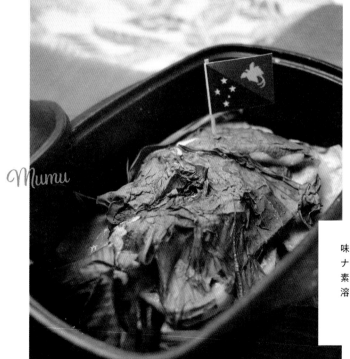

Mumu

味付けは塩とココナッツミルクだけ。素材の持ち味が溶け合います。

memo

Federated States of Micronesia

ミクロネシア連邦

ミクロネシアン・チキン

スペインや日本の植民地時代を経て1979年米国から独立。しょうゆとビールにレモンを混ぜたタレは、さまざまな文化がミックスしています。

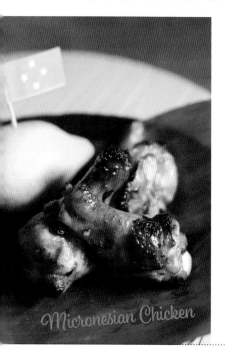

Micronesian Chicken

材料(4~5人分)

鶏肉(手羽元)……10本
レモン果汁……2個分

A 玉ねぎ(みじん切り)…1個、にんにく(みじん切り)…1かけ、ビール…350㎖、しょうゆ…120㎖

手羽先骨付きのもも肉、豚肉のスペアリブでもおいしいです。

memo

作り方

1. レモン果汁に鶏肉を30分漬ける。 **2.** ボウルにAを入れてよく混ぜ、1の鶏肉を入れて、冷蔵庫に3時間以上置く。 **3.** オーブンを180℃に熱し、2を焼く。10分ごとに面をひっくり返しながら40分焼く。

Marshall Islands

マーシャル諸島

チュクチュク

スペインや英国、日本、米国の信託統治領を経て1979年に独立。チュクチュクはおにぎりのようなごはんに削ったココナッツの実をまぶした主食です。

材料(4人分)

ごはん……300g
ココナッツフレーク……適量

作り方

1. ごはんを40gずつ取り、表面を水でぬらす。おにぎりのように丸め、ココナッツフレークをまぶす。

Chukuchuk

生のココナッツの代わりに製菓用の乾燥ココナッツを。

memo

275

Fiji

フィジー

セーナ

ポリネシアにある旧英領の国フィジーは、南インドから労働者として入植したインド系住民が国民の約40%を占めます。近年はフィジー系とインド系の結婚が進み、ハーフの住民も多いといいます。セーナはそんなフィジーらしい、ポリネシアとインドの食材を一緒に使って作るフュージョン料理です。

材料（4人分）

イエロースプリットピー*……200g

A
- にんにく……4かけ
- しょうが……1cm
- 唐辛子粉……小さじ½

B
- 小麦粉……200g
- クミン粉……小さじ1
- ガラムマサラ……小さじ1
- タマリンドペースト**……大さじ1
- 塩……少々

スイスチャード（フダン草）……10枚
揚げ油……適量（揚げ油）

*ツールダールとも。レンズ豆（皮なし）でもよい。
**梅干しのはちみつ漬けで代用。種を取り出し水を加えてペースト状にしておく。

作り方

1. イエロースプリットピーをぬるま湯に2時間以上浸ける。　**2.** フードプロセッサーに、1、Aを入れてペースト状にし、ボウルに移してBを加え、よく混ぜる。　**3.** まな板の上にスイスチャードを2枚広げ、2のペーストを全体に塗る。スイスチャードを重ね、またペーストを塗る。この作業を繰り返す。　**4.** 3を巻きずしの要領で固く巻き、ラップをかけてさらに固く巻く。ラップの両端をキャンディのようにぎゅっとしばる。　**5.** 蒸し器で30分蒸す。　**6.** 冷蔵庫で2時間以上冷やし、3cmの厚さに輪切りにする。　**7.** 油を180〜190℃に熱し、6を揚げる。

Sehna

現地ではタロイモの葉を使用。代用はスイスチャードのほか、ほうれん草でも。

memo

Nauru ナウル

ココナッツ・クラステッド フィッシュ

バチカン、モナコに次いで世界で３番目の小国。1968年英国から独立。こちらは数少ない島の特産品ココナッツを使った魚フライです。

材料(4人分)

白身魚（切身）……2切（300g）
A ┌ ココナッツフレーク※……100g
　└ パン粉（細びき）……100g
溶き卵…1個分
ココナッツオイル……50㎖＊または他の植物油。
塩…小さじ1、こしょう…小さじ½、ライム…1個

作り方

1. 白身魚に塩、こしょうを振る。　**2.** 溶き卵に1をくぐらせ、Aを混ぜたものをつける。　**3.** フライパンにココナッツオイルを熱し、2をこんがりと揚げる。　**4.** 器に盛り、ライムを飾る。

ココナッツフレークはきめの細かいものを。

memo

ピンチョスのように串に刺してもおしゃれです。

Coconut Crusted Fish

Tonga トンガ

ロイ・フェケ

1970年に英国から独立した、約170もの島からなる国。タコとココナッツミルクを合わせたポリネシアらしい素朴な料理です。

材料(4人分)

ココナッツミルク……1カップ、タコ（ぶつ切り。ゆでダコでもよい）……250g、玉ねぎ（薄切り）……½個、塩……小さじ½

作り方

1. 鍋にココナッツミルクを入れて沸かす。タコ、玉ねぎ、塩を加えて5分煮る。

Loi Feke

American Samoa

アメリカ領サモア

サパ・スイ

ポリネシアのサモア諸島内にあるアメリカの自治領で、近くにサモア独立国があります。サパ・スイは、八宝菜に似たアメリカ式中華料理チャプスイのサモア版。インドネシアなど近隣国の影響を受けた調味料と、春雨をはじめとするシンプルな具で作ります。

Sapa Sui

材料(2人分)

春雨……100g
ひき肉（豚か鶏）……150g
玉ねぎ（角切り）……1個
にんにく（すりおろす）……2かけ
しょうが（すりおろす）……小さじ1
A ┌ しょうゆ……大さじ1½
　└ コンソメスープの素（顆粒）……小さじ1

コーン（缶または冷凍）……大さじ2
オイスターソース……大さじ1½
植物油……大さじ2
ごはん……適量

作り方

1. 春雨は水か湯で戻し、食べやすい長さに切る。**2.** フライパンに油を熱し、玉ねぎを炒める。透き通ったらにんにくとしょうがを加えて混ぜてさらに炒め、ひき肉を加えてさらに炒める。**3.** 肉の色が変わったら、A、水1カップを加えて、1、コーンを加える。**4.** オイスターソースを加え混ぜ、1分加熱する。味を見て必要ならしょうゆを足す。**5.** 器にごはんと一緒に盛る。

現地ではインドネシアの調味料ケチャップ・マニス（41ページ参照）を使います。

memo

Tuvalu ツバル

エリス諸島という名でキリバスとともに英国保護領になり、1978年独立。ココナッツやバナナを使う南太平洋らしいおいしいフリッターです。

ココナッツ・バナナ・フリッター

Coconut Banana Fritters

材料（4人分）

A
| 小麦粉…100g、コーンスターチ…25g、ベーキングパウダー…小さじ½、ココナッツフレーク…25g、ココナッツミルク…¼カップ、卵（割りほぐす）…1個、グラニュー糖…大さじ1、塩…ひとつまみ

バナナ……2本
揚げ油……適量

作り方

1. ボウルにAを入れ、よく混ぜる。　**2.** バナナを粗みじん切りにして、1に加えてさっくりと混ぜる。　**3.** 油を180℃に熱し、2をスプーンですくって落とし、こんがり揚げる。　**4.** 油を切って、グラニュー糖（分量外）をまぶす。

素朴な味わいがやみつきになります。

memo

ココナッツフレークはキメの細かいものを。

Samoa サモア

ファアパパ

1962年に独立した英連邦国。キリスト教徒が多く、このファアパパも信者にとって大切なパンを地元の素材で作ったものです。

材料（4〜5人分）

A
| ココナッツフレーク…120g、小麦粉（ふるう）…300g、グラニュー糖…50g、ココナッツミルク…1カップ

ココナッツオイル……適量
＊ない場合は他の植物油。

作り方

1. ボウルにAを入れて混ぜ、よくこねる。二等分して少し平べったくなるように形成し、表面にはけでココナッツオイルを全体に塗る。
2. 1をベーキングシートに包み、200℃に熱したオーブンで30分、焼き目がつくまで焼く。

Faiapapa

Palusami

Kiribati キリバス

パルサミ

「世界一早く新しい一日を迎える国」。タロイモの葉で蒸し焼きした南太平洋らしい料理パルサミは、カレー粉を入れるのがポイントです。

材料（4人分）

A［ 玉ねぎ（薄切り）…1個、ココナッツミルク…150㎖、カレー粉…小さじ½、レモン果汁…½個、塩…小さじ½
スイスチャード（フダン草）…6〜8枚（ほうれん草でもよい）

作り方

1. ボウルに A を入れて混ぜる。
2. スイスチャードを1〜2枚並べて1を乗せて包む。まわりをアルミホイルで包んで中がこぼれないようにする。 **3.** 180℃に熱したオーブンで30分焼く。

タロイモの葉やトロロアオイの葉の代用にはスイスチャードかほうれん草で。

memo

Vanuatu バヌアツ

シンボロ

バンジージャンプの発祥地。オクラの近種で粘り気のあるトロロアオイの葉で具を包む料理は、見た目が中東やギリシャのドルマによく似ています。

材料（4人分）

スイスチャード（フダン草）…8枚、プランテーン…大1本、トマト…2個
A［ 玉ねぎ（みじん切り）…¼個、青ねぎ（輪切り）…1本、塩、こしょう…各少々
ココナッツミルク……1カップ

作り方

1. プランテーンはフードプロセッサーにかけてペースト状にする。トマトは1個はみじん切りに、もう1個は薄切りにする。 **2.** ボウルに1のプランテーンとみじん切りのトマト、Aを入れて混ぜる。
3. スイスチャードを広げ、2を大さじ1程度のせ、ロールキャベツのように巻く。 **4.** 鍋に並べ、トマトの薄切りとココナッツミルクを加えて弱火で15分煮る。

Simboro

Ika Mata

Cook Islands クック諸島

イカ・マタ

英国の海洋探検家ジェームズ・クックにちなんで名づけられたクック諸島。イカ・マタはアペタイザーにぴったりのポリネシアらしい、生魚とココナッツミルクを合わせた料理です。

材料(4人分)

白身魚（刺身）…300g、ライム果汁…½個分、塩…小さじ½、ココナッツミルク…1カップ、トマト（みじん切り）…½個、きゅうり（薄切り）…½本、にんじん（細切り）…½本、玉ねぎ（みじん切り）…½個

作り方

1. 魚は1.5cm角に切ってボウルに入れ、塩を振り、ライム果汁をかける。さらにココナッツミルクを注ぐ。　**2.** 野菜類を別のボウルで混ぜ、1に入れて混ぜる。

必ず生食できる刺身用の白身魚を使って下さい。

memo

いもは現地ではタロイモを使います。

Niue ニウエ

タキヒ

日本も2015年に独立国として承認した人口約1,500人の小国。ニウエ人の国民食が、パパイヤといもの蒸し料理タキヒです。現地では地面を掘って蒸し焼きします。

材料(4人分)

パパイヤ（薄切り）…1個、さといも（薄切り）…大2個、さつまいも（薄切り）…1本、ココナッツミルク…1缶（400g）、バナナの葉またはアルミホイル…適量
※パパイヤの代わりにマンゴーなどでも。

作り方

1. バナナの葉またはアルミホイルの上にパパイヤを並べ、ココナッツミルクをかける。　**2.** 1の上にさといもを並べ、ココナッツミルクをかける。　**3.** 2の上にさつまいもを並べ、ココナッツミルクをかけ、パパイヤを並べ、ココナッツミルクをかける。　**4.** バナナの葉を包んでひもで縛り（アルミホイルの場合はそのまま包む）、180度に熱したオーブンで45分焼く。

Takihi

Tahiti

タヒチ（フランス領ポリネシア）

ポワソン・クリュ

タヒチ島を中心にしたフランスの海外共同体。南太平洋の仏領には他にニューカレドニアなどがあります。ポワソン・クリュは、クック諸島などのイカ・マタ（281ページ参照）とほぼ同じ料理ですが、近年日系人シェフによって刺身の影響を受けたペルーのセビーチェにより近く、料理にひと手間かけるなど洗練されています。

材料（4人分）

刺身（マグロ、タイなど）……250g
ライム果汁……1個
＊飾り用の輪切り1枚、あとは果汁を絞る。

A
- トマト（さいの目切り）……1個
- きゅうり（さいの目切り）……1本
- 玉ねぎ（みじん切り）……1個
- にんにく（みじん切り）……2かけ

塩、こしょう……各少々
ココナッツミルク……1カップ
ライム（飾り用）……少々

作り方

1. 刺身は角切りにし、塩水に浸けて冷蔵庫でしばらく冷やす。 **2.** ボウルに水気をふいた1を入れて、ライム果汁をかけて混ぜて1分置く。 **3.** 汁気を捨てて、Aを加え、塩、こしょうを振る。 **4.** ココナッツミルクを加えて軽く混ぜて器に盛り、ライムを飾る。

刺身用の魚を塩水につけて冷蔵庫で冷やすのがポイント。

memo

Poisson Cru

宗教の食規定

世界中の80％以上の人々が何らかの信仰を持っています。
郷土料理を知るには、伝統宗教について知っておくことも
必要です。信仰やその食規定の背景を知ることは、国際交
流・ビジネス・民間外交の場でも重要な要素となっています。

宗教の食規定について

宗教ごとの教義や食規定、なぜそのような規定があるのかを知っておくことは、外国人と食事をともにする場において重要な要素となっています。

飛行機の国際線の機内食や国際会議のレセプション等には、イスラム教（ハラール）やユダヤ教（コーシャ）などの食規定に対応した特別食が必ず用意されています。

ここでは5大宗教を始め世界のさまざまな伝統宗教の教義・食規定を述べていきます。

ユダヤ教（イスラエルなど）

紀元前1280年頃に起こった、モーセの律法を基とし、唯一神ヤハウェを信奉するユダヤ人の宗教。聖典は記された律法「トーラー」と、口伝された律法「タルムード」から成ります。70年のエルサレム神殿の破壊後、国を失ったユダヤ人は，1948年のイスラエル共和国建国まで世界各地に離散していましたが、シナゴーグ（会堂）を中心にその伝統を守ってきました。現在はイスラエル、米国を中心に1500万人ほどの宗教人口を擁します。

ユダヤ教の食規定

コーシャはユダヤ教の聖典に書かれた食物規定で、ユダヤ教徒が食べてもよいとされる清浄な食品。カシュルート、コシェルと呼ぶこともあります。

脂肪の多すぎる食べ物は禁じるなど、医学的な意味もあるといわれ、また初期のユダヤ人たちはすでにエコロジーや自然の関連についてかなり詳しい知識を持っていました。それは彼らが、中東の狭く乾いた土地でいかに自然と調和して生きていくことができたかを証明しています。

また、コーシャの考え方は、現代の環境問題や動物福祉（アニマル・ウェルフェア）に通じるものとして、ユダヤ教徒以外のエシカル・コンシューマーと呼ばれる、社会や環境に配慮した購買行動を取る人々からも注目されています。

＜主なコーシャ食品＞
- 野菜、果物、穀物、豆類、海藻（ただし虫の混入していないもの）
- 牛、羊、山羊、鹿など蹄が割れていて、反芻する動物の肉。
- 鶏、鴨、アヒル、ガチョウ、七面鳥、鶉、鳩など（鷹や鷲、カラスなど特定24種の鳥以外）コーシャの屠畜資格を持ったものが検査、屠畜した食肉。
- ヒレとたやすく取ることのできるウロコを持った魚（甲殻類、タコ、イカ、貝はコーシャではない）
- 卵（自然に血の混じった卵はだめ）、乳製品
- コーシャの規定を満たしたアルコール飲料。
- 活け造りの刺身など、生きている動物から切り取った食品は「動物に不必要な苦痛を与え

る」という見解から禁じられています。動物は食べる前に必ず屠殺しなければなりません。

＜主な非コーシャ食品＞
● 豚、猪、ウサギ、馬、熊など、蹄が割れていない動物の肉。
● コーシャの屠畜資格を持っていない者が屠畜した食肉。血液。
● 昆虫（蜂が生むはちみつは食べてもよい。また古来イスラエルの砂漠で貴重な食品だった特定のイナゴ、バッタは食べてもよく、イスラエルにはコーシャの食用バッタ農場もある）
● 肉と乳を一緒にした食品（例：チーズバーガー）肉と乳製品を食べるには6時間以上置かなければならない。
● 非コーシャの添加物が入った調味料類。
● 非コーシャの厨房・用具等で調理した食品。

　ブロッコリーやカリフラワーなどの野菜は、タブーではありませんが、多くの隙間に虫が隠れている可能性があるため、慎重なユダヤ人は避けることがあります。同様にブラックベリーやラズベリーなども、十分に洗浄できないため、避けることがあります。
　ユダヤ教徒が特に大切にしている7つの農作物は、小麦、大麦、ぶどう、いちじく、ザクロ、オリーブ（オイル）、ナツメヤシ（蜂蜜）です。聖書に登場するこの7つの作物は、ユダヤ教において重要な役割を果たしてきました。数字の7はユダヤ教徒にとって聖なる数字でもあります。

ユダヤ教の祭りと特別な料理
安息日＝シャバット（毎週金曜日の日没から土曜日の日没まで）

　仕事や日常をいったん停止して休息し、家族や友人と食事をしたり楽しむ機会です。スマートフォンの使用やエレベータを押すことにいたるまで、労働を伴う活動は一切禁止。金曜の夜の食卓には「ハーラ」と呼ばれる編みパンや、「フムス」（ひよこ豆のペースト）、プディング風の「クーゲル」などが定番です。ワインも飲まれます。敬虔なユダヤ教徒は安息日に台所仕事もできないことから、この日に温かい食事を供するため、肉や豆、野菜を鍋にかけたまましっくり煮込む「チョレント（ハミン）」などのユダヤ料理が発達しました。

ローシュ・ハッシャーナー（9月頃）
　ユダヤ歴の新年。日本のおせち料理のような験担ぎの新年の料理を食べます。縁起のいい数字である7つの象徴的な食べ物があり、甘い年になるようにと、はちみつに浸したりんご、ツィメスと呼ばれるにんじんやプルーンの甘煮、はちみつケーキ、多くの天の恵みを願ってざくろの実、またかしらになって成功できるようにと、魚または羊の頭を食べます。

ヨム・キプル（9月頃）
　贖罪の日。前日の日没から1日間、断食を行います。

仮庵祭（スコット）（10月頃）
　ヨム・キプルから4日後に始まる、砂漠をさまよいながらイスラエル人が一時的な避難所（仮庵）に住んでいた40年を偲ぶ祭り。実際に粗末な仮設小屋を建てて果物やひょうたん

などを飾り、その中で秋の収穫物を食べる8日間の楽しい祭りです。

シムチャットトーラー

仮庵祭の翌日に行う、ユダヤ教の律法トーラーを読むという毎年のサイクルの完了と始まりを祝う日。東欧のアシュケナージ系ユダヤ人は伝統として、"ユダヤ人のワンタン"の別名を持つダンプリング料理「クレープラッハ」を食べます。

ハヌカ（12月頃）

「光の祭典」の別名を持つユダヤ教徒にとって大切な祭り。紀元前165年のマカバイ戦争で異教徒に占領されたエルサレム神殿を奪回した際、オリーブオイルが一日分くらいしか持たないはずの蝋燭が8日間燃え続けた奇跡を祝い、オイルの奇跡にちなんで揚げ物料理を食べます。ポテトパンケーキの「ラトケス」（じゃがいもが新大陸から入る前はレンズ豆を使用）と、揚げドーナツ風の「スフガニヤ」などが有名です。

プリム（3月頃）

古代ペルシアにおいて、ユダヤ人虐殺を企てたハマンの陰謀を、美しい賢女エステル王妃と叔父モルデカイが救ったという故事を祝う祭り。ハマンの帽子（または耳）を模した三角形のお菓子、ジャムやポピーシードをくるんだ「ハマンタッシェン」を食べます。

過越＝ペサハ（4月頃）

聖書の出エジプト記12章、エジプトで奴隷になっていたイスラエルの民が、モーセの先導でパレスチナの地に脱出した故事に因む重要な祭りのひとつ。特別な食べ物には以下のようなものがあります。

マッツォ（種なしパン）：発酵を防ぐため、作り始めてから18分で焼き上げなければならない。

ズロア（小羊のすねの骨）：古代の過越のいけにえである仔羊を象徴。

マロール（苦菜）：エジプトで奴隷になった際の苦難を象徴。

ベイツァー（ゆで卵）：神殿の犠牲と、人生のサイクルを継続する象徴。

カルパス（レタスやセロリなど）：春を表す青菜。

ハロセット（甘いペースト）：エジプトでファラオのピラミッドを作る際の粘土を象徴。

ほかに奴隷の涙を象徴する塩水入りのボウル、赤ワインを用意します。

シャブオット（5月頃）

過越の第2日の49日（7週間）後に始まる約3日間の祭り。過越、仮庵祭と並ぶユダヤ教の三大礼祭のひとつで、春の収穫を感謝する農業祭でもあります。シャブオットでは肉を食べずに、穀物や新鮮な果物のほか、酪農製品を食べる習慣があり、クレープに似た「ブリンツ」やチーズケーキが好まれます。

> ### ▶ イスラム教
>
> 7世紀初頭にアラビア半島で始まった教え。ムハンマド（マホメット）が創唱し、コーランを聖典として、信徒

は唯一の神（アッラー）を信じて帰依します。イスラム教信者はムスリムといい、世界に約16憶人います。多数の宗派があり、大まかにはスンニ派とシーア派に大別されます。スンニ派は最大宗派で80％を占め、シーア派は10〜20％ほど。ドゥルーズ派、アラウィー派、スーフィズムなどの少数派も存在します。

イスラム教の食規定

イスラム教では、神に許されたものを「ハラール」、禁じられたものを「非ハラール」（ハラーム）と呼び、敬虔な教徒はこの規定を厳格に守ります。ただしハラールの規定は、スンニ派かシーア派、その他の宗派、また地域やイマーム（宗教的指導者）の見解等により解釈が異なることがあります。

＜主なハラール食品＞

野菜、果物、穀類（米、小麦など）、豆類、魚介類、海藻類、牛乳、卵、イスラム法にのっとって屠畜された動物の食肉、またはその派生物。

※自然に少し血の混じった卵（見解による）、魚はハラールだが、生きたまま調理された魚、ハラールでないエサを食べた養殖魚等はタブー視される。貝は非ハラールと考える人もいるので個人に判断してもらう。また毒を持ったフグは通常は非ハラールだが、日本においてのみハラールとされる。

＜主な非ハラール食品＞

- 豚肉、および豚に由来する原料（ゼラチンやショートニングなど）を含んだもの
- 飲用アルコール、アルコール分を含んだ調味料など
- イスラム法にのっとって屠畜されなかった動物の食肉、血液など、死んだ動物の肉、またはそれらに由来する原材料を含んだもの
- 他の動物を獲物とする、かぎ爪のある動物など。
- ワニ、亀、カエルなど水陸両方に棲む動物。
- 昆虫（ただしバッタ、イナゴは砂漠地帯の貴重な食料だった経緯があり食べてよい）
- 非ハラールの厨房・用具で調理した食品。

イスラム教の祭りと特別な料理

イード・アル＝フィトル

ラマダン月の終了を祝う大祭。イードはアラビア語で宴、フィトルは断食の終わりを意味します。マレーシアなど東南アジアでは「ハリラヤ・プアサ」、トルコでは「バイラム」などといいます。断食をやり遂げたことを神に感謝し、モスクで礼拝し、親戚や友人の家を訪問し合ってごちそうを一緒に食べ、断食明けを祝います。国によっては料理を用意して、誰でも自由に食べてもらえるオープンハウスを行います。

イード・アル＝アドハー

ラマダン明けの祝祭のひとつで、イブラヒムが最愛の息子イスマイルをアッラーへの犠牲として捧げようとしたことを記念する日。犠牲祭、大イード、マレーシアなど東南アジアでは「ハリラヤ・ハジ」、トルコでは「クルバン・バイラム」、西アフリカでは「タバスキ」といいます。

メッカ巡礼をしているムスリムにとってはその最終日に当たり、巡礼していないムスリムともども羊などをいけにえとして捧げて祝います。肉はバーベキューなどで調理され、貧しい人々に振舞われます。

アシュレ（アーシュラー）
特にシーア派の人々がイスラム暦10月10日に祝う聖なる日。ノアの箱舟の大洪水の10日目に、ありあわせの材料で食事を作ったということから、別名 "ノアのプリン" と呼ばれる穀物やひよこ豆、ドライフルーツ、ナッツなどを使ったデザート「アシュレ」を食べます。

キリスト教

イエス＝キリストを救世主と信じる宗教。神の国の福音を説き、人類の罪を救済するために自ら十字架につき、復活したイエスが信仰の中心です。ユダヤ教を母体として1世紀中ごろパレスチナに起こりました。

キリスト教の主な宗派
<東方正教会>
ギリシャに始まった正教会は、いくつかの例外を除いて、国名や地域名を冠した組織を各地に形成していて、ギリシャ正教会、ロシア正教会、ブルガリア正教会、日本正教会といったような組織が世界各地にあります。

<カトリック教会>
ローマ教皇を中心する教派。ローマ教会、ローマ・カトリック教会とも呼ばれます。東西教会の分裂（1054年）により、東方正教会と袂を分かちました。ヨーロッパ、南米などを中心に約12億人の信徒がいます。

<プロテスタント>
プロテスタントとは「反抗する者、抗議者の意」の意味で、16世紀のルターやカルバンによる宗教改革後、ローマ・カトリック教会の信仰に反抗し、分離形成されました。ルター派、聖公会など多数の宗派があります。

<アーミッシュ>
スイスで生まれ、迫害を逃れて200年近くアメリカに暮らしています。その思想から食事はほとんど手作り、遺伝子組み換え作物や農薬を避ける一方で、アーミッシュ＝オーガニックではありません。

キリスト教の食規定
イエスの教えにおいて、清浄な食べ物と不浄な食べ物の定義は、従来のユダヤ教の食規定と基本的に変わりませんでしたが、イエスは、人間の心を汚すのは、偽善や悪徳など人間の内部から出てくる罪だけであり、不浄な食べ物などによって汚されることはないということを明言しました。食物規定よりも「ともに分かち合って食べること」の大切さを優先したのです。そのため、食物規定は基本的にありませんが、比較的近年に興った宗派によっては禁忌の食品があります。
アルコール：カトリック、正教会、ルター派、聖公会などほとんどのキリスト教の宗派がア

ルコールの適度な飲酒を容認している一方で、救世軍（サルベーション・アーミー）、末日聖徒（モルモン教）、セブンスデー・アドベンティスト、バプテスト、メソジスト、ペンテコステ派などはアルコールを禁じている。

豚肉：エチオピア正教会、豚肉をタブー視していたフェニキア人を先祖とするレバノンのキリスト教徒の一部は食べない。ユダヤ教の影響を受けたセブンスデー・アドベンチスト教信徒は豚肉が禁じられている。

馬肉：ヨーロッパには馬肉を食べる国が多くあるが、キリスト教の一部の宗派では禁じられている。イギリスやアイルランド、アメリカ、オーストラリアでは馬肉をタブー視する人が多い。

その他：一部のキリスト教の宗派では生きたまま調理された動物（魚の活け造りなど）もタブー視されている。またトラピストなどの修道士は菜食主義者。

キリスト教徒が大切にしている食品は「パン」、聖書の世界では古代から「パン」が食べ物の代名詞でした。最後の晩餐でイエスはパンを祝福して、自身の身体であると宣言し、弟子たちに食べるように求めたからです。またワインは自らの血であるとしました。

キリスト教の断食

ユダヤ教の習慣を受け継いで断食（レント）が行われてきましたが、何も食べないわけではなく、動物の肉、魚、卵、バターなどの乳製品を断つというものです。復活祭の前の約40日間を「四旬節（四旬斎）」と呼び、キリストの苦難を偲び、9世紀頃までは夕刻に1日1食の断食が行われました。また祭日を除く

毎週金曜日は肉の代わりに魚を食べました。謝肉祭（カーニバル）は、肉断食が始まる直前の3日ないし1週間をにぎやかに祝う意味があります。

キリスト教の重要な祭りと特別な料理

クリスマス＝降誕節（12月25日）

クリスマスは「キリストのミサ」という意味があります。キリストの降誕を祝う祭りですが、キリストの誕生日ではありません。ロシアや東欧諸国などユリウス暦を使う国では、西暦の1月7日がクリスマスに相当します。

伝統的にはクリスマス・イブに肉断食を行い、魚料理を食べます。ヨーロッパの内陸国であるチェコやハンガリーなどではコイ料理が人気です。クリスマス当日はごちそうを食べます。また地域によってはクリスマスシーズンだけのさまざまなケーキやパン、クッキーなどがあります。

イースター＝復活祭（復活節）または復活大祭（3月～4月）

復活祭は、十字架にかけられて死んだキリストが、三日目に復活したことを記念・記憶する祭り。キリスト教ではクリスマスよりも重要な祭りで、春分の日の後の最初の満月の次の日曜日が当たります。

宗派により復活祭前におよそ40日間の大斎（四旬節）があり、信徒は肉や魚、卵、乳製品や油などを慎みますが、それが解禁される復活祭当日には、肉や、卵とバターをたっぷり使ったお菓子が作られます。ロシア正教会では「パスハ」と呼ばれるお菓子が、またロシア、セルビア、ウクライナなどの正教会諸

国では「クリーチ」というパンが作られます。また復活のシンボル、命の象徴のイースターエッグを作る習慣があります。

ペンテコステ＝聖霊降臨（5月〜6月）

　新約聖書に登場する、イエスの復活・昇天後、集まって祈っていた120人の信徒たちの上に、神からの聖霊が降ったという出来事を記念する祝祭日。復活祭から50日目の日曜日に当たります。三位一体の聖霊を象徴する白い鳩や、炎、風をモチーフとしたお菓子が作られます。特に鳩のケーキ（フランスではコロンビエという）はよく知られています。

その他のキリスト教にちなんだ食品の例

ギリシャ：ローマ時代に誕生した薄いパンケーキ「パラチンタ（胎盤の意味）」を層にして作ったという説もあるお菓子「バクラバ」は、ギリシャではキリストの享年である33の生地層で作られます。

エクアドル：イースターの前の聖週間に「ファネスカ」というスープを食べます。12使徒を表すレンズ豆やエンドウ豆、とうもろこしなど12種類の豆または穀類と、キリストを表す干しタラ（バカラオ）が入っています。

スウェーデン：12月13日の聖ルチア祭に、「ルッセカット」というサフランとレーズン入りの甘いパンを食べます。

フランス、イタリア、ドイツ：プレッツェルは、南フランスまたは北イタリアの修道士が、祈るために交差させた腕をかたどって焼いたパンが起源といわれます。ドイツ移民によりアメリカにも伝わりました。日本のお菓子「プリッツ」もプレッツェルからヒントを得たといいます。

ルクセンブルクでは、四旬節の第4日曜日にプレッツェルの日曜日という行事があり、男性が想いを寄せる女性にプレッツェル型の甘いパイを贈り、女性がその男性を好きなら復活祭の日曜日にチョコレートのイースターエッグを贈り返すという習慣があります。

アルメニア：1月後半から2月後半の間の聖サルキスの日に、中東やヨーロッパ東部などでヌガーのようなお菓子「ハルバ」を食べます。ハルバは聖人がもたらす祝福を象徴します。

ドイツ：クリスマスを待つ12月の降臨節（アドベント）の時期にマジパン入りのフルーツブレッド「シュトーレン」を食べます。シュトーレンはおくるみをまとった幼子キリストを表現しているともいわれます。

仏教

　紀元前5世紀のインドで仏陀（狭い意味では釈迦）を開祖として説かれた教え。仏陀＝「悟った者・真理に目覚めた人」という意味があります。仏教は仏陀の説いた教えに従い、僧侶や在家信者それぞれの立場で修行・実践して悟りや解脱（涅槃）を成道することを目標としています。

宗派ごとの仏教の食規定

＜大乗仏教＞

　およそ1世紀ころに始まり、仏教に新しい考えをもたらした宗派。大乗（マハー・ヤーナ）とは「偉大な乗り物」あるいは「偉大な方法」

を意味します。中国や朝鮮半島、日本を含む東アジア圏に広く伝わりました。

大乗仏教では、慈悲と不殺生の思想が広まり、菜食を基本とした精進料理（中国では普茶料理）が発達しました。

日本でもその影響で、仏教伝来から明治時代を迎えるまでは表向きは獣肉食の禁忌が守られていました。明治政府が規制を解いたあとは、禅宗系など肉食しない宗派を除いて僧侶の肉食が許されています。在家信徒についても現在は食規定らしきものはありません。

<上座部仏教>

スリランカ、タイ、ミャンマー、カンボジア、ラオスなどの初期仏教の影響を残す保守的な仏教。今でも出家した僧侶が三種の浄肉を食しています。また十種の不浄肉は禁じられているので※、日本では馬肉などをうっかり上座部仏教の僧侶に出さないよう注意が必要です（在家信徒は特に食規定はなし）。

なおインドの仏教では、肉食を贅沢とみて禁欲する動きや、ヒンドゥー教社会の影響により、禁忌から出家、在家信徒ともに肉食をしないことがあります。

※三種の浄肉（僧侶が殺されるところを見ていない、自分に供するために殺したと聞いていない、自分に供するために殺したと知らない）以外の動物の肉、十種の不浄肉（人間、象、馬、犬、ヘビ、ライオン、トラ、ヒョウ、クマ、ハイエナ）

<チベット仏教>

ヒンドゥー教やジャイナ教、ボン教などとともにインド文化圏で誕生した仏教が、8世紀後半に本格的にチベットに伝わり、その地を中心に発展した仏教の一派。チベット仏教4宗派のうち信者の7割を占めるゲルク派の最高指導者であるダライ・ラマ法王は、観音菩薩の生まれ変わりとされています。密教の教えは現在インド仏教、チベット仏教、日本の真言宗、天台宗に伝えられています。

仏教では人を含む生きとし生けるすべての生き物の命は等しく、輪廻転生の概念からも、かつて自分の父母であったかも知れない生き物の命を奪わないよう、菜食が重んじられてきました。しかし、チベットのような自然環境の厳しい土地において菜食で健康を保つことが困難な場合もあり、現代において菜食は、宗教上の行事や特定の期間を除き強制ではありません。現在のダライ・ラマ14世法王猊下も菜食の時期はありましたが、医師のアドバイスで肉食を取り入れておられます。

<ボン教（ユンドゥン・ボン）>

チベットに古代から伝わる民族宗教。教義はチベット仏教と似ています。

<禅宗（曹洞宗「永平寺」）>

日本における曹洞宗の開祖である道元禅師は、「三徳六味」という食のルールに触れ、三徳（柔らかく口当たりがよい、清潔でさっぱりとしている、正しい順序にしたがって丁寧に調理がされている）と、苦、酸、甘、辛、塩辛いの五味に「淡味」（食材そのものの味を大切にする）を加えた六味を大切にすることを説いています。四季折々の食材を使い、食事に変化を加えて他者に喜んでもらうことの大事さにも言及しています。

その他の食規定

仏教における乳製品について

　6年間におよぶ苦行で消耗した釈尊の身体を癒したのは、スジャータという娘の供した牛乳粥であったと伝わっています。そのため仏教では牛乳や乳製品に禁忌はありませんが、乳製品は体調のよくない者が栄養を補給するのに食べさせるものと解釈され、曹洞宗の精進料理では牛乳や乳製品は使用しないなど、乳製品の扱いは、卵とともに地域や宗派によって扱いが異なります。

五葷（ごくん）とは？

　菜食の精進料理であっても、五葷と呼ばれるネギ科の植物（にんにく、ねぎ、にら、玉ねぎ、らっきょう）は、僧侶に禁忌とされることがあります。匂いが強く煩悩を刺激するという理由で、地域によっては山椒やしょうが、香菜が含まれることもあります。また菌類（きのこ）を食べない僧侶もいます。

仏教の祭りと特別料理

灌仏会（花まつり）

　釈尊の誕生日（日本では4月8日だが国によって違う）に、お祝いに釈尊像に甘茶をかけたり、無病息災を願って飲んだりします。これは日本独自の習わしです。甘茶は、アジサイ科の落葉低木アマチャの若い葉を蒸して揉み、乾燥させ、煎じて作った飲み物です。

　上座部仏教圏の国々では「ウェーサーカ祭」が灌仏会に該当し、信徒はそれぞれの国の刺激の少ない菜食をします。

報恩講（ほうおんこう）

　日本の浄土真宗の宗祖・親鸞聖人の忌日に門徒が集まって食事をする習わしです。特に信徒が多い北陸で盛んに行われ、食事は「報恩講料理」と呼ばれ、八つ頭の茎の酢漬け「すこ」（福井）など、その日の定番の精進料理を食べる地域もあります。

ヒンドゥー教

　ヒンドゥー教は、紀元前1500年頃に北インドに進入したアーリア人の宗教が、先住民族のさまざまな宗教の要素を吸収し発展した多神教の宗教。歴史上の教祖はおらず、統一された信仰体系も、中央の権威もありません。

　信徒はインド国内で10億人、ネパールやスリランカ、インドネシアのバリ島などの海外の信者を合わせると約11億人以上に上るとされ、キリスト教、イスラム教に続く世界で第3番目に多い信徒を持ちます。

　ヒンドゥー教徒はすべての生き物には魂があることと、生まれ変わりの概念を信じており、殺生を嫌い、基本的に肉食はしません。サンスクリット語で書かれた聖典「ベーダ」に、「どんな生き物も殺さないことが救いに近づく道である」として、肉食は動物の殺害につながり、控えるべきであると書かれているためです。また、自分が来世で動物や魚、昆虫に生まれ変わるかもしれず、それゆえ殺生

しないのです。

　もともと「ヒンドゥー」とはインダス川やその流域を表すペルシア語で、のちに「インドの人々」を指すようになりました。しかし、インド人＝ヒンドゥー教徒ではないので要注意です。インドは人口の約80％がヒンドゥー教徒ですが、2億人弱のイスラム教徒をはじめ、仏教徒、キリスト教徒などが暮らす多宗教国家であり、当然、宗教によって食の戒律が違います。

ヒンドゥー教徒の食規定

　肉を食べることは禁止されていませんが、牛は神聖な動物とみなして牛肉を食べません。他に豚肉、鶏肉、アヒル、カタツムリ、カニ、ラクダは避けられる傾向にあります。

　殺生を避けることから、教徒の大部分は肉やラードなどの動物由来の脂肪、卵を避ける菜食主義者ですが、乳製品は禁じられていません。牛乳、ヨーグルト、バターなど、牛のその他の製品は本質的に純粋であると考えられています。

　地方によっては仔羊や鶏肉、魚を食べる人がいる一方で、ギー（純度の高いバターオイル）や牛乳、玉ねぎ、卵、ココナッツ、にんにく、菌類（きのこ）などを食べない人もいます。アルコールは一般的に避けられる傾向にあります。

　カーストの最上位である司祭階級のバラモンは、通常、肉、魚、卵を食べませんが、西ベンガル州のバラモンは「海の果物」と呼んで魚を食べたり、またジャンムー・カシミール州のバラモンは肉食することで知られています（ただし羊のラム肉と、野生のいのししや野鳥のみ）。

　敬虔な教徒は、ヒンドゥー教の祝日や誕生日、結婚の記念日などに断食をします。

ヒンドゥー教の代表的な祭りと特別料理

マカール・サンクランティ（1月14日）

　インド神話に伝わる太陽神スーリヤに捧ぐ日。冬の最も寒い日、夏至に向けて昼間が長くなり始める太陽の周期を祝う祭りです。北部では「ローリー」、南部では「ポンガル」などの名称で呼ばれ、収穫祭の意味も持っています。

　祭りの期間にはゴマやピーナツを粗糖（ジャガリー）で固めたお菓子「ガジャック」や、繁栄を表す甘いミルク粥「ポンガル（パヤサム）」、黄色いレモンライスなどを食べます。

マハー・シヴァラートリー（2月または3月）

　ヒンドゥー教の最高神の一神である破壊神シヴァのお祭り。日取りは太陰暦に基づいて決められます。敬虔なシヴァ神の信者は朝から翌朝まで断食を行い、炎にまつわる神であることから、牛乳、水、はちみつなど体を冷やす食物を捧げます。

ホーリー（3月中旬）

　インド北部で行われる春の始まりを告げるインド三大祭りのひとつ。人々が色粉を塗り合ったり、色水をかけ合ったりして祝います。シヴァ神の結婚行列を再現したものといわれ、「マルプア」（砂糖シロップに浸した焼

きたてのパンケーキ）や「プランポリ」（豆と粗糖ジャガリーの餡を包んで焼いた平パン）、「グジヤ」（牛乳、砂糖、アーモンドなどのナッツを包んで揚げた餃子のような形のお菓子）などを食べます。

オナム（8〜9月）

インド神話に登場するマハーバリ王を称える、ケララ州の伝統的な収穫祭。「オナム・サディヤ」と呼ばれる、大きなバナナの葉の上に多種類の菜食のおかずやごはんをのせた豪華な特別料理を食べます。

ガネーシュ・チャトゥルティ＝ガネーシュ祭（8月〜9月）

象頭の商売などの神として知られるガネーシュを祝うお祭り。インド西部のマハーラーシュトラ州を中心に行われ、ガネーシャの好物であるという「モーダカ」（小麦粉の生地にココナッツとジャガリーを詰めて焼いたお菓子）が捧げられます。このお菓子は仏教とともに聖天様の好物「清浄歓喜団」という名の唐菓子になって日本にも伝わりました。京都の和菓子店「亀屋清永」で今も販売されています。

ダシェラ（9月〜10月）

ホーリー、ディーワーリーと並ぶインドの三大祭りのひとつ。インドの叙事詩『ラーマーヤナ』に書かれた物語をもとに、ラーマ王が悪者ラーバナに勝ったことを祝う祭りです。ダシェラの前日までの9日間は、多くのヒンドゥー教徒が断食を行います。一日一食とする人もいます。ダシェラの日は、タピオカと細かく切ったじゃがいも、ココナッツ、砂糖などで調理した

「サブダナ・キチュリ」などのお腹にやさしい料理を食べます。

ディーワーリー（10月〜11月）

ダシェラの21日後に祝われる、花火や爆竹を鳴らすにぎやかなインド最大のお祭り。「光の祭典」とも呼ばれ、インドの新年に相当し、富と幸運の女神ラクシュミーを祀ります。ダシェラやディーワーリーの時期は、故郷に里帰りする人が多くいます。「グラブ・ジャムン」や「ガジャル（にんじん）・ハルワ」、「ラドゥー」などの甘いお菓子の数々、地方それぞれの料理を食べます。

その他の宗教

<ジャイナ教>

紀元前6世紀頃にマハービーラが創始したインドの宗教。神や創造者はいないとされ、アヒンサー（不殺生・非暴力）を始めとする禁戒・苦行の実践を説いています。ヒンドゥー教と同時に発達しながら、仏教の影響も受けており、カルマや転生、倫理、禁欲主義の概念が信仰の一部になっています。現在の信徒数は、インド西部のグジャラート州やマハーラーシュトラ州、ラジャスタン州を中心に約600万人。生き物を傷つける怖れのある農業に従事できないことから、商人や職人（特に宝石や貴金属商）が多く、信仰の篤さと誠実さからインド社会で信頼されています。

教徒は厳格な菜食主義で、肉、魚、卵、

はちみつを食べることはもちろん、小さな昆虫や微生物を傷つける怖れがあり、植物の生命が宿ると考えて、地下茎野菜のじゃがいもやにんにく、玉ねぎなども禁じています。また、菌類のきのこ、発酵の過程で多数の微生物が犠牲になるという考え方から、酵母でふくらんだパンは食べず、酒も飲みません。

乳製品については、「動物の子が飲んだあとの残りの乳をいただく」という考え方により禁じられていませんが、厳格なジャイナ教徒はヨーグルトは新鮮なものしか食べません。

<シク（シーク）教>

シク教は、16世紀にインド北西部のパンジャーブ州でグル・ナーナクが創始。シク＝弟子、グル＝教師を意味します。シク教徒は、神のもとではみな平等であると考え、「正直に勤勉に働く、恵まれない人々と分かち合う、行うすべての行動に神を自覚する」という1日3原則を実践しています。聖職者を持たず、シク寺院（グーダワラ）では、信仰の違いや老若男女を問わず寛容に受け入れ、「ランガル」と呼ばれる無料の食事を提供します。

ランガルは、どんな信仰の人でも食べられるように菜食（乳製品を含む）が提供されます。開祖グル・ナーナク自身は菜食主義者と伝えられ、菜食が推奨されますが、宗派により肉食する教徒もいます。その場合、動物を怖がらせずに瞬時に屠畜する「ジャトカ」と呼ばれる肉を用い、儀式として動物を犠牲にすることは禁止されています。アルコールは控えるべきとされていますが、禁止はされていません。

<ゾロアスター教>

ゾロアスター教は、前7〜12世紀頃に古代ペルシアにあった原イラン多神教をもとにザラスシュトラ（ゾロアスター）が創設した世界最古の一神教のひとつ。唯一神アフラ・マズダを崇めた善悪二元論的な宗教です。聖典は「アベスター」。拝火教ともいい、光と知恵の象徴として儀式において火は重要な要素です。現在の信徒数は世界中に19〜11万人ほどですが、インドでは、イスラム教国家となったペルシアから逃れてきた信徒をパールシィ（ペルシア人）と呼び、「タタ財閥」の創始を始めムンバイを中心としたインド社会に溶け込んで商業や産業に多大な影響を及ぼしています。著名なゾロアスター教徒には、ロックバンド「クイーン」のフレディ・マーキュリー、クラシックの指揮者ズービン・メータらがいます。

ゾロアスター教に食規定はないという意見がある一方で、聖典「アベスター」によると、開祖ザラスシュトラは「動物には魂と意識がある」と説き、貪欲な肉食は厳禁としています。牛を家畜にしたり使役することは禁じておらず、牛乳、ヨーグルト、チーズ、バター、ギーなどの牛乳由来の製品は許可されてきました。

<ブードゥー教（アフロ・カトリック民衆宗教）>

ブードゥー教は、19世紀にフランスに支配された西アフリカのダホメ王国（現ベナン）のフォン人の伝承・信仰と、キリスト教カトリックが混ざり合ってできた宗教。アフリカと、奴隷として送られたカリブ海のハイチ、アメリカ南部ルイジアナ州などに信徒が多く、同類のブラジルのカンドンブレ、西アフリカ・ヨルバ人

のサンテリアなどとまとめて「アフロ・カトリック民衆宗教」とも呼ばれ、現在5000万人もの信徒がいるといわれます。

生者と死者（先祖や神々、霊も含まれる）との人間関係を強調し、占いや憑依、動物のいけにえ、音楽、ダンスなどが伴います。生ける死体「ゾンビ」の存在も信じます。

西アフリカの料理「アカラ」（ササゲの一種である黒目豆の揚げ物）は、しばしば70歳以上の長寿を全うして亡くなった人の葬儀で親せきや隣人らに配られたり、またブラジルに渡って「アカラジェ」と呼ばれ、宗教儀式のお供え物として重用されてきました。アカラの起源は中東のファラフェルだと考えられており、7世紀から19世紀の間にこの地にやってきたアラブ人によって調理法がもたらされました。

＜バハーイー教＞

19世紀半ばにイランでバハー・ウッラーが創始した一神教。イランで迫害を受け、現在はイスラエルのハイファにあるカルメル山に本部があります。信徒数は600万人といわれ、日本にも教団支部があります。

食事は個人の選択の問題とされ、厳格な戒律はありませんが、バハーイー暦の一年の最後の月（西暦の3月）にあたる十九日間の日の出から日没まで、生命を再調整し、精神力を活気づける意味で断食をします。

＜道教と儒教＞

仏教とともに中国の三教と呼ばれる宗教。道教は古代中国の民間信仰を基盤とし、不老長生・現世利益を主目的として生まれた漢民族の伝統宗教。また儒教は孔子を始祖とし、

孔子が唱えた道徳・教理を体系化したもので、その学問内容が儒学です。

道教では、食事と健康、精神のつながりを大切に考え、例えば、歳を取るごとに少しずつ食べる量を減らし、加工食品を避けるといったことが説かれ、基本的には菜食を奨励しています。それは、食べ物や料理を意味する中国語によく「菜」がつくことからもうかがえます（たとえばメニューのことを菜譜、献立表のことを菜単という）。豆腐の発明は道教家の功績だったといわれます。

儒教では孔子の哲学が中国の食文化に深く反映されています。孔子は食を重要視し、適切な調理技術（例えば肉はみじん切りにする、食品を一緒に使う際の調和を考える、季節の食材を使う、すべての食品には色、香り、風味、食感を必要とする等）を教え、それは、のちに世界三大料理のひとつにもなった中華料理に大きな影響を与えています。

＜ラスタファリ運動（ラスタファリアニズム）＞

1930年代にジャマイカの労働者階級と農民を中心にして発生したアフリカ回帰の要素を持つ宗教的思想運動。聖書を聖典とし、特定の教祖はいませんが、エチオピア帝国最後の皇帝、ハイレ・セラシエ1世をジャーの化身またはそれ自身として崇めています。

ラスタファリ信仰者は、アイタルフード（Vital Food のパトワ語訛り）と呼ばれる食事をします。基本的には自然で清潔でシンプルな菜食で、豆腐などアジアの食材を含むこともあります。缶詰、着色料を使うような不自然な飲み物は避けられます。小型の魚以外の魚介類は制限され、肉食は一般的でなく（特に豚

肉は禁止）、塩やアルコール、牛乳、コーヒーもできるだけ控えます。ラスタファリアンの聖なる日には特に厳格な菜食を守ります。またしばしばレゲエ音楽とも関連してきました。

その他の民族宗教
＜ヤズィーディー教＞

2018年にヤズィーディー教徒の女性ナディア・ムラドさんがノーベル平和賞を受賞したことで話題になりました。12世紀頃に形成されたといわれる宗教で、クルド人を主体とし、ゾロアスター教やユダヤ教、イスラム教、キリスト教などの影響を受けて、孔雀天使マラク・ターウースを崇め、太陽に祈りを捧げます。聖地はイラク北部クルド人自治区の山岳部にあるラーリーシュ。信徒はここが地球の中心と考えています。推定宗教人口は70万～100万人と幅があり、イラクやトルコなど周辺国のほか、ドイツやロシア、米ネブラスカ州リンカーンなど各国それぞれ1万人以上のコミュニティを持ちます。

食で禁じられているのは、レタス。クルド語のレタスに「力」の意味があり、聖人を表すのに使用するからとの理由です。ユダヤ教やイスラム教と同様に豚肉を食べる習慣はなく、ユダヤ教のような食べ合わせの禁忌もあります。また古代ローマのミトラ教のように、牡牛を屠って食べる宗教的なお祭りがあります。

＜マンダ教＞

1～2世紀に形成された、ユダヤ教、初期キリスト教に由来されるともいわれる一神教の古代宗教。イラク南部に信者が現存し、米国やオーストラリアにもコミュニティがあります。

信者数は推定6万～7万人。信徒は菜食主義で、屠畜や血を流すことが罪とされ、肉をほとんど食べません。また野菜類も種から育つものだけが食べ物として認められ、キノコなど種がないものは禁じられています。

＜神道＞

日本人の民族宗教。祭事のあとに神前に供えた御饌御酒を、神職を始め参列者でいただき、神と人が一体になると考えた「直会」という風習があります。日本人の主食の米を重視し、日本酒はお神酒として特に大切にされてきました。

天武天皇は675年に、水田稲作の推進を目的として、肉食が稲の生育に支障をきたすのを防ぐために日本で最初の肉食禁止令を発布しました。この令はまた、538年に仏教が日本に伝来し、動物の殺生を禁じるその教えにも影響を受けたといわれています。

現在の神道では基本的に肉食を禁ずる食規定はありませんが、神社内では四つ足の動物の肉食を避けることがあります。しかし、たとえば諏訪大社（長野県諏訪市）のように、肉食禁忌の時代でも、鹿あるいは四つ足の動物を食べることを許可する鹿食免（かじきめん）を授け、毎年4月に行われる御頭祭で鹿の頭をはじめとする鳥獣魚類等が神饌として供えられてきた例外もありました。その一方で、磐鹿六雁命を主祭神とする高椅神社（栃木県小山市）のように、日本一社禁鯉宮として、氏子が鯉を食べないといった例もあります。

索引

この索引では、料理のメインの食材になっているものだけを取り上げています。また、基本的に付け合わせは外しています（必須の付け合わせを除く）。

＊ その他 ＊

ビーガン料理

【参考文献】
『プロトコールとは何か 世界に通用する公式マナー』寺西千代子著（文春文庫）、『プロトコール 国際儀礼の基礎知識』寺西千代子著（全国官報販売協同組合）、『はじめての国際交流学 プロトコール流』佐藤薫子著（優しい食卓）、『国際交流のための現代プロトコール』阿曽村智子著（東信堂）、『シク教』グリンダル・シン・マン著 保坂俊司訳（春秋社）、『ジャイナ教とは何か ブックレット〈アジアを学ぼう49〉』上田真啓著（風響社）、『危ない食卓 十九世紀イギリス文学にみる食と毒』横山茂雄編（新人物往来社）、『4行でわかる世界の文明』橋爪大三郎（角川新書）、『宗教と食 食の文化フォーラム』南直人編（ドメス出版）、『「国民料理」の形成 食の文化フォーラム37』西澤治彦編（ドメス出版）、『世界の食に学ぶ 国際化の比較食文化論』河合利光編著（時潮社）、『饗宴外交 ワインと料理で世界はまわる』西川恵（世界文化社）、『世界の国旗図鑑』吹浦忠正著（主婦の友社）、『世界の国旗の「えっ！」』吹浦忠正著（主婦の友社）『そんなわけで国旗つくっちゃいました！図鑑』吹浦忠正著（主婦の友社）、『オリンピックでよく見るよく聞く国旗と国歌』吹浦忠正・新藤昌子著（三修社）、『ドア 208の国と地域がわかる世界理解地図』（帝国書院）、『世界史年表・地図』亀井高孝・三上次男・林健太郎・堀米庸三・西川弘文館）、『世界の料理 全20巻』（タイムライフブックス）、『家庭でつくる朝鮮料理』甲 小南、チョ甲連著（評伝社）、『ファラオのレシピ』（大英博物館・ミュージアム図書）『Cuisine of Portuguese Encounters』by Cherie Y. Hamilton（Hippocrene Books）、『La cocina en la vida del Quijote』（Susaeta）、『Traditional Maltese Cooking』（Miller）、『Cookbook for Festivals of India』by Nita Mehta（SNAB）、『Kitchen of Kerala』by Salim Pushpanath, Nimmy Paul、『Kerala Kitchen』（Roli & Janssen BV）、『Gujarati Recipes』（Star）、『Authentic Bhutanese Cookbook』by Punap Ugyen Wangchuk（JOMO Publications）、『Tibetan Cooking』by Elizabeth Esther Kelly（Snow Lion）、『The Lhasa Moon Tibetan Cookbook』by Tsering Wangmo, Zara Houshmand（Snow Lion）、The Algarve Cataplana（Turismo de Portugal Algarve）、『アゼルバイジャンの料理』（Golden Book）、『黄金滷肉飯』柚子著（邦иян文化）、他

青木ゆり子

各国・郷土料理研究家。調理師のためのハラール研修有識者会議委員（厚生労働省国庫補助事業）、全日本司厨士協会会員。

雑誌記者等を経て、2000年に世界の料理総合情報サイト「e-food.jp」を設立。国内外の伝統的な郷土料理を守り、未来につなげるスタンスでサイトを運営。自ら世界各地を旅し、料理の背景にある歴史や文化も含めて紹介している。執筆、講演活動のほか、料理教室やさまざまな食イベントも主催している。

著書：『しらべよう！世界の料理 全7巻』（ポプラ社）監修、4～7巻の執筆、『日本の洋食』（ミネルヴァ書房）など。

https://e-food.jp

料理制作・撮影／青木ゆり子
デザイン／渡辺 稔
イラスト／柏木リエ
編集協力／菅野和子

協力
栗原恵津子（外務省欧州局）、角潤一（在イラン日本国大使館）、先崎将弘（食文化研究家）、竹村知恵、古野泉、コーシャジャパン株式会社、グル ナーナクダルバール東京、東京ジャーミィ・トルコ文化センター、Tokyo Jain Sangh、ワットパクナム日本別院（敬称略）

全世界各国・300地域 料理の作り方を通して知る歴史、文化、宗教の食規定
世界の郷土料理事典

2020年6月19日 発 行	NDC596
2023年3月 1日 第6刷	

著 者 青木ゆり子
発行者 小川雄一
発行所 株式会社 誠文堂新光社
〒113-0033 東京都文京区本郷 3-3-11
電話 03-5800-5780
https://www.seibundo-shinkosha.net/
印刷所 株式会社 大熊整美堂
製本所 和光堂 株式会社

©2020, Yuriko Aoki. Printed in Japan
検印省略
本書掲載の記事の無断転用を禁じます。
万一落丁・乱丁本の場合はお取り替えいたします。

本書に掲載された記事の著作権は著者に帰属します。
こちらを無断で使用し、展示・販売・レンタル・講習会等を行うことを禁じます。

本書のコピー、スキャン、デジタル化等の無断複製は、著作権法上での例外を除き、禁じられています。本書を代行業者等の第三者に依頼してスキャンやデジタル化することは、たとえ個人や家庭内での利用であっても著作権法上認められません。

JCOPY ＜（一社）出版者著作権管理機構 委託出版物＞
本書を無断で複製複写（コピー）することは、著作権法上での例外を除き、禁じられています。本書をコピーされる場合は、そのつど事前に、（一社）出版者著作権管理機構（電話 03-5244-5088 ／ FAX 03-5244-5089 ／ e-mail：info@jcopy.or.jp）の許諾を得てください。

ISBN978-4-416-62017-5